Michael Baigent studierte an
der Christchurch University,
Neuseeland.
Zusammen mit Richard Leigh
schrieb er den Bestseller
»Verschlußsache Jesus«.

Michael Baigent

Das Geheimnis der Templer

Roman

Aus dem Englischen von
Holger Wolandt

Knaur®

Von Michael Baigent sind
außerdem erschienen:

Verschlußsache Jesus (Band 77097
zus. mit Richard Leigh)
Geheimes Deutschland (Band 80052
zus. mit Richard Leigh)

Dieses Buch wurde auf chlor- und
säurefreiem Papier gedruckt.

Deutsche Erstausgabe
November 1995

Titel der Originalausgabe »The Shadow«

Umschlaggestaltung:
Agentur ZERO, München
Umschlagabbildung: unter Verwendung
der Abbildung »Templerprozesse
1305 – 1313«, franz. Buchmalerei,
London, British Library
Satz: Ventura Publisher im Verlag
Druck und Bindung: Elsnerdruck, Berlin
Printed in Germany
ISBN 3-426-63063-X

2 4 5 3 1

Kapitel 1

Ein Komet durchbohrte mit seinem Feuerschweif die unendliche Nacht. Er trudelte an den Sonnenwinden vorbei und fiel. Es war ein schimmernder Eindringling, der sich nur einmal in einem Menschenalter einen Weg durch den Himmel bahnt. Bei Nacht hing er vor dem funkelnden Firmament, ruhig und unheilverkündend wie ein brennendes Stück Holz, das gefroren scheint, quasi als ein Zeichen, eine Nachricht, eine Warnung. Ein für alle sichtbarer Beweis, daß die Götter, die bis dahin ruhig ihre Bahn gezogen hatten, auf ihrer jährlich wiederkehrenden Reise aufgeschreckt worden waren. Wer nach oben in den tiefblauen Himmel schaute, konnte sich des Gedankens nicht erwehren, daß es den Menschen kaum anders ergehen würde. Die der Nacht zugewandten Gesichter wurden bei dem Anblick dieses neuen Sterns von Schrecken erfüllt. Er schien sich an diesem ersten Abend in einer Umarmung des Mondes zu befinden. Es wurde versucht, seine Bedeutung zu ergründen. Verhieß er die Geburt oder den Tod eines Menschen? Müßten sie mit ihren Geschenken nach Bethlehem oder nach Golgatha reiten?

Die Nacht war immer noch ruhig, aber von oben sprach der Eindringling zu allen, die reglos um die verlöschenden Lagerfeuer herumsaßen. Die Männer sahen gelegentlich schlaflos und angsterfüllt nach oben in den immer gleich ruhig wirkenden Himmel. Ihre groben Gesichter erschienen in der schwachen Glut der Asche rötlich. Gelegentlich sahen sie schnell zur Seite, als würden sie sich ihrer Angst schämen. Sie berührten ihre Brauen voll Ehrfurcht, bevor sie wieder in ihre Gedanken versanken. In dieser Nacht breitete sich in dem Tal, in dem sie lagerten, Stille aus. Es war nicht die Stille der von zerklüfteten Höhen eingeschlossenen abgelegenen Täler, sondern die Stille der Herzen, eine innere Stille. Denn die Hoffnung, die so lange von Verzweiflung genährt worden war, schwand allmählich. Die Männer wußten inzwischen alle, was die Priester über die kommenden Tage sagen würden, oder was zumindest diejenigen von ihnen sagen würden, die noch in der Lage waren, die Sterne zu lesen, obwohl sie sich aus Berechnung dem Gekreuzigten ergeben hatten.

In dem nächtlichen Tal bewegten sich die Männer leise, beinahe verstohlen, näher an die Trost spendenden verlöschenden Feuer heran, als wollten sie vor dem Himmel ihre Unruhe verbergen. Aber die Feuer verrieten ihre Bewegung durch einen Funkenregen, wenn mit einem Stock in der Asche gestochert wurde, oder durch ein Aufflammen, wenn frisches Holz auf die Glut geworfen wurde. Es versprach eine lange Nacht zu werden. Die Flammen spiegelten sich in Knöpfen und Gürtelschnallen, in Äxten und Schwertern, die starke Hände leise aus der Scheide gezogen hatten, um zu prüfen, wie sie in der Hand lagen. Dann war in der immer dunkler werdenden Nacht das metallische Schaben eines Steines zu hören, der die Klinge des Todes schärfte. Und alle, die das hörten, verstanden: Sie sollten sterben. Sie würden jedoch erst dann fallen, wenn sie von den verstümmelten Leichen ihrer Feinde umgeben waren, denn sie hatten sich entschlossen, keinen leichten Tod zu sterben. Die Ruhe lastete schwer über dem Tal. Die Nacht war von dem eigensinnigen Gott über ihnen geheiligt worden.

Der angelsächsische König stand neben seiner Drachenstandarte. Seine Augen waren geöffnet, aber bewegungslos und nahmen ihre Umgebung ausdruckslos wahr. Seine Anspannung war gewachsen: Er hatte nach und nach verstanden, daß das Schicksal seinen Opfertod verlangte. Er starrte durch die raucherfüllte Dunkelheit und sah seine Männer nur als Umrisse, als Schatten, die neben Feuern kauerten. Er sah auch den Kometen, einen göttlichen Raubvogel, der an einem dunklen Himmel seine Runden drehte und nur auf den richtigen Augenblick wartete, ihn zu töten.

Der König, der steif und bewegungslos dastand, sah aus wie eine Galionsfigur: Mittelpunkt sämtlicher Hoffnungen der in der Nacht zusammengedrängten diffusen Schatten. Trotz eines von Glück und Erfolgen erfüllten Lebens war sein Schicksal besiegelt. Er fühlte, wie sein Blut in den Adern erstarrte, sich zusammenzog und sich auf den Augenblick vorbereitete, in dem es aus seinem Körper spritzen und ungehindert aus dem Hals fließen würde, um im Boden seiner Heimat zu versickern und dem Boden seine Kraft wiederzugeben. Alle wußten, daß der König sterben und sein Geist in der Erde aufgehen mußte, wenn es dem Land an Lebenskraft mangelte.

Aber der Komet hatte die natürliche Folge der Jahre unterbrochen, die Abfolge, die die Rückkehr des Blutes in die Erde, die es erzeugt hatte, vorherbestimmte. Die Augen des Königs glänzten; er hatte die wahre Bedeutung dieser Unterbrechung erkannt. Statt vieler Jahre blieb ihm nur noch ein Augenblick. Sein Leben würde nicht länger dauern als das blitzartige Verglühen einer Sternschnuppe, die in der kalten Luft in der Höhe ihr Ende findet. So sei es, hatte er sich gedacht: Erst wird man König, dann kommt der Tod eines Königs mit der Gewißheit, daß alles vorherbestimmt ist und sich dieser Tod in die Ordnung des Universums einfügt. Ein plötzlicher Anflug von Hoffnung ließ ihn verstehen, daß nur ein Moment der Unordnung, der Unsicherheit genügen würde, ihn noch einmal davonkommen zu lassen. Kein Mann wie er, ein Sieger unzähliger Schlachten, der immer noch lebte, wenn alle um ihn herum verloren waren, gab sich so leicht geschlagen, auch dann nicht, wenn er das Antlitz Gottes vor sich hatte. Wenn sich die Ordnung des Himmels ändern konnte, dachte er, oder wenn sie einen strahlenden Fremden, der seinem eigenen Weg folgte, akzeptieren konnte, warum konnte dann diese Ordnung der Welt nicht den Weg frei machen für einen Mann, der stark genug war, sein Schicksal selbst in die Hand zu nehmen? Denn der König war wie Gott geworden, hatte es immer geheißen, nackt, gesalbt, und seine Genitalien berührten den heiligen Stein. Er war der lebende Sohn Gottes, und warum, fragte er sich wütend, mußten Götter immer ausbluten?

Die Augen des Königs waren unruhig, nicht nur, weil sie die entfernten und jetzt stärker brennenden Feuer reflektierten, sondern auch, weil er wußte, daß die Frage beantwortet worden war, oder genauer, sich gar nicht mehr stellte. Seine Entschlossenheit war von seinen strahlenden Augen abzulesen. Die Muskeln seiner Hände spannten sich, mit der einen griff er eine Lanze, die andere stieß er plötzlich zur Faust geballt vor, so daß sie einen längeren Schatten warf. Er würde überleben, das war seine Absicht. Er hatte anfänglich die Macht des Schicksals gefürchtet, aber als ein Gott-König war das Schicksal Teil seiner Person. Nur wenigen Menschen ist es beschieden, daß der Himmel den Zeitpunkt ihrer Geburt oder ihres Todes verkündet. Nicht jeder Mensch ist ein Bruder des Himmels. Nicht jeder Mensch ist ein Sohn des Göttlichen. Er streckte seine Faust höher gen Himmel. »Willkommen, mein Freund«, hauchte er, denn der Komet war ein Krieger wie er; ein Fremder, sicherlich, aber dann konnte die Gottheit auch tun, was ihr beliebte. Der Komet in der Nacht, der König zwischen den Hügeln und Bäumen. Und wenn es an der Zeit war, dann war es an der Zeit. Das Licht würde vergehen und das Blut vergossen werden. »Aber nicht dieses Mal«, hauchte er, »dieses Mal werde ich überleben. Das ist mein Wille. Das Schicksal muß vor mir auf die Knie fallen.«

In der Nähe der Küste wartete ein Mann des Königs, der in einen langen schmutzigen Mantel gehüllt war. Es wurde langsam Tag, die Sicht war jedoch gering, da die Küste in Nebel gehüllt war. Der Nebel schien an den glattgeschliffenen Kieseln und Muscheln zu kleben und war so dicht, daß er die See zu glätten schien. Nur den größten Wellen war es erlaubt, sich zu bewegen und auf den Kieseln ihre Kraft einzubüßen. Sie verschoben die Kiesel mit einem rhythmischen Geräusch, das den Beobachter faszinierte und seine Aufmerksamkeit bannte. Er war nach der schlaflosen Nacht müde. Er wartete und kauerte sich im Windschatten zusammen. Ihm war kalt, und er war hungrig. Er betrachtete die Wellen, verlor sich in seinen Gedanken: Hatte er den Tag richtig gewählt? Wartete er wirklich an der vorausbestimmten Bucht – denn es gab andere, die demselben Zweck dienen konnten. Aber er wartete nicht darauf, daß seine Nachtwache enden würde, sondern darauf, einen guten Grund zu finden, seinen Platz zu verlassen. Die Flut am Strand lenkte ihn noch immer ab und zögerte seine Entscheidungen hinaus, die doch ohne Konsequenzen bleiben würden, sollte er sie überhaupt einmal treffen. Der Beobachter saß einfach da, und als die Dämmerung langsam in den Tag überging, sich hinter dem Nebel langsam ein kaltes Leuchten über den Horizont ausbreitete, aus Grau Silber und das Meer grün wurde, da wußte er, daß er seinen Platz nicht mehr verlassen würde.

Der Beobachter saß auf dem feuchten Rasen und verbrachte die Wartezeit damit, einen kurzen Stock mit seinem Messer anzuspitzen. Sein Pferd atmete die Luft ein, wieherte kurz, obwohl nur die von der Flut bewegten Kiesel durch die Feuchtigkeit in der Luft zu hören waren. Aber ohne daß der Beobachter oder sein Herr das wußten, pflügten vor der Bucht hölzerne Langschiffe durch die Wellen, im Nebel unsichtbar und in der rauschenden See nicht zu hören. Ihre verstärkten Planken bezwangen die kalte nördliche See. Soldaten standen in den Booten, wegen des kalten Wetters in schwere Mäntel gehüllt. Die Männer verfluchten die wütenden Wogen, die bitterkaltes Wasser über die niedrigen Seiten der Boote warfen. Es ergoß sich über die Kettenhemden, die wollenen Umhänge und die Schilder an der Reling. In der Nähe tauchten andere Boote auf, als hätte sie jemand aus dem Nebel hervorgezogen, und verschwanden dann wieder. Die Schiffe ächzten und knarrten in der wütenden See. Der dichte Nebel hüllte eine ganze Flotte ein, eine Invasionsflotte, die, obwohl sie unter dem Schutz der Kirche stand, weniger mit dem Glauben zu tun hatte als mit der Rastlosigkeit, die den Menschen eigen ist und die wie das Meer Ebbe und Flut des menschlichen Lebens ausmacht. Von inneren Winden getrieben durchbrechen Wellen von Menschen ständig Grenzen, die andere aufgerichtet haben, und bewegen sich ungehindert, bis sie von einem Gebirge, einer Burg oder einem scharfen Schwert aufgehalten werden. Eroberer wurden nicht kritisiert, denn was sie taten, war natürlich und edel. Sie nahmen den Schwachen und gaben den Starken. Die Schwachen waren nur die Leibeigenen auf dem erwählten Land. Viel Zeit würde vergehen müssen, bis Zerstörung und Wiederaufbau getrennt werden könnten, bis Stärke allein keinen Einfluß mehr haben würde und bis die verschlagenen Umtriebe kalten Ehrgeizes die ehrlichere Klinge eines Schwertes oder einer Axt aufhalten konnten.

Von der Flut und dem Wind vorwärtsgetrieben, von den Wellen durchgeschüttelt und von Soldaten umdrängt, strebte ein Edelmann mit seinem Schiff einem Land zu, in dem er zu Gott auf Erden gesalbt werden würde, wenn alles so ging und sich die Versprechungen der Barden erfüllen würden. Er würde durch das heilige Öl den Geist des Himmels aufnehmen und durch den heiligen Stein den Geist der Erde. In ihm würden sich Oben und Unten vereinigen: Der Schmelztiegel angelsächsischer Alchemie, als hätte Midas sein Herz berührt, diesen wertvollen Gral für sein Königreich. Dann würde sich auch in seinen Eingeweiden das Geheimnis seiner Nachfolge finden lassen, denn sein Körper würde dann das Universum widerspiegeln. Es gab für den Menschen nur ein Ziel, das wußte er, Gott zu werden. Gott wurde man nicht, da war er sich sicher, indem man sich selbst besiegte, sondern durch ein Königreich. Es mußte ein Königreich sein, das für immer unabhängig von seinem Herrscher, dem König, war, den es allein mit seinem heiligen Öl zu einem Heiligen machen konnte, einem Öl, das unsterblich machte.

Die schlingernden Boote schaukelten. Langsam durchpflügten sie die Wellen. Der Herzog hatte die Arme verschränkt. Er demonstrierte jenen Abstand, den Götter zu Menschen halten. Die Wellen zeigten jedoch keinen Respekt vor seiner Stellung und überspielten seinen Hinterkopf mit beleidigenden Wellen. Kalte Salzwasserbäche stürzten vom Rand seines Metallhelmes auf seinen wollenen Umhang, in dem das Wasser langsam versickerte. Der Umhang wurde schwerer, nasser und kälter. Dem Herzog wurde allmählich klar, daß er sich bald bewegen mußte, sonst würde die Kälte noch bis zu seiner Haut vordringen und von dort in seinen Körper. Es war eine Demütigung, sich vor den Beleidigungen zu beugen. Er stand da, als denke er über das großartige Versprechen nach, das sich in der Zukunft erfüllen würde: die Krone Englands. Sein zunehmendes Unwohlsein und seine zunehmende Angst vor dem Meer kamen ihm jedoch mehr und mehr zu Bewußtsein und deswegen wagte er nicht, sich zu bewegen. Schließlich hätte er dann mit einem Zusammenbruch seiner inneren Stärke rechnen müssen. Heulend hätte er danach auf dem Boden des Schiffes darum gebettelt, zurück an Land gebracht zu werden.

Die Männer bewunderten die stoische und stolze Gestalt. Wenn je ein Mann verdient hatte, ihr Schicksal in seinen Händen zu halten, dachten sie, dann er. So ist es bei denen, die gerne angeführt werden, die es geradezu fordern, und die immer das Alltägliche mit dem Edlen verwechseln. Aber wenn alle an eine

Sache glauben, dann muß sie doch ganz sicher wahr sein? Es konnte keinen Zweifel daran geben, daß hier ein Mann dazu ausersehen war, an der Spitze all der anderen zu stehen. Er sollte wie die Sonne aufgehen, seinen Tag des Ruhms erleben und dann auf die Erde zurückkehren, wenn er seinen Weg vollendet hatte. Und diese Nachfahren der Wikinger wußten, daß sich der Ruhm verdoppeln würde, wenn der Zeitpunkt richtig gewählt war. Den heutigen Tag hatten sie mit besonderer Sorgfalt ausgewählt: Sie hatten Runen geworfen, Hühner ausgenommen und dem Gemurmel von Männern gelauscht, die Tollkirschen, Krötengift oder von Dämonen besessene Pilze gegessen hatten. Denn die Weisheit kam von denen, die nicht zu verstehen waren, und die Macht lag bei den Dolmetschern. Zwischen Redebruchstücken, die jeder Bedeutung entbehrten, fanden die Ratgeber des Herzogs, was sie suchten. Es war ganz klar, daß die Aufgabe dieser Ratgeber, der Priester, darin bestand, das Volk zu verwirren, denn verwirrte Menschen ließen sich leichter führen.

Die Drachenstandarte kräuselte sich im Wind. Der König hob seinen Arm, damit fremde Hände sein Schwert in seinen Gürtel einhängen konnten. Einen Augenblick lang blieb er mit erhobenen Händen stehen. Seine Finger zitterten leicht, als er fühlte, wie er seinem Zwilling, dem Himmel, näherkam.
Der Komet war nicht mehr zu sehen, denn die Sonne schien jetzt viel heller. Spucke sammelte sich im Mund des Drachenkönigs. Er hatte sich an das letzte Mal erinnert, daß sein Herz so schnell geschlagen hatte und sein Adrenalinspiegel gestiegen war, bis er Seite an Seite mit den schrecklichen scharlachroten Sturmreitern dahingeflogen war. Von seiner rechten Hand war rotes Blut von den Opfergaben an den Waldgott getropft, dessen Namen er nicht zu nennen wagte, aber dessen Wein Blut war und dessen Brot immer totes Fleisch.

Der Rhythmus des Meeres verlief immer gleich. Der Beobachter saß reglos auf einem kleinen mit Gras bewachsenen Hügel, von dem aus er den gebogenen Kieselstrand sehen konnte. Der Rhythmus des Meeres war immer gleich, und doch überkam ihn das Gefühl einer Veränderung. Ein anderer Rhythmus nahm langsam an Stärke zu und überdeckte den ersten. Der neue hatte nichts mit dem langsamen Hin und Her der Gezeiten zu tun, sondern war schneller, er wuchs wie etwas Lebendiges und war schwerer: Trommeln hinter einem Nebelvorhang. Plötzlich riß der Beobachter die Augen weit auf. Er drehte den Kopf, um sein eines Ohr aus der Windrichtung zu bringen und besser hören zu können. Seine Nerven waren aufs Äußerste gespannt, so daß nicht einmal sein Herz die Regelmäßigkeiten durcheinanderbringen konnte, die er wahrzunehmen suchte. Er fing an, das gegensätzliche Gemurmel zu unterscheiden, das der See und das andere, als hinter ihm sein Pferd, das den Wind von See einsog, plötzlich wieder wieherte, dieses Mal laut. Aus der Ferne kam eine Antwort. Jetzt wußte es der Beobachter. Der Herzog kam, Bastard eines Teufels, der nicht eher Ruhe geben würde, bis man sein Blut geheiligt und die Schande seiner Geburt von ihm und seinen Nachkommen für alle Zeiten getilgt hätte.
Der Beobachter griff langsam nach seinem Messer, das neben ihm steckte, und stieß es tief in die Erde. Er zog es wieder heraus und hinterließ einen tiefen Schnitt in der Grasnarbe. Ein krabbelndes Insekt wurde von diesem Abgrund aufgehalten, der zu breit war, um ihn zu überspringen. Es sah verwirrt erst nach links, dann nach rechts. Es suchte nach einem Weg geradeaus. Der Beobachter, der das Meer einen Augenblick lang vergaß, schob mit der Spitze seines Messers einen Damm aus Erde über den Abgrund. Das Insekt eilte, ohne nachzudenken, weiter. Aber der Beobachter war bereits aufgesprungen, denn in nicht allzu weiter Ferne war das Schiff des Herzogs einen Augenblick aus dem Nebel hervorgekommen.

Der Herzog sah den Beobachter. Auf seinen Befehl wurden die Bögen gespannt. Die Pfeile mit den Eisenspitzen wurden mit ihren Kerben an die straffgespannten Sehnen gelegt. Aber schon war der Beobachter wegen des Nebels, der sich wieder über die Küste gelegt hatte, nicht mehr zu sehen. Er hätte zu seinem Pferd laufen sollen, aber statt dessen wartete er, fasziniert und ehrfürchtig, und ging sogar näher ans Ufer heran.

Vor einer Invasion dieser Größenordnung brauchte er nicht zu fliehen, da er sein Leben lang Schwerthiebe ausgeteilt und aus abgetrennten Hörnern getrunken hatte und auf häßlichen Frauen liegend eingeschlafen war. Das letzte, was er gesehen hatte, waren ungepflegte Zähne gewesen, zwischen denen Essensreste hingen und die braun von Ale waren.

Ein langes, langsames und knirschendes Krachen war zu hören, ein Krachen, das nicht plötzlich begann, sondern das langsam ansetzte, andauerte und dann nachließ. Ein Krachen, das einen Anfang, eine Mitte und ein Ende hatte von unterschiedlicher Länge. Ein Krachen, das für den Beobachter eine Ewigkeit zu dauern schien. Ein Krachen, das sich hoch über ihm aufzutürmen schien, das von dem riesigen Rumpf des ersten Schiffes kam und sich dann sofort vervielfältigte, als Schiff um Schiff auf dem Kieselstrand auf Grund lief, mit Segeln, die im Wind schlugen, und Rittern, die mit ihren Waffen klapperten und mit ihren Schwertern fuchtelten, auf dem Strand, auf dem der Beobachter stand, wie versteinert, fassungslos wegen seiner Torheit, und alles in sich aufnahm, als lebte er in einem Traum.

Fast unbewußt bückte er sich und tastete unsicher nach dem Schaft des Pfeiles, bevor ihn seine Müdigkeit und seine Erschöpfung zwangen, sich hinzusetzen. Aber er fiel bereits und sank mit dem Gesicht nach unten auf den Strand, seine Hand streckte sich, ohne noch etwas ausrichten zu können, nach seinem Pferd, das, so kam es ihm trotz der undeutlich werdenden Wahrnehmung zumindest vor, ein drittes Mal wieherte.

Er war schläfrig, ihm war warm, und die Zeit würde warten müssen.

Ein niedriger Hügel trieb durch den Morgennebel, der immer noch in der Luft hing, auf die farblosen Dünen des Himmels zu, wie von der weichen grauen Dünung der Nordsee sanft vom Ufer losgerissen. Die Farben seiner Felder wirkten wie stumpfe grüne Schatten, die in der Entfernung verkürzt aussahen, schließlich verschwanden und nur die letzten Echos der Nacht zurückließen, die ängstlich auf ihre dunklen Täler zustrauchelten, damit sie nicht von der Sonne eingeholt und ausgelöscht würden.
Die Seiten des Hügels waren ungleichmäßig. Seine zerrissenen Konturen hoben sich über die dunklen Wälder. Dieser Hügel, den nichts anderes auszeichnete als seine Lage, lag schon seit Hunderten von Jahren unter einem schweren Himmel. Und wer würde schon so dumm sein, ihn zu reizen, ihn anzustacheln, ihn zu Taten zu veranlassen? Wer würde es wagen, das zu quälen, was die Zeiten einmal so festgelegt hatten, und wer würde es wagen, die Ruhe zu zerstören, die nur der Tag stehlen darf?
Scheinbar unbewußt war eine Bewegung zu erkennen, vielleicht auch nur die Andeutung einer Bewegung auf einer Seite des Hügels wie ein eigensinniger Geist, ein leichter Schimmer in der Ferne. Aber auch ein erschöpfter Mann konnte leicht in den Bäumen Zelte erkennen, in ihren nackten Ästen Kriegsfahnen und in seinen Felsvorsprüngen glänzende Haufen von Schildern. Ganz sicher war es zu früh, um über diese Bilder zu urteilen, die vor dem Auge verschwammen, denn im Nebel wirkte alles gleich, als es langsam auf die Schöpfung zutrieb. Vielleicht war es auch nur ein Wind, der über die verwilderten Felder strich, oder ein Zittern, das schnell durch die Tiere fuhr, die sich in Kälte und Regen zusammenkauerten wie ein einziges Wesen.

Arnaud, ein Feldwebel des Herzogs, kroch immer weiter auf den Hügel zu. Er wußte, daß Taktik das Einnehmen der Höhe forderte. Er bewegte sich näher an ihn heran, und seine Knie schmerzten. Sie waren naß von dem feuchten Boden. Sein Schwert schleifte neben ihm her und bohrte den Griff scharf in seine Seite. Seine Stiefel, die abgetragen waren und Löcher hatten, waren von dem kalten Wasser, das sich in ihnen gesammelt hatte, glatt geworden. Mit jeder weiteren Bewegung sammelte sich mehr Wasser, preßte sich zwischen seine Zehen und suchte ihm die letzte Wärme seines Körpers auch noch zu nehmen. Der leichte Regen nahm an Stärke zu. Er war erbarmungslos und fast schon grauenerregend.

»Dieses verfluchte Wetter«, murmelte er wütend, »diese verfluchte Pflicht und dieser verfluchte Herzog, der sie fordert.« Er spuckte in den zischenden Schlamm. In seinem Kopf hatte er die Bilder des Landes, das er schon vor langer Zeit zu seinem Zuhause gemacht hatte. Die sonnenbeschienenen Terrassen oberhalb der Flüsse, die Sterne des Nachthimmels, der bis ins Unendliche zu reichen schien, Weingärten mit Trauben, Tage und Nächte mit sonnenwarmen Frauen, Lachen in Höfen und auf Plätzen, Liebesspiel auf Feldern und der Tanz in den Schenken.

»Nachts wußten wir, wie wir feiern sollten«, dachte er, »nicht mit den Auseinandersetzungen und Streitigkeiten dieser rohen Normannen, sondern mit der leichten Musik unserer umherziehenden Musiker, die ihre Verse vortrugen.«

Er hielt inne. »Der Herr ist mein Zeuge, daß ich diese Lieder vermisse, diese Melodien, die mein Herz der Straße näherbrachten, die zum Mittelpunkt der Nacht führt.«

Eines Nachts, als er sich zu diesem Mittelpunkt gezogen gefühlt hatte, hatte er hinter und über allen anderen einen neuen Stern gesehen. Ein Stern, der in der endlosen blauen Himmelskuppel neu geboren worden zu sein schien. Er war wie versteinert

gewesen und hatte in den Nachthimmel geschaut, bis die Dämmerung ihren morgendlichen Tanz auf den purpurroten Hügeln begonnen hatte, den Pyrenäen, seinen magischen Bergen.
Kalter Regen prasselte weiterhin gnadenlos nieder und zwang ihn, unter einem massiven umgestürzten Baumstamm Schutz zu suchen. Er preßte sich eng an ihn, um auch dem kalten Wind zu entgehen. Vor ihm war statt des Hügels nur noch dunkler Regen zu sehen. Also ruhte sich Arnaud erst einmal aus. Das Wasser lief in Bächen von seinem eingefetteten Ledermantel. Sein Körper zitterte heftig. Sein Gesicht war gerötet, und seine Augen brannten. Sein Hals tat ihm weh, und obwohl er sich nicht bewegte, hatte er angefangen zu schwitzen. Er fühlte sich zu müde, um weiterzumachen. Er blieb am Baum sitzen, kauerte sich in dem unbehaglichen Wetter zusammen und schlief ein.
Zeit verging, der Tag schlich vorwärts, ein verstohlener Schritt nach dem anderen. Arnaud saß bewegungslos unter dem Baum. Der Wind ließ nach und strich sanft über sein Gesicht. Er spähte an dem Baumstamm vorbei in den heller werdenden Tag. Der Regen war einer alles durchdringenden Feuchtigkeit gewichen. Der Hügel war wieder sichtbar, er stieß seine rauhen Schultern gegen einen unruhigen Himmel. Er wartete. Die vorbeiziehenden Wolken strebten auseinander und ließen einzelne Sonnenstrahlen durch, die in den von den Blättern und Zweigen herabhängenden Tropfen funkelten. Plötzliche Wärme durchdrang seine nassen Kleider. Er richtete sich langsam auf und bewegte sich ein kleines Stück weiter. Er hatte den Eindruck, daß vor ihm die Armee wartete, die er suchte. Er nahm den Geruch des Windes wahr, horchte in Richtung des Hügels und war ganz aufmerksam, um jede Veränderung, alles, was ungewöhnlich war, sofort erfassen zu können.
Mit dem Bruchteil einer Sekunde siegten seine Augen. Arnaud sah sie, bevor noch ihre Geräusche von der leichten Brise

herangetragen wurden. Gürtelschnallen und Rüstungen funkelten, bevor sie klapperten. Männer bewegten sich, bevor sie Kommandos riefen. Vor ihm tauchten wie durch ein Wunder Hunderte, Tausende von angelsächsischen Kriegern auf, dicht zusammengedrängt, Schild an Schild, die Lanzen nach vorne gerichtet, deren Spitzen in der hervorbrechenden Sonne funkelten. Er spürte ihren Stolz, ihr Selbstvertrauen. Sie waren auf jeden Feind, Gott oder Mensch, gefaßt. Arnaud wußte, daß sie dort bleiben würden, daß sie den Hügel erst verlassen würden, wenn der Herzog auf ihren angespitzten Spießen umgekommen war. Falls das nicht der Fall sein würde, dann würden sie den Hügel nicht lebend verlassen und die Erde mit ihren ineinander verflochtenen, blutigen Körpern bedecken.
Heute würde dieser Hügel Blut trinken und Fleisch essen. Der Sieger der kommenden Schlacht würde ihn für heilig erklären. Denn Hügel wurden gesalbt wie Könige, und wenn sie einmal erwählt waren, dann forderten sie Blut und Fleisch auch in den folgenden Jahren. Die Erde forderte, einmal getauft, zu allen Zeiten frische Opfer auf ihren Feldern. Wer weiß schon, wie das Land Armeen und Schlachten anzieht, wie es die Krieger seinem Charme erliegen läßt? Ist es der Hinweis auf ein dunkles Geheimnis in seinen dunklen Wäldern? Macht es den beiden Heerführern in deren nächtlichen Träumen zarte Versprechen, für den Fall, daß sie ihrem Handwerk Genüge tun zwischen durstigen Flüssen und hungrigen Bäumen? Kann das Land Flüsse umleiten, Hügel wachsen lassen, Felsen auftürmen, um einen Angriff zu erleichtern, und Wälder wachsen lassen, in denen sich berittene Truppen verbergen lassen? Die Erde kann eine schreckliche Geliebte sein und das Leben der Mutigen und der Blutjungen fordern.
Wahrhaftig, ein solches Land sollte vergiftet, in Asche gelegt und so lange ausgehungert werden, bis es sich unterwarf. Man sollte einen Stab durch sein Herz treiben, eine silberne Nadel

durch sein Auge, und alle, außer die Törichten und Unwissenden, sollten es meiden.
Ich träume von Marathon, schon lange verödet, und von Roncevalles, einem sonnenverbrannten Friedhof für Ritter. Poitiers ist mit Salz bedeckt, geplündert, von der Pest heimgesucht, damit die Knochen der Stolzen dort ungestört und von niemandem wahrgenommen liegen können. Denn ein verödeter Platz ist das einzig passende Denkmal für eine Schlacht. Mögen die, die Helden heimsuchen, Lots Frau in ihrer Schande folgen. Ich verfluche die törichten Helden der Vergangenheit: die Führer der Helden der Zukunft.
Arnaud schaute genauer auf die sich formierenden Reihen und beobachtete, wie sie das Heft ihrer langen Lanzen in den schweren Boden rammten. Die Ritter, die zu Pferde angreifen würden, würden an diesem Tag viele ihrer Tiere an diesen soliden Hindernissen einbüßen. Er sah, wie die Haken vorbereitet wurden, mit denen sich die Reiter von ihren Pferden ziehen ließen. Er sah die riesigen Äxte, den ganzen Stolz dieser Krieger, die frisch geschärft waren und funkelten. Diese Äxte waren fast schon zur Legende geworden und hatten Namen. Sie wurden vom Vater auf den Sohn vererbt und waren die treuen Gefährten vergangener Schlachten, die vor einem Winterfeuer hochgehalten wurden, um alleine als Beweis dafür zu dienen, daß die Geschichte des Barden stimmte, daß Modred tatsächlich gestorben war und daß Arthur unter dem Meer in Wirklichkeit nur darauf wartet, daß die Glocken läuten und die Trompete ertönt.
Arnaud schaute zurück und gab einem seiner Gefährten ein kaum sichtbares Zeichen. Der Herzog würde bald wissen, daß sie den Drachenkönig gefunden hatten.
Der Herzog saß locker im Sattel und schaute gerade nach vorne. Er hatte seine Augen auf die dezimierten Reihen gerichtet, die sich immer noch auf der Spitze des Hügels festkrallten. Zweimal hatte er die unbeweglichen Lanzen und Schilder angegriffen,

zweimal war sein Pferd unter ihm getötet worden. Seine Rückzüge, weniger heldenhaft als seine Angriffe, hatten ihn seine Demütigung unter seinem Helm deutlich spüren lassen.
Er saß höher als die gekaufte Bauernarmee neben einer Gruppe arroganter Ritter, deren Umhänge zerrissen waren, die aber immer noch ihre Lanzen hoch erhoben trugen. Ihre Wimpel waren ausgefranst, flatterten aber immer noch stolz in der Brise. Ihre Rüstungen waren verbeult, hatten Kerben und waren mit Schlamm bespritzt, glänzten jedoch immer noch. Der Herzog hielt sich für unverletzlich. Er sah sich bereits als Eroberer und sah seine Standarte schon auf den Palästen des Landes wehen, ein riesiges rotes Kreuz, das der Führer der wahren Kirche seiner Armee verliehen hatte. Das Kreuz gab, daran glaubte er, dieser Invasion Gottes Unterstützung, verlieh ihr eine Heiligkeit, die sie in Wahrheit kaum für sich beanspruchen konnte.
Der Herzog wurde von den schnellen Bewegungen seines Pferdes hin und her geworfen. Er galoppierte, die Hufe donnerten auf den losen Steinen, er drängte voran, um sich noch einmal gegen die gegnerischen Linien zu werfen. Seine Braue war angespannt, seine Augen waren starr und mitleidslos nach vorn gerichtet. Er glaubte an sich und daran, daß wir nicht urteilen können.
Der Abstand wurde geringer. Er senkte seine Lanze und faßte sie mit der rechten Hand noch fester, so daß die Spitze auf ein Schild zeigte, das mit auffälligen konzentrischen Muster bedeckt war. Er zielte mit seiner Lanze, und sein Wimpel flatterte mit der Geschwindigkeit seines Angriffs. Er faßte den Schaft fester, beugte sich nach vorne und spannte seine Muskeln in Erwartung des Zusammenstoßes. Der Aufprall kam näher, seinem Pferd lief der Schweiß herunter, sein Sattel knirschte und seine Rüstung klapperte. Der Abstand schwand gänzlich, als ihn ein brennendes Verlangen durchströmte. Das auffällige Muster

vor ihm wurde größer, wuchs, und seine schmalen Augen nahmen nur noch die Spitze seiner Lanze wahr, die auf die Farben zuschoß. Die Hufe bewegten sich so schnell, daß ihre Tritte nicht mehr zu zählen waren. Das Pferd drängte voran, die Spitze der Lanze war sichtbar. Das angreifende, in Metall gehüllte Pferd rannte in vollem Galopp und kopfüber in die angelsächsischen Linien, in die ausgestreckten Speere, spießte sich auf einem der sechs Fuß langen Pfähle auf und verendete. Es sackte langsam zusammen und warf seinen Reiter vor den Füßen der Verteidiger in den Morast. Der ruhmreiche Augenblick des Herzogs war ein Traum der Troubadoure. Die Wirklichkeit bestand aus Schlamm und Schreien.

Kriege waren einfache Übungen der Macht: Es bedeutete ein Durchbrechen von Toren und Mauern sowie ein Vernichten von Armeen und Städten. Schädel wurden zertrümmert, bis der Boden von Gehirnmasse wie von Teufelsmanna bedeckt war. Pferde stolperten über abgetrennte Gliedmaßen und Rümpfe ohne Kopf und fielen. Einige Leichen waren noch als Körper zu erkennen, andere waren von zahllosen Hufen und Füßen zu Brei zermalmt. Kein Mann, der nicht vom Blut seiner Freunde und Feinde bedeckt gewesen wäre. Krieg war vielleicht Weiterführung der Politik mit anderen Mitteln, aber die Schlacht war immer nacktes Gemetzel, ein wahnsinniges Ritual, in dem es nur noch um sinnlose Gewalt ging. Intensive Momente machten die Schlacht zu einer rituellen Anbetung der schrecklichen schwarzen Göttin, der Königin der Wälder und Meere, der Geliebten des Chaos. Die wurde zum Höhepunkt im Kampf um den verlorenen Himmel oder um die verlorene Hölle des Mannes. Während dieser mit dem Arm Schwerthiebe austeilte und den Geschmack seines warmen Blutes auf der Zunge hatte, steigerte sich die kriegerische Raserei bis zur Ekstase. Sein Blut brodelte in der übernatürlichen Welt heidnischer Dämonen. Denn während der alles umfassenden Wut der Schlacht berührte ein

Krieger seine Seele, sah er die verzauberten Gärten und traf kurz die Götter der langen nördlichen Winter, die sich wie die Gäste eines Festes versammelt hatten. Diese Schwertkämpfer konnten nicht aufhören, denn der Ruhm und die Göttlichkeit würden dann schwinden: Roland würde sich in einen arroganten Dummkopf verwandeln, Arthur in einen betrunkenen Hahnrei. Aber nach dem Blutbad inmitten der niedergeschmetterten heiligen Inbrunst würde die Kirche einfallen, um sich das Schuldgefühl der Überlebenden zunutze zu machen. Die Krieger würden weinen und sich segnen lassen, während sie noch auf den marmornen Altären Mariens ihr Blut vergossen, der dunklen Göttin, jetzt weiß angemalt, als könnten Pigmente ihre lüsternen Lippen verbergen sowie Jungfräulichkeit ihr Begehren.

Wie die Chroniken berichten, blieben einige in der Mitte der Schlacht auf den Beinen und sahen sich um. Menschlichkeit brach durch die Intensität der rauhen Leidenschaften. Die, die sich umsahen, zogen sich zurück, von einer unbezwingbaren Übelkeit übermannt, zitternd vor Angst und erfüllt von einem Abscheu vor der Welt. Die Klöster füllten sich mit Edelleuten, die trockenes Brot aßen und Wasser tranken und damit ein Urteil vollstreckten, das sie selbst über sich verhängt hatten: Verbitterte Menschen beurteilen sich selbst streng.

Der Herzog schüttelte einen Moment lang den verblassenden Ruhm seiner Ritter von sich ab und verstand, wenn auch nur annäherungsweise, daß das Schicksal, wie großartig es auch sein mochte und wie es eine Runeninschrift vorhergesagt hatten, eine helfende Hand benötigen könnte. Er sah auf seine Bogenschützen hinüber und hob einen Arm hoch in die Luft. Er zeigte nach oben und dann auf die angelsächsischen Massen hinüber. Einen Augenblick später blitzte ein schwarzer Stab an einem Helm aus Metall vorbei. Einer der Führer fiel, hielt sich die Hände vor das Auge und vergaß die Ritter, die mit der Lanze in der Hand näher kamen und auf die dichtgedrängte Gruppe der Krieger einstürmten und nach einer Lücke in der einen Augenblick lang durcheinandergeratenen Verteidigungslinie suchten.

Der Drachenkönig fühlte, wie Metall langsam in seinen Körper eindrang. Als suche es nach Ritzen in seiner Rüstung, bahnte es sich weich und geschickt einen Weg, mied die Rippen und berührte nur nachgiebiges Fleisch und Häutchen, die bisher für ihn keine Bedeutung gehabt hatten. Die Lanze war mit geheiligtem Öl getauft und in dem heiligsten aller Tempel gesalbt worden. Der Schmerz ließ noch auf sich warten, er wurde von dem stummen Schrei seines geblendeten Auges überdeckt. Das Zusammenprallen der Schwerter und Äxte, das Dröhnen der Hufe und der Aufprall der Speere waren auf einmal ganz weit weg und verwandelten sich in einen Morgennebel, der sich noch über den Flußufern seiner Welt hielt. Langsam holte der Schmerz ihn ein, und der Stoß erreichte seine volle Stärke. Er fühlte das scharfe Bersten seines Körpers, den Riß, als sein Wesen zerfetzt, verstümmelt und zerstört wurde.
Schmerz flutete durch seine noch lebendige Hülle und zog ihm den Boden unter den Füßen weg. Er war jedoch schon nach vorne gesunken, um diesem näher zu kommen. Er hatte seine Arme sinken lassen und sie wegen der Heftigkeit des Angriffs schützend vor sich gezogen. In der Hand hielt er immer noch ein blutiges Schwert, das nun nutzlos geworden war.
Einen Augenblick lang war es ihm egal, wer siegen oder verlieren würde. Denn in diesem Augenblick war er nicht mehr der König und nicht mehr der Mittelpunkt seiner Armee. Die Schlacht, das fühlte er, konnte auch ohne ihn weitergehen. Sein einziger Gedanke im Schmerz war der Gedanke an Aufbruch, Aufbruch von den Feldern, zu den Wolken und zu den Sternen, die vereinzelt über seinem Reich blinkten. Aufbruch in den

Himmel, den Quell aller Träume, dem Ende aller Legenden, dem Stoff aller Mythen, dem Heim, das seinen König erwartete, obwohl auch dieser selbst nur Teil eines Traumes war.
Das Metall wurde verbogen, der Schmerz hielt an, wurde stärker. Aber dann verließ er ihn unvermittelt, verblaßte, zusammen mit dem Lärm, dem Krachen, dem Dröhnen, bis er nur noch eine zunehmende Wärme an jenem kalten Novemberabend verspürte.
Er kämpfte mit sich, zwang sich durch die treibenden Bilder, die ihm vor Augen kamen. Er zog sich selbst hoch und zurück in die fortschreitende Nacht, zurück zu den Geräuschen und zu dem Schrecken. Er war der König, und Könige gingen nicht unter, denn die alten Männer hatten ihn immer gelehrt, daß Könige von den Göttern gesegnet wurden. Aber seine Kräfte nahmen ab: Die Geräusche konnte er noch einige Momente lang festhalten, den Schmerz jedoch nicht. Seine Gedanken waren jetzt alles, was blieb. Sein Wille hatte überdauert, seine Forderung zu überleben, aber sein Körper hatte, die Hände an den Bauch gepreßt, schließlich aufgegeben, und fiel auch jetzt noch vom Kampf.
Er suchte eilig und wie verrückt, wie auf der Flucht vor einem flammenden Inferno, nach einem Grund für diese Niederlage. Die erste Möglichkeit, die ihm einfiel, war Versagen. Er hatte seine Armee verraten, sonst wäre er jetzt nicht einer der Gefallenen. Er hatte vergessen, daß es die Bestimmung des Menschen ist zu fallen.
Beinahe mit dem letzten Atemzug, mit einem letzten Aufbäumen seines Bewußtseins, mit einer letzten großen Anstrengung, bevor das Weiße seiner Augen sichtbar wurde, rief er: *»Oh Gott, Gott meiner Väter, gib mir noch eine Chance …«*
Aber er fühlte bereits die Wärme der Sommersonne. In der Ferne konnte er, anfänglich kaum wahrnehmbar, an Musik erinnernde Geräusche hören. Die Wiesen um ihn herum waren

wegen der Sommerhitze menschenleer und verdorrt. Er nahm den Tag eindeutig wahr, obwohl ihm an den Grenzen seiner Erinnerung bewußt wurde, daß mit seinem Sehvermögen etwas nicht stimmen konnte.

Er konnte in weiter Ferne einen Hügel dunkelgrün, lila und blau schimmern sehen. Wolken mit von der glühenden Sonne vergoldeten Rändern zogen sich über ihm zusammen, als würde gleich ein Sturm losbrechen. Über ihm erstrahlte wie eine Oase im Himmel die immer stärker werdende Sommersonne. Sie wärmte ihm die Schultern und begann seinen Körper zu durchdringen und ihm seine Kraft wiederzugeben. Da wußte er, daß er nach Hause zurückkehren würde.

Er lächelte, lachte fast über sich selbst, daß er einen solchen Gedanken zugab, aber es war bereits lange her, daß er die, die er liebte, zuletzt gesehen hatte. Ganz klar konnte er jetzt Musik hören, einen Gesang, der ihn an längst vergangene Zeiten erinnerte, an Sommer, die vorüber waren, und an Nächte, die er im Freien verbracht hatte. Nächte, die von Zärtlichkeit erfüllt gewesen waren, Nächte, in denen die Zeit aufgehört hatte zu existieren, die gleichermaßen zur Seite getreten waren, um die Luft ungehindert und unbeeinflußt vorbeizulassen.

Musik an einem Sommertag, die wie Blütenpollen vom Wind davongetragen wurde und die auf die sanft gebeugten Bäume am Flußufer zu fallen schien, die am Ufer des Flusses flüsterten. Er entspannte sich und wurde ruhiger. Die Bäume schienen ihm in der leichten Brise zuzunicken, schimmerten über ihm. Sein Gesicht lag fast auf der Erde. Das Gras berührte es, und der sanfte Wind, der die Mittagshitze mit sich fort nahm, brachte Kühlung. Die Sonne stieg weiter und wurde heller und heißer. Er konnte sich an keinen Tag erinnern, der ebenso heiß und trotzdem so angenehm gewesen wäre. Natürlich hatte er Pflichten, er konnte sich jedoch nicht mehr erinnern, welche. Er saß einfach da, es war ihm alles egal, zum erstenmal war er ruhig,

und er ließ die Wärme durch seinen Körper strömen, so daß sich alle Muskeln und Sehnen entspannten. Er konnte den Gesang immer noch hören, die Stimmen waren aber jetzt lauter, vielleicht waren sie näher gekommen.
Plötzlich war er ganz aufmerksam. Unter den Stimmen meinte er eine bestimmte wiederzuerkennen. Er lauschte erneut, und einen Augenblick lang tauchte eine vage Erinnerung auf. Der Gesang wurde lauter und schien seinen Körper einzuhüllen, bis er fast den Eindruck hatte, als sei er selbst es, der sang, denn er kannte das Lied. Eines, erinnerte er sich jetzt, das ganz aus der Tiefe kam und seine Gefühle den Winden anvertraute. Er wußte, je früher er sich selbst wegwerfen konnte, um so früher konnte er leben.
Die Musik hielt ihn gefangen, die Sonne gab ihm Kraft, und er sprang auf und war nicht länger verletzt. Er tanzte wie ein Kind, anfänglich waren es nur ein paar zögernde Schritte. Später, als die Erinnerung zurückkehrte, begann er den Tanz an die Sonne. Er ließ sich von diesem Tanz, den er bereits lange kannte, vorwärtstreiben, einem Tanz, den er zu Ehren des Lebensspenders, des Gottes des Nils, des funkelnden Mittelpunktes des Universums schon oft getanzt hatte. Heilig, mystisch und hingegeben. Er tanzte, bewegte sich und drehte sich mit einer sich drehenden Welt, zu seinen Füßen das Gras, die Sonne in seinem Körper und der Himmel, der an den Rändern seiner Augen begann.
Erst dann sah er die Sänger, die mit ihrem Boot am Ufer des Flusses warteten.
Er stieg in das Fahrzeug, und die Strömung des Flusses ergriff die Seite des Bootes und trieb es vom Ufer ins tiefere Wasser und weg von den Trauerweiden. Das Boot, die Sänger und der Drachenkönig trieben, verschwanden mehr und mehr und wurden zum Meer getragen, das sich immer um alle sorgt.
Hinter diesem endlosen Meer liegt eine Insel, zeitlos unter einer

wachsenden Wolke der Dämmerung, die sich unter Zypressen ausdehnt und von Marmorsäulen begrenzt wird, wartete darauf, wie sie das immer getan hatte, den zurückkehrenden König endlich in ihre Arme zu schließen. Alle Bewohner der Insel warteten ebenfalls. Sie standen neben dem scharlachroten Thron, genau an der Stelle, an der sich Meer und Himmel schließlich berühren, an der Steine glühen und auch das Gras in der Dämmerung ruhig wird. Sie standen dort und schauten aufs Meer. Denn das Boot trieb auf sie zu, Zeit war bedeutungslos, und für sie hatte die Sonne immer stillgestanden.

Kapitel 2

Die Leidenschaften, die uns zu unseren Göttern führen, lassen uns alle zurückkehren. Wir werden wiedergeboren, bis die schwebenden Bilder aufhören, konkrete Formen anzunehmen, und bis die Vergangenheit zu einer verblassenden Erinnerung, die Zukunft zu einem Traum und die Sterne zu schwarzen Löchern am Himmel werden, durch die man wie durch einen Nebel fällt. Dann geht die Sonne strahlend am Himmel auf und die Morgendämmerung bricht herein.

Als würde der Himmel aufatmen, blitzte ein Funken auf und verband trügerisch Licht mit Materie und Materie mit Licht. Eine feuchte Zelle, aufgehängt, wie freischwebend, in der weichen Dunkelheit einer Frau, unübersichtlich und uneben, dehnte sich mit dem plötzlichen Pulsieren einer Implosion aus. Denn tief im Innern schwebte ein Bild der Formlosigkeit, ein erstarrter Blitz, der die glühende Sonne reflektierte. Wie Tau einer stern-

klaren Nacht kehrte der Drachenkönig zurück, fiel und verwandelte sich …
Die Dunkelheit umgab ihn wie ein Trost, und doch begann er, diesen Garten Eden zu verlassen. Er geriet rasend schnell in Panik. Er trat um sich, aber es war zu spät, er wurde bereits mit Gewalt weggestoßen. Licht explodierte. Es kam aus allen Richtungen auf ihn zu, schmerzhaft und laut, bis er unter Tränen die Schemen sah, in denen es sich bewegte, die Formen, riesige Gesichter, die ihn anstarrten und deren zu weißem Rauch werdender Atem ihm immer wieder die Sicht nahm. Zum ersten Mal wurde ihm kalt.
Er wollte Trost und Wärme. Er reckte sich, ohne etwas zu sehen, mit ausgebreiteten Armen, gespreizten Fingern und offenem Mund. Aber er war bereits sanft umfangen, und seine einzigen Erinnerungen an Wärme und Dunkelheit waren noch nah. Er kauerte sich zusammen und versuchte, das Licht und die Geräusche der gerade entdeckten Welt zu verdrängen. Seine Mutter lächelte die Hofdamen an, und diese verließen auf leisen Sohlen das Zimmer. Zurück blieben nur das geschnitzte Bett und das weiche graue Licht, das mit dem Schein des rotglühenden Feuers verschmolz.
Sie ruhte sich aus und drückte das warme Kind eng an ihre Brust. In der Ferne hörte sie Pferde in die Tiefen des Waldes galoppieren, dessen Bäume mit Schnee bedeckt und windzerzaust waren. Ihr Mann jagte dort jeden Tag bis zum Abend. Ihr Kind, klein und verletzlich, nahm ihre gesamte Aufmerksamkeit und ganzen Körper in Anspruch. Sie fühlte, wie sich seine Rückenmuskulatur zusammenzog, wie kaum spürbar sein Herz schlug und wie es ruhig atmete. Tief in ihrem Innern brach ein Gefühl hervor, das sie lange genährt hatte. Es explodierte förmlich und fand in Tränen seinen Ausdruck. Diese flossen ungehemmt über ihre Wangen wie ein Erdrutsch: Stolz, Verwunderung, Erleichterung und geteilte Liebe, für den Augenblick und

mit jeder Faser ihres Körpers. Dann versiegten ihre Tränen und trockneten. Ein ruhiger Frieden blieb zurück. Ihre Göttlichkeit bewiesen, schlief sie ein, und die Pferde, die Jagd und das feuchte schwarze Gemäuer der Burg blieben weit hinter ihr.

Hinter dem stillen und stehenden Wasser des Wallgrabens drängten sich die Häuser zusammen. Etwas weiter dahinter kauerten die räuberischen Hügel, die mit abgenutzten Zähnen an den Rändern der bestellten Felder bei der Stadt zu nagen schienen. Die Sonne eines neuen Tages mühte sich langsam nach oben, blieb jedoch wie an jenem fernen angelsächsischen Morgen kraftlos hinter einem grauen Schleier. Um die Burg und Stadt herum war über Nacht ein gefrorener Himmel zusammengebrochen, sein Weiß lag in den leeren Ecken und erstickte die Bäume mit Schweigen. Glitzernde Kristalle bedeckten die Pfützen des Herbstregens und die schwarzen Flecken der Sommerfeuer. Noch während der Schnee fiel, wurde er in der Stadt unscheinbar und braun in den traurigen Schatten der zusammengewürfelten und zur Hälfte gezimmerten Häuser. Schließlich wurde er von den Füßen der morgendlichen Arbeiter festgetreten, die laut ihr Schicksal verfluchten und den Hunden, die sie zitternd umkreisten und in dem dünnen Frühlicht nach ihnen schnappten wie verhungerte Wölfe, lappige Fetzen Aasfleisch zuwarfen.

Das Leben auf der Burg und in der Stadt folgte einem uralten und müden Takt. Tage bitterer Kälte mit Trinkgelagen wurden von Nächten abgelöst, an denen alle um die großen Kamine herumsaßen und ebenfalls viel tranken. Eine Routine, die nur durch Geschichten von Reisenden unterbrochen wurde, Webern und Kupferschmieden. Diese sprachen wortreich vom Süden, einem Land, in dem die Sonne immer schien und in dem die Leute Zeit hatten, sich mit fast vergessenen Geheimnissen zu befassen. Die Rede war von Legenden, vergrabenen Schätzen und Rittern, die schon lange verschwunden, unter den Schwert-

hieben der Horden aus dem Osten gefallen waren und die die Pest ins Land getragen hatten. Sie sprachen von einem durchdringenden Warnsignal, das von dem Horn eines Toten erklungen und wirkungslos im Wind verhallt sei. Sie sprachen von einem geheimnisvollen und unauffindbaren Kelch, den ein Schiff ohne Ruder nach Gallien gebracht hätte. Er sei jetzt entweder vergraben, verloren oder gestohlen. Ihn besängen die Troubadoure der Katharer, der *Bonhommes*, der wandernden Seelen- und Körperheiler, deren militärische Schutzmacht der Templerorden sei. Dieser, das wurde jedenfalls gesagt – und die vom Winter Eingeschlossenen klammerten sich an die dünne Hitze des Feuers und lauschten gebannt – »besteht darauf, die Zusammenkünfte seiner Großmeister vor Sonnenaufgang in fensterlosen Kapellen abzuhalten, zu denen niemand außer den eigenen Zugang hat.«
»Was wollen sie wohl vor ihren Mitchristen verbergen? In gewissen Kreisen wird diese Frage oft gestellt. Die Zusammenkünfte der Templer werden jedoch ein Geheimnis bleiben. Keiner, der es je ergründen wollte, ist zurückgekehrt. Über das Schicksal dieser von eigener Neugierde überwältigten oder vom Gold anderer ermutigten Männer kann mit Gewißheit nichts gesagt werden. Ich werde euch einfach erzählen, was mir von einem Reisenden, der erst kürzlich von einer Wallfahrt nach Osten zurückgekehrt ist, berichtet wurde. Er sprach mir von einem gewissen jungen, der Familie des Reisenden wohlbekannten Ritter, der sich eines Nachts in einer Kapelle des Ordens versteckte, um zu versuchen, etwas über die Zeremonien zu erfahren, die dort stattfinden. Seit dieser Nacht war er für seine Familie verloren. Sie hörten nie wieder von ihm und waren auch nicht in der Lage, vom Templerorden selbst etwas über sein Schicksal zu erfahren. ›Aber‹, sagte mein Informant, und in seiner Stimme klang eine gewisse Bewunderung mit, ›auf der letzten Etappe meiner Seereise in das Heilige Land, als wir die

endlose Hafenmauer von Akka, dem Tor zum Heiligen Land, entlangsegelten und gerade dabei waren, die Stelle mit der Kirche des Heiligen Andreas zu umrunden, um in den äußeren Hafen einzulaufen, erspähte ich in der Ferne genau diesen Ritter. Er stand Wache auf den in die Glutsonne getauchten Mauern der riesigen Burg des Templerordens. Über sein weißes Gewand huschte ein Schatten, den die Standarte der Templer, der schwarze und weiße Beaucéant, warf, die im heißen und salzigen Seewind wie eine Peitsche knallte.‹«

Der Erzähler senkte die Stimme fast zu einem Flüstern, während er mit einem angekohlten Stock im Feuer stocherte, und fuhr mit seinem Bericht fort: »Es ist wahr, daß sich eines Nachts ein bestimmter Reisender, ein Bruder eines religiösen Ordens, in der Herberge eines Präzeptoriums dieser Ritter aufhielt. Er wurde um Mitternacht von einem großen Lärm geweckt, der aus der Kapelle kam. Rhythmischer Gesang und das Geräusch von Füßen auf einem Steinboden erinnerten an eine Zeremonie oder ein Ritual. Der Ordensbruder verließ sein Zimmer und versuchte mehr von diesem nächtlichen Fest zu sehen. Durch einen Spalt in der Tür der Kapelle sah er Licht und konnte auch die Versammlung der Ritter deutlicher hören. Der Eintritt war ihm jedoch verwehrt, da die Tür fest verriegelt war. Entschlossen, seine Neugierde zu befriedigen und sich vielleicht auch einen Verdacht bestätigen zu lassen – die Versammlung schien ihm nicht ganz geheuer zu sein – trat er am folgenden Tag an einen der Ritter heran, einen alten Freund, und fragte nach dem Namen des Heiligen, den sie mit einer solchen Zusammenkunft ehrten. Denn, erklärte er, er sei sich nicht bewußt, daß die Martyrologien für diesen Tag ein solches Ritual vorschrieben.«

Die Stimme des Erzählers war fast nicht mehr zu hören. »Die Wahrheit sei«, flüsterte er, als hätte er Angst, daß ihn jemand belauschen könnte, »die Wahrheit sei, hat dieser Bruder gesagt, daß der Ritter bleich geworden wäre und nach einem schnellen

Blick über die Schulter leise geantwortet hätte: ›Geh deines Weges, und wenn du mich liebst und dir dein Leben teuer ist, dann sprich nie wieder davon.‹«

Die Leute hingen gebannt an den Lippen des Erzählers. Aber bevor noch der Bann, in den er sie geschlagen hatte, gebrochen wurde, fuhr er fort: »Derselbe Ordensbruder erzählte mir aber noch mehr. Einige Jahre später, als er wieder Gast des Ordens war, sah er in einer Kapelle ein Kreuz mit einem Abbild des Herrn«, seine Zuhörer bekreuzigten sich, vielleicht aus Respekt, aber vermutlich mehr noch aus Angst vor dem, was sie hören würden, »das einfach nur auf dem Altar lag. Er war in Gesellschaft eines Ritters und bemerkte, daß es sich nicht schicke, ein Kruzifix einfach so herumliegen zu lassen. Dann trat er vor und hob das Kreuz auf, um es wieder aufzustellen. In diesem Augenblick habe ihm der Tempelritter sanft die Hand auf die Schulter gelegt und gesagt: ›Lege das Kreuz hin und gehe hin in Frieden.‹«

Der Erzähler unterbrach sich, um tief Atem zu holen. Das kleine silberne Abzeichen, das an einem Lederriemen um seinen Hals hing, warf den Feuerschein auf die Wände an der anderen Seite des Raumes zurück. »Es wird gesagt«, fuhr er fort, »daß diese Ritter den geschnitzten Kopf einer jungen Frau verehren. Ich habe gehört, daß einige von ihnen dieses Bild *Baphomet* nennen, aber dieselben Ritter sagen, daß es auch andere Namen gibt, die so geheim sind, daß sie nie preisgegeben werden dürfen, da dann die Wahrheit über ihren Glauben an den Tag kommen würde. Das heißt doch wohl, daß ihr Glaube nicht der der Kirche sein kann?«

Er flüsterte: »Es scheint, daß nicht nur die Römische Kirche die Schlüssel zum Himmel hat, es scheint tatsächlich ...« Den Gesichtern seiner Zuhörer war eine gewisse Nervosität anzumerken. Der Erzähler lächelte, er kam jetzt zu seinem wichtigsten Thema. »Es scheint, daß es andere, direktere Wege gibt, den einen Gott kennenzulernen ...« Er unterbrach sich wieder in der Mitte eines Gedankens und sah sich die kleine Versammlung an. Die Frauen bekreuzigten sich oder fingerten an ihren Rosenkränzen. Die Männer waren ebenso betroffen, hatten die Augen niedergeschlagen und fühlten sich nicht in der Lage, seinem feurigen Blick zu begegnen. Er hob kaum merklich den Kopf und schaute in die hinteren Reihen der Gruppe und dort sah er, was er suchte: Ein Paar glänzender und glühender Augen, die den Anschein erweckten, als würden sie ganz dem zustimmen, was gerade gesagt worden war.

Bittere Kälte drang durch die feuchten Mauern der Burgkapelle. Nicht einmal dicke Pelze konnten die Morgenkälte, die bis ins Mark zu dringen schien, von den bei der Taufe Versammelten abhalten. Die Hände wurden rot und unbeweglich, da sie der Kälte direkt ausgesetzt waren, und die Füße, die alle verzweifelt in Bewegung hielten, scheuerten hilflos über den nackten Granitfußboden. Hier lag nichts, was die Kälte hätte abhalten können. Es hallte unter den schmalen verglasten Fenstern hoch oben, der einzigen Lichtquelle. Das Licht fiel schräg und an den hohen Pfeilern vorbei, auf denen die Bögen ruhten.

Die Sonnenstrahlen wirkten wie tötlich verwundete Überlebende der Schlacht zwischen der Sonne und dem dicken Nebel draußen und warfen kaum sichtbare Schatten. Sie lagen wie niedergemetzelt und sterbend auf der gefrorenen Erde. Ihre Ränder wirkten undeutlich und schwach wie die Schatten des Mondes.

Die Mutter des Kindes lauschte den gemurmelten Litaneien, den müden geistlichen Formeln, die sie so gut kannte, die aber trotzdem so wenig bedeuteten. *In nomine Patris et Filii et Spiritus Sancti.*

Der Ursprung war dreifaltig und doch nur einer. Der Himmel würde auf Erden kommen, und die Erde sich in den Himmel schwingen. Das Zentrum, der Ruhepunkt, Tipharet, der Sohn ...

Ego te baptizo, Johannes …
Jehan, der Name, den ihr Mann, der Seigneur du Forêt-Woëvre gewählt hatte, war in der Familie, seit der erste wilde Landräuber konvertiert war, der von Gotland aus mit seinen heidnischen Kriegern auf Plünderfahrt gezogen war. Sie hatten dem zerfallenden gallischen Reich den entscheidenden Schlag versetzt. Ferner stellten sie eine solche Bedrohung dar, daß die Könige, bloße Marionetten, sie mit Gold und ihren Töchtern hatten bestechen wollen. Sie hatten ihrerseits darauf bestanden, daß die heidnischen Krieger ihre Namen änderten: Der Name eines Mannes sei Ausdruck seines Gottes. So wurden ein neuer Glaube und neue Namen zum Preis eines Landes. Trotz des Widerstands und der Nachhutgefechte der alten Götter verbreitete sich der neue Glaube wie die Pest in den Reihen der arglosen Normannen: Den rothaarigen Kriegern wurde auferlegt, sich James, Jean, John, Jehan, Johann, Jan und Giovanni taufen zu lassen, nach dem Heiligen und Märtyrer.
Sie mußte über die verzweifelte Diplomatie des durchaus hinterhältigen Glaubens lächeln, der, obwohl er sein Versagen vielerorts bewiesen hatte – denn die Alten liefen immer noch herum, deren Namen in den Kindern auch der frömmsten Dynastien fortlebten – trotzdem weiterhin darauf bestand, daß sich durch ein einfaches Versprechen die Loyalität des Heidenblutes verändern ließe und daß gesegnetes Wasser die Dunkle Jungfrau, über deren Kopf der Mond aufging, vertreiben könnte.
»Wer ist sie, die hervorbricht wie die Morgenröte, schön wie der Mond, klar wie die Sonne und gewaltig wie ein Heer?« sang Salomo.
»Ich bin schwarz, aber wunderbar. Ich bin eine Blume in Scharon und eine Lilie im Tal.«
Auf den Höhen des Libanon, dem Berg Amana, dem Berg Senir, dem Berg Hermon und in Judäa selbst auf dem Berg Zion traf Salomo seine Geliebte. Sie war seine Göttin, der Abend- und

Morgenstern, die Verschleierte und Verborgene, deren Musik das Heulen des Meereswindes und deren Name die Weisheit ist.
»Sieh mich nicht an, denn ich bin schwarz. Ich bin weise, weil das Licht auf mich gestrahlt hat.«
Jehans Mutter beobachtete die Bewegungen des Prälaten, seine selbstbewußte Bedächtigkeit, die wohlgewählten Pausen in seiner Rede und seine theatralischen Gesten. Alles sorgsam auf den eleganten Fall seiner seidenen Gewänder abgestimmt, einer Extravaganz, die das Jahreseinkommen mehrerer Lehnsherren der Gegend gekostet hatte. Sie wußte, daß der rasende Hedonismus dieses Kirchenmannes schon vor langer Zeit jede Zufriedenheit unmöglich gemacht hatte. Sein Ersatz waren Gefräßigkeit und gelegentlich auch einmal ein Chorknabe, der, wie Wein, nach der Morgenmesse genossen wurde. Sein Glaube hatte nie die Grenzen der Theologie überschritten, da seine Aufgabe nicht darin bestand, die dunkle und einsame Straße der Erkenntnis zu beschreiten, sondern einfach nur darin, das Eintrittsgeld zum Himmel einzusammeln.
Ein sich bewegender Schatten weckte ihre Wachsamkeit. Sie hatte die Bewegung mehr gefühlt als gesehen. Sie schaute zum anderen Ende der Kapelle und am Altar vorbei zu den massiven Bögen dahinter und sah, einen dunkel gekleideten Mönch ruhig die Vorgänge betrachten. Der Fremde stand reglos da, außerhalb des schwachen Lichtscheins. Er war mehr eine Erscheinung als ein Mensch, ein dunkler Stern und unbemerkt vom Himmel gefallen. Sie hatte das Gefühl, er forsche die Schwächen der kleinen Versammlung aus und überlege sich, wer seines Herren nicht wert wäre. Die Flammen waren ein Herr, den niemand in Frage zu stellen wagte, denn alle wurden als Schatten eines Schattens gesehen, verlorene Kinder der Nacht: Das Leben war bereits bei Geburt dem Tode geweiht. Der Tod sprach es schuldig.

Dann bewegte er sich, trieb näher auf den Priester zu und flüsterte diesem eine Anweisung oder Forderung ins Ohr. Die Stimmung hatte sich verändert. Plötzliche Furcht ließ Jehans Mutter fast in Panik ausbrechen. Sie strengte Augen und Ohren an. Sie war trotz Müdigkeit und Kälte vollkommen aufmerksam. Sie starrte geradeaus in der Hoffnung, einen Blick auf das Gesicht des dunkel gekleideten Mönches zu erhaschen, während er sich in dem schwachen Licht abwandte. Gleichzeitig versuchte sie sich über die Ursache ihrer plötzlichen Furcht klarzuwerden. Sie hatte früher schon oft Mönche gesehen, ohne Angst zu bekommen, obwohl diese ebenso verhüllt waren, als suchten sie in der Dunkelheit Trost für ihre Unfähigkeit, im Licht zu leben.
Das von den Zeitläufen bereits etwas angegriffene Ritual der Messe nahm seinen Lauf, fast ohne sich um die Anwesenden zu kümmern. Bei dem Ritual handelte es sich um etwas fast Mechanisches mit einem eigenen psychischen Impuls. Seine Kraft bezieht es von den Beteiligten, und seine metaphysische Geometrie führt alle in einem okkulten Zusammenwirken zusammen. Sie sah dem Geschehen weiterhin zu, und als sich der Mönch langsam entfernte, durchfuhr sie erneut ein ängstlicher Schauer. Ihr wurde jetzt jedoch klar, was die Ursache dafür war. Sie blickte zu Boden, als fürchte sie, man könne ihre stille Prüfung entdeckt haben. Plötzlich überkam sie ein Gefühl tiefster Verwundbarkeit, als entferne sich ihre Welt rotierend, nur um sie vorwärtstastend auf der Suche nach einem Halt zurückzulassen, während der Aufruhr an ihr vorbeizog geradewegs auf eine Katastrophe zu, auf einen Wasserfall, der am Rande der Welt unheilverkündend dröhnte. Sie bemerkte, daß der dunkle Mönch, der sich über den kalten Steinboden bewegte, kein Geräusch machte und keinen Schatten warf.
Jehan, der vielleicht fühlte, was geschah, machte sich von den schweren Armen frei, die ihn umfingen, und lächelte sie an. Sie

lächelte zurück, bevor sie eine Welle der Traurigkeit erfaßte. Sie wußte, daß sie ihren Sohn verlieren würde. Sie hatte ihre Pflicht getan. Die Forderungen ihres Ehemannes und ihrer Familie waren erfüllt. Sie wußte, daß eine große Mitgift und ein Sohn die Nutzen einer Ehefrau ausmachten. Die Zärtlichkeit, die sie zu geben hatte, wurde als sentimental verachtet. Die Liebe, durch die ihr Wesen einen wahrhaftigen Ausdruck fand, wurde mit Leidenschaft verwechselt, und auch diese wagte sie nicht zu zeigen, da durch Vergewaltigung schon seit langem mit allgemeiner Billigung eheliche Rechte eingelöst wurden. Das Kind, an das von Anfang an niemand gedacht hatte, schrie beim ersten Schlag, und war nicht mehr als das letzte Siegel auf einen Bündnisvertrag, der von Familien eingegangen worden war, die nichts anderes im Sinn hatten, als Dynastien zu schaffen.

Die, die mehr wollten und die einen Ort der Liebe suchten zwischen den unpersönlichen Heldentaten der Zeit, wurden immer enttäuscht. Liebe war ein Gefühl, das die meisten nur zögernd zugaben, einmal abgesehen von den tränenreichen Klagen am Altar der Jungfrau, nachdem das Blut von den ramponierten Helmen und den von Schwertern durchtrennten Umhängen abgewaschen worden war. Die Tragödie, die sich immer und immer wieder abspielte, bestand darin, daß das, was alle Männer bei ihren Schlachten, ihren Machtspielen und in ihren Mönchszellen suchten, in dem Herzen einer Frau zu finden war.

Sogar alleinlebende Asketen fanden es schwer, bei sich oder bei anderen nach Mitteln zur Selbstkasteiung – Flagellation, Fasten, Wunden am Körper – zu suchen. Die Selbstquälerei schmerzgekrümmter Körper, Versuche, Dämonen im Innern zu zerstören, diente nur dazu, die Menschen noch fester an das zu schmieden, dem sie zu entfliehen suchten, und lieferte den Dämonen im Innern weitere Nahrung und machte sie mächtiger. Der Stolz der Menschen wuchs mit ihren immer heftiger

werdenden Selbstkasteiungen und verhinderte durch seine sichtbare Heiligkeit jede Einflußnahme des Formlosen.
Sie stand ruhig da und verabschiedete sich von einer Welt, die ihr gleichgültig geworden war. Tief in ihrem Innern bot sich ihr ab und zu ein Blick auf das Ende aller Dinge. Sie wußte sehr gut, daß hier, in diesem Augenblick zwischen der Zeit, in dieser Pause, das Geheimnis lag, das sie bereits halb verstand.
Sie verließ die Kirche, so wie man aus einem Traum aufwacht: Aber in ihrem Traum verließ sie einen Friedhof, denn nur dort versammeln sich die Toten.

Kapitel 3

Entlang der staubigen Straße bewegten sich zwei Gestalten. Wahrscheinlich Nazarener, dachte ich, spähte in das gleißende Sonnenlicht und ließ meine Aufzeichnungen einen Augenblick lang sinken. Jene umherziehenden heiligen Männer, die gerade einen an den römischen Präfekten namens Pilatus verloren hatten. Palästina war voll von ihnen, von Verrückten und Mystikern, die alle nur Ärger verursachten und in Rätseln redeten. Sie taten so, als wirkten sie Wunder, oder gaben vor, die Dämonen zu vertreiben, die sich wie Parasiten in den Seelen der Menschen breitgemacht hatten.
Ich ließ sie passieren. Der Mann, Simon Magus – ich erkannte ihn – blieb einen Augenblick lang ganz in meiner Nähe stehen, obwohl er sich dessen nicht bewußt wurde, und ich hörte, wie er zu seiner Gefährtin sprach. Es war Helena, die er im Tempel von Tyrus abgeholt hatte.
»Ich bin die Sonne, und du bist der Mond. Du und ich, wir sind

eins«, sagte er und sein Blick schweifte in die Ferne zum Horizont. Helena, die das schon wußte, sah Simon an und lächelte. Die Luft war von Staub erfüllt, und die Straße vor ihnen schlängelte sich nach oben, bis sie die hochfliegenden Vögel in dem tiefen wolkenlosen Himmel zu berühren schien.
Sie gingen weiter wie im Nichts und brachten den Horizont näher, bis ihre Schatten unter der Sonne verschwanden, die im Zenit stand. Als sie von dem Wüstenpfad verschwanden, wurde die Erinnerung an sie, das, was von ihnen in der Zeit blieb, Kern des versprochenen Mythos. Ich seufzte, ob aus Liebe oder aus Neid, das kann ich nicht sagen.

Der Erzähler, ein Kaufmann, der gerade die Stadt besuchte, seufzte, machte eine Pause und sprach: »Der Mann war niemals Gott. Gott ist das Heilige, der Nährboden aller Existenz, der Ursprung allen Lebens, der Eine, der Ewige, der Absolute, und wir sind alle gleichermaßen Söhne und Töchter.
Für jeden Menschen gibt es einen Weg. Die Wahrheit existiert und kann ohne die Sakramente gefunden werden, ohne Taufe, Eheversprechen und Gebete an die Jungfrau, die Heiligen und die Kirche. Die Welt ist wahrlich unser Gefängnis, und wir werden immer wieder zurückkehren, um zu leiden und zu lernen, bis die Läuterung durch das Feuer abgeschlossen ist und wir zum Licht zurückkehren, von dem wir herabgefallen sind.«
Er hielt einen Moment lang inne und blickte mit glühenden Augen durch das verdunkelte Zimmer in eine Ferne weit jenseits der Wände. Der Rauch des Feuers kräuselte sich schwach über den Köpfen der Zuhörer, die reglos auf dem Holzfußboden lagen.
»Wir sind in dieser Welt, aber gehören nicht zu ihr. Wir sind Fremde in jedem Land und jeder Stadt, Wanderer und Reisende. Obwohl wir wissen, daß wir unsere Heimat nicht finden werden, indem wir die Straßen entlangziehen oder durch die Meere

segeln, tun wir das trotzdem. Dies ist nicht unsere Welt, in der Liebende auseinandergerissen werden und in der Tyrannen Trost finden. Diese wurde nicht von einem unendlich gütigen Gott erschaffen. Sie ist eher das Reich der gefallenen Götter und Engel des Schattens, die in jedem von uns ihre Kämpfe austragen.«

Er sah seine Zuhörer finster an. Dann wirkte er wieder etwas gelassener und fuhr fort: »Strebt nach Erkenntnis. Gebt euch nicht damit zufrieden, nur zu glauben. Strebt ...« er unterbrach sich, »strebt nach der Erkenntnis, wie man sterben muß.«

Wieder machte er eine Pause und holte langsam tief Atem. »Um von der korumpierenden Kraft der Materie frei zu werden, von dem, was für den Körper angenehm ist, die Seele aber nur einengt, müssen wir alles aufgeben. Uns und unser Leben ...«

Denn dein, oh Herr, ist das Reich ...

»Wir müssen jede Verstellung aufgeben, unsere Phantasien und auch unsere schwachen Versuche, uns Gott, unseren Schöpfer, vorzustellen. Wir müssen es der gesamten Schöpfung erlauben, uns zu durchströmen ...«

... und die Kraft und die Herrlichkeit ...

»unser gesamtes Leben und das bis ans Ende aller Zeit.«

in Ewigkeit.

Der Erzähler hatte gehört, daß die Mauern der Tempelordenfestung Akka vom Beaucéant, der Standarte der Templer, beschattet wurden, die im Wind flatterte, schwarz und weiß, im Wechsel von Dunkelheit und Licht, und die in den Farben der Sonne das Motto der Templer trug:

Non nobis domini, non nobis, sed nomini tuo da gloriam.

Nicht uns, Herr, nicht uns, sondern deinem Namen verleihe Ruhm ... denn *dein ist das Reich.*

Teufel spazierten in aller Öffentlichkeit auf den staubigen Straßen des südlichen Frankreichs. Ein neues Jahr hatte begonnen.

Dann kamen die Eisenmänner, die wie gepanzerte Haie umherstreiften, nachts ihr Unwesen trieben und von dem Blutgeruch und Rauch eines zerstörten Landes angezogen wurden.
»Wir werden ihn zerstören, sein Land und seine Städte.«
»Führt unser Bericht zu seinem Untergang?«
»Sicher. Der Heilige Vater wird einen Kreuzzug befehlen.«
»Und das Böse wird ausgelöscht?«
»Es wird ausgelöscht, dafür sorge ich schon.«
Der Legat des Papstes beendete unvermittelt die Unterhaltung. Er wandte seine Aufmerksamkeit dem Fluß zu, dem sie sich näherten. Ihm wurde es immer dringlicher, ihn zu überschreiten und das Land des Grafen von Toulouse zu verlassen. Ungeduldig und roh trat er in die Flanken seines Pferdes, das zwischen den berittenen Wachen hindurch, die vor ihnen hertrotteten, einen Satz nach vorne machte.
Die Angst des Legaten war weniger groß als die freudige Erwartung süßer Rache. Er verweilte bei dem Gedanken, daß der arrogante Raymond, der Graf von Toulouse, dazu gezwungen werden würde, sich auf Knien den Forderungen des Papstes zu unterwerfen. Er würde sich vor ihm, dem Repräsentanten des Papstes, verbeugen müssen. Der Legat lächelte, als er von den weiteren Demütigungen träumte, die er dann – natürlich im Namen des Papstes – diesem mächtigen Mann entgegenbringen würde.
Der Legat, ein Zisterziensermönch aus einer Abtei bei Narbonne, war kein verweichlichter Mensch, der mit dieser Welt nichts im Sinn hatte. Die Demütigen mochten ja tatsächlich gesegnet sein, aber sie brauchten zum Überleben die Hilfe der Starken. Der Legat hatte persönlich mit dem Papst über dieses Thema gesprochen: Daß die Mutter Kirche, voller Gnade und sanft wie die reinen Hände der Jungfrau, die sich immer weiter ausbreiteten, starke Beschützer brauche, um ihre Macht zu bewahren. Er sei ein solcher Beschützer, vielleicht nicht körper-

lich stark, aber ganz sicher in geistiger Hinsicht. Er konnte wie kein anderer über Theologie und kanonisches Recht debattieren. Er konnte furchtlos Grafen und Königen begegnen. Sein Glaube war beständig. Nichts konnte ihn vom Dienst für die Kirche abhalten oder ihn zum Verrat an ihr veranlassen. Hatte er sich einmal zu etwas entschlossen, dann war es schon so gut wie passiert. Gestern hatte er beschlossen, den Grafen von Toulouse zugrunde zu richten.

Gestern, überlegte er weiter, gestern in der kalten Halle des Abtpalastes in St. Gilles hatte der Graf Raymond seine Weigerung herausgeschrien, so daß alle sie hören konnten. Und nun hatte der Legat das Gefühl, um seine äußerste Verachtung zu demonstrieren. Schließlich war Raymond es gewesen, der um ein Treffen gebeten hatte, da er nicht länger der Exkommunikation unterliegen wollte, die über ihn vor nicht ganz neun Monaten verhängt worden war. Bei der Zusammenkunft war er jedoch launisch und oft auch bitter gewesen, Ergebenheit und Rebellion hatten sich abgelöst. Er hatte sich beständig geweigert, sich den Forderungen des Papstes zu unterwerfen. Schließlich hatte der Legat verärgert über den Grafen aufbrechen wollen.

»Bleib!« hatte der Graf gefordert, da er wußte, daß mit dem Aufbruch des Legaten vor einer Einigung alles verloren sein würde. »Bleib! Morgen wollen wir wieder zusammenkommen und versuchen, uns zu einigen.«

»Es gibt nichts weiter zu besprechen. Wir sind nicht hergekommen, um mit dir zu verhandeln, sondern um deine Zustimmung zu unseren vernünftigen Forderungen entgegenzunehmen. Wir haben uns in deine Gesellschaft begeben, aber du bist uns nicht etwa freundschaftlich, sondern nur feindselig begegnet. Nichts hat sich geändert. Du unterliegst noch immer dem Kirchenbann für deine Verbrechen. Du hast Ketzer beschützt, Söldner angestellt, Juden zu öffentlichen Ämtern bestellt, den Waffenstillstand der Kirche gebrochen, Abteien ausgeraubt und Kirchen als Festungen verwendet. Also reisen wir ab, obwohl uns Trauer erfüllt, daß ein bedeutender Mann aus freien Stücken den Schutz der Kirche verwehrt. Wir werden erst dann zurückkehren, wenn du dich der göttlichen Führung der Kirche unterwirfst, sei es freiwillig oder durch Zwang.«

Diesem hochmütigen Ultimatum gegenüber verlor der Graf schließlich die Selbstkontrolle. Er sprang mit vor Wut hochrotem Kopf auf und schrie den Legaten an: »Sei gewarnt! Es wird in meinem Reich, sei es zu Land oder auf See, keinen Ort geben, an dem ich dich nicht beobachte!«

Der Abt von St. Gilles trat eilig vor, um den Grafen zu beruhigen. Er hatte vielleicht gedacht, daß dieser den Legaten schlagen würde, aber Raymond hielt sich zurück. Er war jedoch zu wütend, um die Unterredung fortsetzen zu können. Die beiden Widersacher standen da und starrten sich finster und mit einem Ausdruck leidenschaftlichen Hasses an. Die Meinungsverschiedenheit war zu einem Konflikt ausgeartet, der nur unter Blutvergießen beigelegt werden konnte.

Der Legat träumte von dem Kreuzzug, den er durch den Süden anführen würde auf den Spuren des Heiligen Bernhards, des größten Führers, den die Zisterzienser je gekannt hatten. Er hatte unablässig gepredigt, daß das Heilige Land unterstützt werden müsse, und auf der Notwendigkeit von Kriegen unter göttlicher Führung bestanden, die die Ungläubigen und Ketzer zur größeren Ehre Gottes abschlachten würden. Er hatte so die entscheidenden Voraussetzungen zur Gründung des Tempelritterordens geschaffen.

Ritter Christi, hatte er geschrieben, »Ihr werdet Eure Schlachten als Werkzeuge Gottes schlagen. Ihr werdet töten als bestellte Henker des Herrn. Fürchtet nicht, Euch durch das Töten zu versündigen. Töten um Christi willen ist ehrenvoll. Fürchtet

Euren eigenen Tod in seinem Dienste nicht, denn für Christus sterben bedeutet den Märtyrertod sterben. Wer den Märtyrertod stirbt, stirbt ohne Sünde.«

Der Legat und seine Leute hatten St. Gilles in der Abenddämmerung verlassen, um die Rhone am nächsten Morgen überqueren zu können. Er wollte erst wieder an die Spitze seines Heeres zurückkehren. Er wußte nicht, daß sein Plan durchkreuzt werden würde. Sein Traum von einem Kreuzzug war zwar nicht falsch, nur würde er nicht das Vergnügen haben, an seiner Spitze zu reiten.
Noch am selben Abend diktierten er und sein Verbündeter, der Bischof von Couserans, einen vollständigen Bericht über die Ereignisse des Tages. Sie wiesen besonders auf den abrupten Meinungswandel des Grafen hin, als dieser sich unter Druck sah, sich den Forderungen des Papstes zu beugen. So stellten sie fest, daß er eine unversöhnliche Feindschaft den Glaubenssätzen und Regeln der Heiligen Römischen Kirche gegenüber zu verraten schien. Es entstünde beinahe der Eindruck, wagten sie sich vorsichtig und doppeldeutig vor, daß der Graf die Hoffnung gehegt hätte, einen Handel abzuschließen, zu einem Kompromiß zu kommen, und nicht verstanden hätte, daß sie ihm das gar nicht anbieten wollten. Die Taten des Grafen, wie sie sie dargelegt hätten, waren so beleidigend, daß sie nur einen Schluß zuließen. Der Heilige Vater sollte endlich den Kreuzzug gegen den Süden einleiten, mit dem er schon so lange gedroht hätte. Die zwei Vertreter des Papstes zögerten jedoch, das als die natürliche Folge ihres Berichts anzunehmen. Sie empfählen einfach nur, daß Gottes Wille die Entscheidung des Papstes in dieser Angelegenheit leiten möge. Fertiggestellt wurde der Bericht von beiden Geistlichen unterzeichnet, besiegelt, ordentlich zusammengefaltet und in einen Kasten gelegt, um nach Rom gesandt zu werden. Ein bewaffneter Kurier wurde von den

Dienern herbeigerufen. Ihm wurde befohlen, unverzüglich loszureiten.
Die Ketzer des Südens waren ein Übel. Dem Legaten war berichtet worden, Satan sei ihr König. Die behaupteten das tatsächlich sogar öffentlich. Sein Magen zog sich vor Haß auf diese falschen Lehrer zusammen, diese Erzähler von Lügenmärchen, die sich selbst die Katharer nannten. Sie trafen sich nachts mit den Dorfbewohnern, das wußte er, um ihre Lügen zu verbreiten, ohne Aufsehen zu erregen. Oder sie versammelten sich an einem einsamen Ort, an dem ihre Worte dem Wissen und der Zensur der Kirche entgehen würden. Dort verbreiteten sie ihre verruchten Glaubenssätze, daß die Leute die Kirche und die Ehe ablehnen und sich, ohne an die Folgen zu denken, paaren sollten. Er hatte weiterhin gehört, obwohl er kaum zu glauben wagte, daß das wahr sein könnte, daß sie Frauen darin unterwiesen, ihren ungeborenen Kindern das Leben zu nehmen. Es schüttelte ihn. Er konnte seinen Abscheu vor den Gläubigen am Tor der Hölle kaum verbergen.
Sein Traum sollte jedoch nicht in Erfüllung gehen: An jenem Morgen, an jenem 14. Januar 1208, an den Ufern der Rhone, näherte sich, als das Boot gerade übersetzen sollte, ein Anhänger des Grafen und ritt schnell auf den Legaten zu. Dieser hielt an und dachte vielleicht, daß der Graf endlich ein Einsehen gehabt hätte und sich schließlich doch unterwerfen würde. Er drehte sich um. Zu spät sah er den blitzenden Speer. Er fiel zu Boden, und sein Blut sickerte in den Fluß, wo es von der reißenden Strömung in die Zukunft getragen wurde. So vorbereitet, würden sich bald alle Flüsse des Südens rot färben und zu einer Flutwelle anwachsen, die über das Land hereinbrechen würde. Feuer und Rauch würden die trockenen salzigen Winde davontragen, um sie wie die Pest über die fruchtbaren Flußtäler und reichen Küstenstädte zu verbreiten. Die Männer aus Eisen würden kommen, bei Nacht umher-

streifen und Verzweiflung und Zerstörung hinter sich zurücklassen.

Jehan, der junge Herr von Forêt-Woëvre, drehte sich müde zur Seite und richtete sich auf einem Ellbogen auf. Das Gras, das in diesen letzten heißen Tagen brauner geworden war, stach spitz durch seine dünnen Kleider. Er warf einen kleinen Stein in das träge Wasser des Festungsgrabens, der mit einem schwachen Geräusch verschwand. Die grüne Oberfläche des Wassers kräuselte sich, kleine Wellen, die Wasserpflanzen in Bewegung brachten und Zweige von Büschen, die in das Naß hingen. Einen Augenblick lang verängstigt, flohen die kleinen Insekten, die über die Oberfläche huschten, und kamen dann zurück, um die eifrige Suche nach ihrer für Jehan unsichtbaren Beute fortzusetzen. Er sah gebannt auf die größer werdenden Kreise. Ein kleiner Stein, irgendwohin geworfen, verursachte eine gewaltige Veränderung in der Welt, die er gerade vor Augen hatte, auch wenn diese nicht lange andauerte.
Er genoß seine Macht über sein kleines Königreich und suchte mit seinen Händen nach einem weiteren Stein. Bevor er ihn warf, erforschte er mit seinen Fingern die rauhe Oberfläche und entfernte die krümelige Erde, die, von der Sonne verkrustet, in leicht matt schimmernde Kristalle zerfiel. Er warf den Stein ins Wasser, aber bevor sich noch die ersten Wellen bilden und die ersten Insekten fliehen konnten, hatte er das Interesse verloren und schaute in eine andere Richtung. Es war heiß, und, was schlimmer war, er langweilte sich.
Die Sommersonne warf harte Schatten in Richtung der kleinen Stadt. Jehan tat sich leid, er fühlte sich einsam und ausgeschlossen vom Leben der Gemeinschaft. Er war sich sicher, daß er etwas anderes tun sollte, als einfach nur faul herumzuliegen und seine Zeit damit zu füllen, Insekten zu quälen. Er wünschte sich, daß sein Vater ihn auf die Jagd oder vielleicht auch nur an den

Fluß mitnehmen würde, wo dieser tief und gut geeignet zum Schwimmen war. Aber sein Vater war nicht da, er war um seines Seelenheils und seines Reichtums willen im Süden auf einem Kreuzzug gegen die Ketzer.

Jehan sah vom Boden auf und zu den verwinkelten Häusern der Stadt hinüber. Dann schaute er auf den ungleichmäßigen Rand des nahen Waldes und mußte die Augen anstrengen, da es so hell war. Die dunkle Linie des Waldrands wurde nur von einer staubigen ungepflasterten Straße unterbrochen, die in den Tiefen des Waldes verschwand. Alles Leben schien aus den Tiefen des Waldes zu kommen, dachte er bei sich, alle Reisenden, alle Erzähler, alles Aufregende. Er hatte das Gefühl, seine Welt wäre nur eine kleine Lichtung in einem unendlichen Wald, der bis in die Nacht reichte. Eine beständige Anstrengung war nötig, diesen in Schach zu halten, ihn daran zu hindern, sich das wieder zu holen, was ihm einmal gehört hatte. Wir werden nur dann überleben, dachte Jehan, wenn wir den dichten Wald davon abhalten können, in unsere Stadtmauern einzudringen. Auch damals galoppierten Männer auf der Suche nach Abenteuern mit ihren Hunden in die Dunkelheit des Waldes und kamen manchmal nie mehr zurück. Jehan wurde von dem verborgenen Geheimnis des Waldes angezogen und verzaubert. Gleichzeitig empfand er Angst vor seiner Grenzenlosigkeit.

Er lag mit geschlossenen Augen da, die Luft war vom Gesang der Vögel erfüllt, und fühlte, wie die überaus lebendige und sanfte Sonne seinen Körper massierte. Sie konnte denken, fühlen und lieben wie jedes andere Wesen. Da die Sonne der Spender des Lebens war, mußte es einen weiteren, größeren und mächtigeren Ursprung aller Sonnen geben.

Nach und nach drangen helle bruchstückhafte Geräusche an sein Ohr: Gelächter anderer Kinder, die herumrannten und spielten. Sie drangen allmählich in seine Gedanken ein. Ihn

beherrschten widersprüchliche Gefühle. Er hätte sich ihnen gerne angeschlossen und an ihren Späßen teilgehabt, fühlte sich dazu jedoch nicht in der Lage. Bisher hatte er andere Kinder nur aus der Ferne gesehen, sie waren unter den Mauern vorbeigerannt, hatten gespielt, und er hatte hinter einem der hohen Fenster der Burg gesessen, von der Welt abgeschirmt. Sein Vater hatte ihn nie mit den Dorfkindern spielen lassen. Er hatte sich immer gezwungen gesehen, seine Zeit mit den Hofdamen zu verbringen oder mit den Wachen, die mit versteinerten Mienen zusahen, wenn er sich im Hof der Burg allein vergnügte. Wenn er sich nicht unter ihrer unfreundlichen Aufsicht befand, dann war er bei den vertrockneten und finsteren Mönchen, die ihm beibrachten, lateinische Inschriften zu schreiben. War es wirklich wahr, überlegte er sich, daß Latein die Sprache Gottes war? Dann war da im letzten Winter seine lange Krankheit gewesen. Er hatte monatelang in einem Schwebezustand zwischen Leben und Tod sein verrauchtes Zimmer nicht verlassen können. So war es ihm zumindest vorgekommen. Er hatte endlose schlaflose Nächte lang husten müssen und heulend um Linderung seines Leidens gefleht. Ein Großteil des Jahres war in diesem Land Winter, und die meisten seiner Winter waren von Krankheit erfüllt gewesen.
Heute jedoch war er einfach über die Zugbrücke zur Grenze des Anwesens gegangen, da nach dem Massenaufbruch Richtung Süden nur noch wenige Soldaten in der Burg verweilten. Niemand hatte ihn aufgehalten. Er war stolz vorwärtsgeschritten, entschlossen, auf seiner Autorität, seiner Stellung als Erbe zu bestehen, sollte ihn jemand an seinem Ausbruch hindern. In gewisser Weise hatte er jedoch versagt. Ihn hatte niemand aufgehalten. Nachdem er die Burg einmal verlassen hatte und sein erstes abenteuerliches Ziel erreicht hatte, war er jedoch ratlos, was als nächstes zu tun sei. Er hatte keine weiteren Ziele. Also wartete er, bis er das Gelächter hörte, das von den Mauern

widerhallte. Augenblicklich überkam ihn Verlangen. Er wollte mit den anderen herumtollen, ausgelassen sein und laut, er wollte im Fluß schwimmen, auf dem Markt stehlen und auf der Allmende Krieg spielen.

Er sprang auf und rannte aufgeregt dem Lärm entgegen. Als er um die Straßenecke bog, sah er in der Entfernung die Kinder gerade innerhalb des Stadttores, wie sie an langen Ketten schaukelten, die von einer uralten Eiche herabhingen. Ihre glücklichen Stimmen machten sein Vorhaben nur noch dringlicher, und er rannte schneller und stolpernd auf dem unebenen Pflaster der Straße den leichten Abhang hinunter. Als er näher kam, sah er einige große rechteckige Käfige, die an den Ketten befestigt waren. Die Kinder standen darauf, schaukelten hin und her und wurden von ihren kreischenden Gefährten angestoßen. Diejenigen auf den Käfigen warfen sich zurück, um noch weiter und schneller auszuschwingen. Jehan rannte noch geschwinder, denn jetzt wollte er ganz dringend an ihrem Spiel teilhaben und ihnen zeigen, daß er höher und weiter schaukeln könnte als jeder andere. Er wollte ihnen zeigen, daß er, obwohl er so abgeschieden gelebt hatte, mutig war, Fähigkeiten hatte und nicht so unfähig war, wie er insgeheim fürchtete.

Er kam näher und erreichte heftig keuchend die Gruppe, die im Schatten des Baumes spielte. Alles verschwamm vor seinen Augen, da er sich so angestrengt hatte, und die Brust tat ihm vom Atemholen weh. Jehan griff in die Luft. Ein Käfig kam in rasender Fahrt auf ihn zu, und der Junge, der sich an ihm festklammerte, schrie mit kreischender Stimme. Der Käfig kam näher und schien dann, als er das Ende seines Bogens erreicht hatte, einen Augenblick in der Luft stehenzubleiben. Jehans Hände wollten sich bereits an ihm festhalten, als seine Welt plötzlich stehenblieb wie der Käfig. Seine Augen trafen auf ein weiteres Paar Augen in dem Käfig. Sie waren ausgetrocknet, leer, tot. Tote Augen in einem toten Schädel, auf den man eingehackt hatte, der von den Krähen angepickt war, von der Sonne getrocknet und von den rauhen Winden verblichen.

Jehan hatte die Arme immer noch ausgestreckt. Seine Finger schlossen sich nicht und seine Hände versagten ihren Dienst. Er ließ den Augenblick verstreichen. Der Käfig schwang zurück auf den alten dunklen Stamm des Baumes zu. Aber bald kam er zurück, und wieder starrte das vertrocknete Gesicht des Leichnams ihn an. Die Reste einer kläglichen Kreatur, von finsteren Richtern dazu verdammt, in einer unsteten Vorhölle zu verrotten. Jehan war wie versteinert, seine Ohren hörten nicht das Gelächter, alle Geräusche wurden von dem Schrei ausgelöscht, der aus seiner Brust drang und in seinem Kopf widerhallte, bevor er sich mit dem gestockten Atem einen Weg bahnte. Doch war kein Laut zu hören. Der Schrecken wurde einfach nur immer wieder in ihm zurückgeworfen, dort wo er zerbrochen war. Er hatte keine Worte, keine Kategorien, keine Gedanken, mit denen dieser Augenblick zu begreifen gewesen wäre. Er stand einfach nur bewegungslos da und sah jede Schwingung, die den Schrecken zurückbrachte. Dann fiel ihm der Geruch auf, nicht stark, aber durchdringend, ein treibender Geruch von Verwesung, der seine Haut berührte. Auf dem Boden des Käfigs lagen in langen Windungen getrocknete Därme und bewegten sich flach und schwarz bei jeder Schwingung und platzten in der Hitze der Sommersonne.

Jehan warf sich herum, wie blind und vollkommen außer sich. Er wollte die Mischung aus Spiel und Verwesung nicht anerkennen. Er trat zurück und beachtete die Herausforderungen der anderen Kinder und ihr lautes Hohngelächter nicht. Er starrte nur einfach weiterhin auf das Schauspiel, um vielleicht irgendwann zu verstehen, was es bedeutete. Er versuchte, es vielleicht einmal innerhalb seiner Vorstellungswelt akzeptieren zu können, es betrachten zu können, ohne es zu verurteilen oder, wenn er es schon verurteilen mußte, damit er zumindest auch wußte, warum.

Kapitel 4

Ich ließ die Erinnerung an jene vertrockneten Augen in der Nacht verblassen und zitterte vor Kälte. Ich faßte die Ränder meines Umhangs und zog die Knie näher an die Brust heran. Mein Magen schmerzte, denn ich hatte lange nichts mehr gegessen. Die zarten Blätter der Bäume hielten die Regentropfen nicht ab, die unablässig auf meinen Lederumhang fielen. Ich lehnte mich an den Baum zurück. Ich war stundenlang gelaufen, war müde und brauchte Schlaf. Als ich meine Augen schloß, durchströmte Begehren meinen Körper: Ich wollte den Trost einer Frau, die Wärme eines Feuers und die Befriedigung eines Essens. Ich zitterte wieder und mußte noch viel weiter umherziehen, bis ich das Schlachtfeld mit seinem doppelten Schrecken des Todes und der Leidenschaft hinter mir gelassen hatte.

Die enge Straße verlief unauffällig zwischen den Bäumen und dem dicht verfilzten Unterholz. Die abgetretenen Pflastersteine glänzten im Tau des Morgens wie die Schuppen einer gewaltigen Schlange, die sich erst in die eine, dann in die andere Richtung ganz allmählich die Seite eines langen Tales hinaufwindet. Weit unten rauschte ein Fluß, der im Winter eine zerstörerische Kraft hatte und dann nach der weichen Erde der Ufer griff. Der Fluß höhlte die Erde aus, aber jetzt während der langen und trockenen Sommertage floß er zögernd und wirkte beinahe so, als würde er sich dafür entschuldigen, und suchte sich in wesentlich sanfterem Fall seinen Weg. Rundgeschliffene Steine und abgenutzte Baumstämme ragten aus dem schimmernden Wasser, Skulpturen, die verfielen, aus einem lange vergangenen goldenen Zeitalter, als Dichter und Priesterinnen auf diesen sanften Hügeln geherrscht hatten.

Hohe Bäume auf beiden Seiten der Straße nahmen der Sonne all ihre Hitze und all ihr Licht, bis nur noch ein schwacher fahler Schein auf einen Reisenden fiel, der langsam den Hang hinaufging. Dieser Reisende, mit hagerem Gesicht und mageren Gliedern, war in ein dunkles und staubiges Gewand gekleidet, das bei jedem Schritt an seine nackten Knöchel schlug. Er schwitzte stark trotz des Schattens und suchte einen Platz, an dem er sich ausruhen konnte. Er sah eine mit Gras bewachsene Böschung und ließ sich nieder, sein Kopf fiel nach vorne und ruhte auf dem Stab, den er in der einen Hand trug. Einen Moment verweilte er mit geschlossenen Augen und gebeugtem Haupt, als verneige er sich demütig vor einem Gott, dessen Forderungen schließlich zu groß geworden waren. Der Reisende war zur Ruhe gekommen. Seine einzige Bewegung war die langsame Hebung und Senkung seines Brustkorbes, als er tief die kühle Luft einatmete.

Mit noch immer geschlossenen Augen und den Kopf noch immer auf seinem Stab tastete der Reisende nach seinem Wassersack, faßte ihn, warf den Kopf zurück, hob ihn an seine Lippen und trank lange. Er wollte offensichtlich gerne schlafen. Er konnte sich vorstellen, für immer auf dieser grasbewachsenen Böschung zu liegen. Aber er konnte sich dieses Vergnügen nicht leisten, denn das nächste Dorf war noch einige Stunden weit entfernt, und er hatte keine Lust, sich nach Einbruch der Dunkelheit alleine im Wald zu befinden. Es schauderte ihn, als ihm dieser Gedanke kam, und er sprang abrupt auf, als hätte er eine überstürzte Entscheidung getroffen. Er fing an mit schnellen Schritten die alten halb überwachsenen Pflastersteine ent-

langzugehen, die die Römer viele Jahrhunderte zuvor zurückgelassen hatten.
Der Reisende war bereits weit herumgekommen. Vor 47 Tagen hatte er die große Basilika von Santiago de Compostela verlassen, um auf dem alten Märtyrerweg zurückzulaufen. Dieser Märtyrer war vor vielen Jahrhunderten Bischof von Avila gewesen. Seinen Namen traute sich die Kirche nicht länger zu nennen, da sie voller Angst daran dachte, was dieser einmal bewirkt hatte. Ein Bischof, dem der Kaiser in Trier den Prozeß gemacht hatte, der verurteilt und dann von der Kirche ermordet worden war und dessen Leichnam man auf einem Weg nach Galizien zurückgebracht hatte, der nie mehr vergessen werden würde. Einmal zurückgekehrt, hatte man ihn in Compostela begraben, und die Gläubigen hatten sich versammelt, um seiner zu gedenken. »Priscillian!« hatten die Alten geflüstert.
»Santiago«, flüstern sie jetzt, seit sich die Kirche, immer zu Meuchelmord und Entführung bereit, durch eine Namensänderung der Verehrung der ehrlichen Pilger angenommen hat, die durch ihre Mühen den Weg geheiligt hatten. Ein Weg, der, nachdem man die wahre Erkenntnis einmal verdrängt hatte, bald von Schreinen und Heiligtümern für die dunkle Jungfrau gesäumt wurde, der Königin der Leidenschaft, der Liebe und des Krieges. Ihr opferten die Männer jetzt ihre wertvollste Gabe, ihre Männlichkeit. Einige kamen mit einem Messer, andere versprachen ihr ein Leben der Selbstverleugnung und Hingabe. Doch zog sie noch andere an als nur die, die sich von ihrer teuersten Ausdrucksmöglichkeit abschneiden wollten. Sie zog auch jene Männer an, in denen die Entfesselung ihrer Leidenschaften so groß war, daß sie forderten, sich für immer dem hinzugeben, was jemals verborgen, unterdrückt, beiseitegelassen, verzögert oder geleugnet gewesen war.
Diese Liebhaber der Königin konnte nichts aufhalten, und mit ihrer Leidenschaft wurden ihre Heiligtümer größer, als hätten

die alten heiligen Stätten, die so lange geschlummert hatten, auf einmal angefangen zu sprießen. Der lange Winter war endlich vorbei. Die Welt war endlich bereit, die dunkle Saat aufgehen zu sehen. Denn jedes ihrer Heiligtümer wuchs auf den Ruinen eines älteren, als hätten diese einfach nur unter der Erde gewartet. Über diese Entdeckungen wurde nie gesprochen, nicht einmal flüsternd, damit nicht noch mehr von jenen verführt würden, die fanden, daß Leugnen sie wehrlos machte, und sich deswegen mit einem heimlichen und wissenden Lächeln, das sich auf ihren verzückten Gesichtern ausbreitete, der Jungfrau zuwandten. Ein Strom, den die Kirche nicht eindämmen konnte. Sie konnte nur versuchen, seine Richtung zu ändern und ihn etwas abzuschwächen.
In vielen Kapellen waren die dunklen Jungfrauen weiß angemalt, als würde man ihre Wirkung verbergen, wenn man ihre Farbe verbarg. Aber immer noch verschwanden Männer in die Nacht, in den Wald oder auf das Meer. Sie wurden von einem Verlangen getrieben, das sie nie zuvor gekannt hatten. Ein Verlangen, das sie auf ihr Drängen hin tief in ihrem Innern gefunden hatten, wo es nur gewartet hatte, und das sich nicht mehr leugnen ließ.

Der Reisende war erschöpft und hatte sich auf Wanderschaft begeben. Er war einmal Ritter gewesen, aber nach Jahren des sinnlosen Blutvergießens, der sinnlosen Zerstörung und der Aufregung müde. Sein Schwert hatte er fortgeworfen, es lag zerbrochen zusammen mit seiner Seele auf einem Acker in weiter räumlicher und zeitlicher Ferne. Nur seine Narben verrieten ihn. Sie wurden aber nur von denen bemerkt, die nah an ihm vorbeigingen. Aus weiterer Entfernung dachte jeder, er sei Mönch eines Bettelordens, obwohl er sich nie einer Bestimmung so sicher gewesen wäre, daß er sich dazu veranlaßt gesehen hätte, sich mit der Kirche zu vermählen oder einem Orden. Zumindest war er sich dessen nicht sicher, als er sich nach Compostela aufgemacht hatte. Jetzt bei seiner Rückkehr war er trotz seiner äußersten Erschöpfung wie gelähmt durch die Bestimmung, die vor ihm lag. Er sehnte sich danach, Toulouse, seine Stadt, zu erreichen. Hier wollte er zu der Menge predigen. Innerlich konnte er sich fast nicht mehr zurückhalten, er sehnte sich verzweifelt nach einem Publikum, das seinen Worten lauschen würde. Einen Tag zuvor hatte er die Pyrenäen überquert. Vor ihm lag der Hof des Grafen von Foix, und von dort aus war es nur noch eine Reise von zwei Tagen bis zu den Toren von Toulouse.

Toulouse! Ihre Mauern schienen sich an die Wasser der Garonne zu klammern. Toulouse war die größte Handelsstadt des Südens, die, voll von Kaufleuten, die Languedoc beherrschte. Die anderen, Avignon und Arles, lagen an der Rhone, die vom Genfer See ins Mittelmeer floß. Narbonne, Montpellier, Carcassonne, Nimes und Agde lagen an kleineren Flüssen, an größeren Straßen oder Häfen.
Jeder dieser Städte war ihre Unabhängigkeit wichtig. Sie schützten sich gegen den Machtanspruch des Adels. Diese Gruppen miteinander verwachsener Städte regierten sich selbst. Jede von ihnen hatte einen Rat, der Handel und Gesellschaftsleben bestimmte. Alle wurden durch eine Bürgermiliz geschützt. Diese Unabhängigkeit gestattete es den reichen Kaufleuten, mächtiger zu werden, die für den gesamten Handel zwischen den Atlantik- und Mittelmeerstädten verantwortlich waren. Der Weg durch die Meerenge von Gibraltar war weit und gefährlich, der über die Alpen langsam und unsicher. Zölle, Maut- und Transportgebühren, die auf allen größeren Straßen erhoben wurden, waren für alle Städte und Burgen eine beständige Einnahmequelle, die an einer Brücke, einem Paß, einem Fluß oder an einer Straße lagen.
Die Pilger waren immer die Straße nach Compostela entlang

gelaufen, im Jahre 1095 jedoch predigte der Papst einen großen Kreuzzug. Er wünschte ein riesiges Heer glühender und bewaffneter Pilger, die Jerusalem wiedererobern und das vornehmste Königreich der Christenheit im Herzen des mohammedanischen Ostens schaffen sollten. Allen war klar, daß man für einen solchen Kreuzzug die Kaufleute des Südens, ihr Geld und ihre Kenntnisse benötigte. Schiffe würden mit Rittern und Pilgern beladen werden und von den Häfen Montpellier, Narbonne, St. Giles oder Arles aus in das Heilige Land segeln. Mit den reisenden Kaufleuten, den Pilgern und Rittern kamen die Lieferanten anderer Glaubensrichtungen und anderer Philosophien. Die südlichen Länder wurden in ihrem Glauben zersplittert, aber auch berühmt für ihre Toleranz den unterschiedlichsten Ideen gegenüber, die jetzt offen auf den Straßen, in den Dörfern und auf den Marktplätzen gelehrt und gepredigt wurden.
Die wichtigsten Adeligen, die Familie von St. Giles, die als Grafen von Toulouse herrschten, oder die Trencavels, die Vicomtes von Beziers, Carcassonnes, Albi und die Razès konnten ihre Autorität nicht auf einen Punkt konzentrieren und auch nicht ohne größere Schwierigkeiten Armeen aufstellen, und das trotz ihres großen Reichtums. Die kleineren Edelleute waren zu unabhängig, so auch die Geistlichkeit und die Stadträte. Tatsächlich regierten viele der Kirchenleute ihre geistlichen Lehen so unabhängig wie jeder weltliche Lehnsherr. Der Süden hatte nicht die enge Verbundenheit des Nordens von Kirche und Staat. Das Ergebnis war ein wirtschaftlich starkes und militärisch schwaches Land. Das sollte sich als fatal erweisen, als die nördlichen Horden, abgehärtet von einer rauhen bäuerlichen Existenz, wie von der Kirche gelockte Haie in Rüstungen über die Grenzen fluteten, um die gesamte südliche Lebensart zu vernichten.
Der Kleinadel, der im Norden die bewaffneten Krieger stellte, hatte im Süden keine solche Aufgabe. Er fühlte sich durch

Lehen zu nichts verpflichtet und hatte auch keine Vorstellung davon, daß er vielleicht jemandem, der mächtiger war als er, etwas schuldig sein könnte. Aus diesem Grund konnte im Süden keine lehnspflichtige Gruppe zusammengebracht und bewaffnet werden. Die Männer kämpften nur, um ihre eigenen Interessen durchzusetzen. Der Kleinadel war geschwächt, nicht organisiert und schuldete niemandem etwas. Burgen und Landbesitz wurden nicht an den ältesten Sohn vererbt, sondern frei und zu gleichen Teilen an alle Nachkommen, da sie der ganzen Familie und nicht einem ihrer Mitglieder gehörten. Es war nichts Ungewöhnliches, daß eine Burg mehrere Besitzer hatte. Einige hatten sogar zwanzig oder dreißig, die nach einem komplizierten Schlüssel alle Einkünfte teilten. Wo ein einzelner Besitzer vielleicht reich geworden und vielleicht sogar in der Lage gewesen wäre, Söldner anzuheuern, um die Armee des Grafen von Toulouse oder des Vicomte von Carcassonne mit einem guten Kontingent zu unterstützen, waren viele Besitzer, die sich ein Einkommen teilten, nur oft zu arm, um noch andere als sich selbst aufs Schlachtfeld zu führen.

Dieser Kleinadel, sogenannte Faidits, waren eine unabhängige und unberechenbare Gruppe. Ihre Loyalitäten wechselten ständig mit den nicht enden wollenden, für diese Region typischen Privatkriegen. Loyalität spielte in ihrer Welt keine große Rolle. Diese südliche Gesellschaft mit schwach ausgeprägten Lehnspflichten hatte sich anderen Aufgaben zugewandt. Liebende sangen davon, Vasallen ihrer Dame zu sein: Troubadoure, wandernde Sänger, besangen die Bedeutung der Liebe für den Mann. In einer Gesellschaft, die wie keine andere in Europa von Frauen beherrscht wurde, entzündeten die Frauen die Hoffnung und Leidenschaft derjenigen, denen scheinbar nur eine Göttin Liebe geben konnte. Die Frauen wurden Göttinnen und Mittelpunkt von Legenden, die in vielen von Feuern erhellten Nächten gesponnen wurden. Die Wächter der Jungfrau wurden nervös,

und das aus gutem Grund. Ihre Macht beruhte auf der Kontrolle über die Erfüllung des Begehrens.
Der Reisende war ein Mann aus dem Süden, ein Kind der Stadt Toulouse und vor einunddreißig Jahren in eine Familie von kleineren Kaufleuten geboren worden, die schon seit Generationen mit jenen morgenländischen Luxusartikeln handelte, die mit zunehmender Vertrautheit für die Städter des Südens schon lebenswichtig geworden waren. Aber das war alles lange her, und viele Jahre hatten ihn erst seine Schlachten und dann seine Reisen daran gehindert, die Heimat zu finden, nach der er suchte. Er war ein Gelehrter und ein Suchender. Er hatte die Lehrer gewechselt, christliche Mönche, die die Lehre Mariens und des Gekreuzigten verbreiteten. Ebenso traf er auf jüdische Mystiker von Lunel und Montpellier, die von Lichtern und Leitern sprachen, die Perfecti der Katharer aus Carcassonne, die eine große Schlacht zweier widerstreitender Kräfte beschrieben, und er begegnete den seltsamsten Lehrern von allen, sonnengegerbte und in Schlachten von Narben gezeichnete Männer aus dem Osten, die kein Schwert mehr trugen, aber in befestigten Klöstern lebten. Es gab sie überall vom Mittelmeer bis zur Ostsee: Tempelritter.

Diese geheimnisvollen Lehrer lehrten nicht öffentlich. Der Reisende wußte, daß ihre Glaubenssätze so geheim waren, daß sie nur ihren eigenen Ordensbrüdern das Zuhören gestatteten. Doch hatte er zufällig einen Blick auf ihre Welt getan. Während der Zeit, als er sich von seiner ermüdenden Reise in ihren Herbergen ausgeruht hatte, war dort eine kürzere Zeit auch einer dieser älteren und lebenssatten Gelehrten gewesen. Der Reisende hatte einer bruchstückhaften Unterhaltung gelauscht, die ihn noch lange beschäftigt und deren Zweideutigkeit ihn gequält hatte.
Er verstand es fast, wußte jedoch, daß ihm der wichtigste Schlüs-

sel zum Verständnis fehlte. Was er gehört hatte, klang fast orthodox, fast so, als hätten es auch die Mönche der Kirche in ihren eigenen Kapellen predigen können. Und doch wußte er, daß das nicht so war. Jede offensichtliche Orthodoxie war nur eine Illusion, die aus Mangel an zusätzlicher Information geboren wurde. »Weisheit ist eine Frau«, hatte er den kleinen bärtigen Mann leise zu seinem Gefährten sagen hören, »reine Weisheit, jungfräulich in ihrer Klarheit.« Noch vor Ende des Abends, bevor sie sich zum Schlafen auf das Stroh niedergelegt hatten, hatte er noch etwas gehört: »Sophia!« Das wurde ganz plötzlich gesagt, fast abrupt, in den Raum, in mehrere Unterhaltungen hinein, in den Raum, der aus dem Nichts entsteht, wenn alle im Zimmer mit einem Mal und geheimnisvollerweise ruhig werden und es nur eine Stimme gibt, der es erlaubt ist, so leise, wie sie will, diesen Raum zu füllen.

Die Wahrheit war, daß der Reisende trotz seiner Gelehrsamkeit, trotz seiner Suche und dem Wechsel der Lehrer, seinen Wissensdurst immer noch nicht gestillt sah. Ihn dürstete es nicht nur nach Gelehrsamkeit, sondern nach der unmittelbaren Kenntnis dessen, was hinter der sichtbaren Welt lag. Er hatte einen ganzen Frühling zu Füßen eines Lehrers der Katharer verbracht, hatte ihm gelauscht und von ihm gelernt. Damals war er diesem Verständnis am nächsten gekommen. Aber aus Gründen, die er auch sich selbst nicht erklären konnte, hatte ihn das plötzlich nicht mehr befriedigt. Er war unruhig geworden und wollte weiter, als ob hinter dem nächsten Hügel oder im nächsten Tal ein wahrer Lehrer friedlich lebte.

Seine Suche hatte ihn zuletzt auf eine Wallfahrt nach Santiago de Compostela geführt. Die Basilika und der Kult des Santiago hatten ihn tief berührt. Er hatte an den Prozessionen und Ritualen teilgenommen und sich doch weiterhin wie ein Außenseiter gefühlt. Er hatte den Eindruck, an einem Umzug teilzunehmen, der nur wegen der Farben und Pracht veranstaltet wurde, und

nicht, weil es um Wahrheit ging. Langsam und fast zögernd setzte er sich mit diesem Umstand auseinander und blieb doch drei Monate, bevor er weiterzog. Er wurde älter und noch unzufriedener. Hätte er doch nur gewußt, daß Saturn, der Herrscher über Entbehrungen und Weisheit, die durch Leiden und im Kampf erworben wird, das Ende seines ersten großen Zyklus in seiner Lebenszeit erreichen würde. Hätte er das gewußt, dann hätte er vielleicht auch die Möglichkeiten gesehen, die sich ihm boten, und die klügste ausgewählt. Aber er wußte nichts von alldem und wurde so zu einem Spielball des Schicksals.
Der Reisende hatte unter den Menschen und nicht in der Welt nach Wissen gesucht. Er hatte Gelehrte kennengelernt, die ihre Worte so genau wählten, wie sie nur konnten. Der Reisende, der auf seiner Reise selbstgerecht geworden war und leicht abgelenkt wurde, da er sich selbst zu wichtig nahm, hatte nie die Zeit gefunden, sich der Liebe hinzugeben oder die frischen klaren Morgenstunden und milden Herbsttage zu genießen. Weder kichernde Kinder, die Gesichter noch von der morgendlichen Wäsche gerötet, noch die Schönheit einer Frau, die in einem farbigen Gewand eine sommerliche Straße entlangkam, hatten sein Interesse geweckt. Eine Frau, die sich in dem Augenblick umdreht, in dem man ihr nachschaut, und lächelt, als beiden klar wird, was sein könnte.
Die Lehrer, neben denen der Reisende gesessen hatte, hatten von Liebe gesprochen, aber es waren nur Worte gewesen. Der Reisende war demselben Fehler erlegen. Er hatte gedacht, Worte wären wichtig, hatte gedacht, daß später immer noch Zeit für Liebe sei, nachdem er seine Kenntnisse erlangt haben würde. Er hatte nicht gelernt, daß die Liebe der Weg zur Weisheit war.
Er unterdrückte die Gefühle, die auszubrechen und ihn von seiner Aufgabe abzuhalten drohten. Denn er hatte gelernt, Liebe als Ablenkung von der Suche nach Wahrheit zu fürchten. Die

Zeit hatte seine Gefühle abgetötet, seine Sinne, seine innere Harmonie und seinen inneren Frieden. Er war kalt und skeptisch, angespannt und feige. Er mied jede Gesellschaft, um nicht zu genießen, was er als Zeitverschwendung betrachtete. So war es jedenfalls bis zur Heimreise aus Santiago gewesen.

Der Reisende hatte sich eines Morgens von der Stadt aus auf den Weg gemacht, sobald die Wachen unter Mühen die Stadttore geöffnet hatten. Er lief Richtung Osten, auf die Pyrenäen zu, die viele Tagesmärsche entfernt an der Nordküste Spaniens lagen. Mit jedem Schritt, der ihn von der Stadt wegführte, hatte er weniger Illusionen. Während seiner Monate in Santiago war es ihm gelungen, sich vor der Wahrheit zu verstecken. Als er sich jedoch weiter von dem Einfluß der Stadt entfernte, von den gewaltigen Zerstreuungen ihres Kults und dem beständigen Gemurmel der Menschenmassen, verblaßte ihr Reiz. Was blieb, war ihre unfruchtbare Leere und Hohlheit. Seine Schritte näherten sich dem, was er bereits kannte und vermißt hatte, und waren weniger Schritte, die einen Ort verließen. Der Reisende konnte nur mit Mühe die Tränen unterdrücken. Er wurde des Gefühls jedoch Herr, bevor diese ihm noch in die Augen treten konnten. Er glaubte, daß Tränen ein Zeichen der Schwäche waren und daß kein schwacher Mann jemals die Stärke hatte, wahres Wissen zu erlangen.

Am dritten Tage seiner Wanderschaft änderte sich das Wetter. Der Tag hatte klar und sonnig begonnen, aber innerhalb weniger Stunden hatte ein starker und kalter Wind mächtige Wolken von See herangetrieben. Sie wurden dunkler und ballten sich über ihm zusammen. Um die Mittagszeit wurde deutlich, daß ein Gewitter bevorstünde. Der Reisende rechnete damit, daß es keine Stunde dauern würde, bevor es über ihn hereinbräche. Ein langes Donnergrollen war von dem fernen, mit grauer Gischt erfüllten Horizont zu vernehmen. Der Reisende zog sich seine Wolldecke über den Kopf und über das Gesicht, um sich gegen den schneidenden Wind zu schützen. Dann ging er schneller, um Schutz zu suchen.

Der Wind steigerte sich zu gewaltsamen Böen, die nicht nachlassen wollten. Dunklere Wolken trieben den Horizont entlang, einer Viehherde gleich, und warfen sich in das Zentrum eines gewaltigen Gewitters, das schwarzen Staub aufwirbelte. Dann zogen sie sich mit einer Geschwindigkeit zusammen, die dem Reisenden angst machte. Sie zeigten ihre Zähne. Ein Donner ließ ihn erzittern, und er rannte verzweifelt weiter. Denn diese Wolken waren wild und ungezähmt und hatten sich weit jenseits der Grenzen der Welt und ihrer Meere zusammengezogen. Sie waren aus einer wilden Laune der Meere am Rande der Welt und aus der plötzlichen Leidenschaft eines entfernten Himmels heraus geboren worden.

Ohne Übergang wurde es still. Kein Laut war zu vernehmen. Die Vögel, der Wind und die Wolken, alles schien bewegungslos. Sogar der Geruch der Erde und der Bäume schien abgeschwächt. Alles wartete. Der Himmel hielt inne, holte Atem und wartete darauf, die Erde, die gelähmt vor Schrecken dalag, mit allen seinen Waffen anzugreifen. Der Reisende war ebenfalls erstarrt, nicht in der Lage, weiterzulaufen, er schwitzte und zitterte gleichzeitig vor Angst, die aus Träumen geboren war und nicht aus der Wirklichkeit.

Eine Dunkelheit, wie er sie noch nie vorher gesehen hatte, breitete sich in der Stille aus. Die Wolken verdichteten sich. Und doch wurden ihre Ränder auf eine geheimnisvolle Art erleuchtet, sie glühten, und diese Glut reichte bis zum Horizont. Es regnete immer noch nicht. Die Verzögerung erhöhte die Furcht einfach noch, die Tiere und Bäume zum Schweigen brachte, denn alles wußte, daß mit jedem Augenblick, der verging, der unvermeidliche Wutausbruch von oben nur um so größer und um so zerstörerischer sein würde.

Die Wolken zogen sich immer noch zusammen, und ein Blitz

huschte über den sich verdunkelnden Himmel. Einen Augenblick lang waren die Hügel und Bäume heller erleuchtet als von der Mittagssonne. Nachher erschienen sie nur noch dunkler. Der Reisende stand da und schaute in den Himmel, als sei er von dem Anblick eines Invasionsheeres wie verzaubert und nicht in der Lage zu fliehen. Er wich dem Blitz jedoch aus, senkte seine Augen auf die Erde und sah vor sich am Horizont, der vom Waldrand auf einem Hügelkamm gebildet wurde, Tor zu den grünen und dunklen Schatten dahinter, ein kleines Gebäude aus grauem Stein, vielleicht eine Kapelle. Der Reisende befreite sich plötzlich von seiner Lähmung und begann zu laufen.
Das Gebäude war eine kleine achteckige Kapelle mit einem mattroten Ziegeldach, das spitz wie eine Pyramide zulief. Als sich der Reisende näherte, sah er, daß über dem Portal das Schaufelkreuz mit seinen gleichmäßigen Armen in den Stein gehauen war. Es war das Kreuz, das die weißgewandeten Tempelritter auf ihrem Waffenrock trugen.
Ein dritter Blitz sprang über den immer dunkler werdenden Himmel und brachte einen Donner mit sich, der mit seiner Kraft Berge und Hügel zu versetzen schien. Mit dem Donner kam endlich der Regen. Ein Wolkenbruch, als hätte ein großer Fluß seinen Lauf geändert und ergieße sich nun über die Erde. Der Reisende konnte die Kapelle kaum noch sehen. Hinter ihm waren die Straße und die Bäume verschwunden. Er hechtete, vollkommen durchnäßt, die letzten Meter und warf sich gegen die schwere Eichentür. Sie öffnete sich ohne einen Laut, als sei sie frisch geölt.
In der Kapelle wurde die Düsternis nur von einem matten Licht erhellt, das durch ein einziges Fenster hoch oben fiel. Die Kapelle war, abgesehen von einem Granitsockel an der Ostwand, leer. Auf dem Sockel stand eine kleine Holzfigur, eine junge Frau, dunkel, als sei sie aus Ebenholz oder einem anderen alten afrikanischen Holz geschnitzt worden. Auf den ersten

Blick wirkte sie schwanger. Gegenüber waren unter dem einzigen Fenster verblaßte Reste eines Gemäldes zu sehen. Der Reisende trat näher heran, bis er sehen konnte, was auf dem primitiven Bild dargestellt war. Auf der linken Seite stand eine Frau, eine Prostituierte, an der Tür eines Hauses. Sie hielt die Tür zu, während sie den Vorbeigehenden zunickte, die sie zu sich riefen. Hinter der Tür lag eine Treppe, die im Innern des Hauses ins Obergeschoß führte. Dort stand eine junge Frau in den letzten Wochen der Schwangerschaft. Hinter ihr führte die Treppe weiter auf ein Flachdach.

Auf dem Dach stand ein Kind – der Reisende konnte nicht erkennen, ob es sich um einen Jungen oder um ein Mädchen handelte – mit ausgebreiteten Armen, die durch die Strahlen der Sonne mit diesem Himmelskörper verbunden waren. Jeder Strahl, der nach unten führte, endete in einer kleinen Hand, in der jeweils ein Geschenk lag. Das Geschenk in den Händen des Kindes war ein kleines gleicharmiges Kreuz, dessen Vergoldung kaum noch sichtbar war. Das Kind warf einen langen Schatten, der die Treppe hinabfiel, bis er sich mit der Gestalt der dunklen Kurtisane an ihrem Fuße vereinigte und mit ihr eins wurde.

Der Reisende schaute dieses seltsame Relikt an und hatte das Gefühl, die gemalte Sonne begänne zu scheinen. Einen Augenblick lang konnte tatsächlich der Eindruck entstehen, die Sonne sei die eigentliche Lichtquelle der Kapelle. Aber dann wurde der Regenguß so gewaltsam und prasselte so laut auf das Dach, daß der Reisende abgelenkt und ziemlich abrupt der Düsternis gewahr wurde. Er legte sein Bündel ab, da er sich ausstrecken und ausruhen, vielleicht sogar schlafen wollte.

Am Morgen wachte er mit der kleinen Statue aus dunklem Holz in den Armen auf. Er liebkoste sie, wie man eine Geliebte nach einer Liebesnacht und nach Jahren der Vertrautheit liebkost. Er erinnerte sich nur an ein Ereignis der vergangenen Nacht: Daß

die Sonne um Mitternacht aufgegangen und ihm die Kapelle in der Morgendämmerung wie eine Brautkammer vorgekommen war. Was er getan und was er gesehen hatte, konnte er nicht mehr in Worte fassen.
Der Reisende verließ die Kapelle. Jetzt war ihm nur noch das Reisen wichtig. Denn nur auf der Reise würde ihm offenbart werden, wann es Zeit wäre, anzuhalten.

Die Faidits und ihre kleinen Höfe waren Reisenden gegenüber großzügig, besonders solchen, die singen konnten. Der Reisende war dankbar, daß er dieses kleine Talent an sich entdeckt hatte, da es ihm oft zu einem Mahl und einem Schlafplatz verholfen hatte.
»Sing doch noch etwas für uns«, rief der Kastellan von Blanchfort, einem kleinen Chateau, von dem aus man auf den Punkt schauen konnte, an dem sich zwei Täler vereinigten. »Für einen eher ruhigen Reisenden hast du eine schöne und laute Stimme.«
»Sie ist während meiner Reise auch kräftiger geworden, Herr. Ich habe mit ihr wütende Hunde vertrieben und wilde Männer, die versuchten, sie von meiner Lunge zu trennen.«
»Singe nur, Reisender, wie eben.«
»Herr«, meinte der Reisende, und er hatte vielleicht wegen des Weines, den er getrunken hatte, etwas zu großes Selbstvertrauen, »ein Lied würde ich gerne singen. Aber vielleicht läßt es sich nicht mit Ihrer Vorstellung von einem Reisenden und seinen Zielen vereinbaren.« Er sah seine Zuhörer lächelnd an. »Von der Liebe, edle Herren, würde ich gerne singen. Von der Liebe einer Frau.«
»Sing nur«, rief der Kastellan, und sein rötliches Gesicht strahlte vor Vergnügen, »zögere nicht länger!«
Der Reisende hob den Kopf und begann. Erst sang er laut, aber als er sich der Aufmerksamkeit seines Publikums gewiß war, wurde seine Stimme leiser, und er dehnte die Worte, bis alle in

dem verrauchten Saal verstummt waren und ihn anschauten. Ein Musiker schlug im Halbdunkel den Rhythmus auf seiner Tambour.

Der Reisende besang sie, die dunkle in Gold gehüllte Jungfrau, die die Erde und den Himmel in ihren Händen hält. Die unseren Erlöser geheiratet hatte, damit er der wahrhaftige Herrscher über den Himmel werden konnte, und die den Teufel selbst mit ihrem Schleiertanz derart verführt hatte, daß er aus seinem Reich gelockt worden war. Er hatte den absehbaren Früchten einer Ehe von Himmel und Hölle nicht widerstehen können. Er wartete jedoch noch immer, gefangen in ihrem Schleier, den sie ihm in den Weg geworfen hatte, geblendet von der Sonne, nicht mehr in der Lage, in das Reich der Finsternis zurückzukehren. Er war so dazu verdammt, Herr allein dieser Welt zu werden, die er durch seine eigene Unwissenheit geschaffen hatte. Und an der hatten alle, die geboren wurden, teil.

Der Reisende besang die Liebe, die sie schenkte und die ihr geschenkt wurde. Es war nachts, Tränen lagen auf einem Steinfußboden und Mondschein auf ihrem weichen Gesicht in der Kapelle. Das antike geschnitzte Ebenholz, das mit den Menschen nichts mehr gemein hatte. Sie, die nicht nur den Sündern vergibt, sondern auch sinnliche Sünden zu ihrem erwählten Sakrament macht. Sie, die denen Kinder schenkt, die vorher unfruchtbar waren. Sie, die denen zärtliche und sinnliche Liebe schenkt, die bisher in den Augen der Welt geschlechtslos waren. Und sie, die jeden, der bis dahin die Liebe nicht gekannt hat, aus seinem Versteck holt und umarmt.

Der Reisende sang, und die Tränen liefen ihm die Wangen herunter, denn er sah ihr Gesicht vor sich. Sie tauchte in den Schatten auf, die der flackernde Feuerschein warf. Sie war gekommen, sie wollte bei ihnen sein und sie alle mit ihrer Liebe umfangen. Er sang, hatte aber nicht länger Kontrolle über Melodie und Worte. Er stand auf und tanzte, und das taten alle anderen in der Halle in dieser Nacht auch. Sie tanzten zusammen, drehten sich und wirbelten herum. Alle fühlten sich eins mit ihrer Liebe. Wie lange sie tanzten, daran konnten sie sich nachher nicht erinnern. Der Morgen kam plötzlich. Liebe, Krieg, Leidenschaft und das alles verzehrende Feuer, das in dem einsamen Reisenden brannte, waren alles Teile des Geheimnisses.

Bis zu dem überstürzten Mord an dem päpstlichen Legaten und der Ankunft der rohen Schwertkämpfer aus dem Norden, hatten sich die südlichen Länder von ihren Herren und Bischöfen unabhängig gemacht. Denn die Herren aus dem Süden hatten nie Macht über das Leben der Menschen gehabt, und Rom hatte seine Macht aufgegeben. Das Land war für die paarweise umherwandernden Perfecti ein Ort der Freiheit geworden. Sie streiften umher, um zu predigen. Diese Männer und Frauen hatten alle weltlichen Bindungen aufgegeben und lehrten ein Wissen, das nicht erlernbar war, sondern erlebt werden mußte, durch die Begegnung und Vereinigung mit dem Göttlichen, von dem es galt, ein Teil zu werden. Sie erinnerten sich daran, daß Adam nie wirklich aus dem Paradies vertrieben werden konnte, bis er vergessen hatte, wo das Tor lag.

Doch dieses Göttliche, lehrten sie, konnte nur wahrnehmen, wer auf der Suche war und sich mit dem Funken vereinigte, der am Himmel aufblitzte und dessen man sich bemächtigen mußte, bevor er sich in der Dunkelheit der Welt verlor: Es war die Schöpfung eines gefallenen Gottes. Und wer sich dieses Funkens bemächtigt hatte, der hatte Adams verlorenes Tor zum Paradies gefunden und sich an alles Vergessene erinnert.

Kapitel 5

Die Ausläufer des Ariège Tals wurden vom Chateau de Foix beherrscht, in dem die Königin der Troubadoure, die wunderschöne Esclamonde, und ihr kriegerischer Bruder Roger zu Hause waren. Außerhalb ihres Hofs gab es keine Zivilisation, nur noch winzige Siedlungen, die von immer abgeschiedeneren und immer unabhängigeren befestigten Häusern beschützt wurden, häufig zu klein, um noch den Namen *Chateau* zu verdienen. Ihre Mauern vermochten kaum, den Wald zurückzuhalten. Und ihre Männer, die zumindest auf dem Papier Untertanen des Grafen Roger de Foix waren, hielten in Wirklichkeit ihre eigenen Ratsversammlungen ab und fürchteten die Schatten des Tales mehr als die Banner des Grafen. Der Pest, die die Region heimsuchte, waren sie jedoch schutzlos ausgeliefert. Der weißen Pest der Dominikanerbrüder, die die Wahrheit durch Lügen ersetzten und Angst statt Liebe predigten und Feuer statt Frieden verbreiteten.

Casteldaoud lag auf einem steilen Kamm, der sich zwischen zwei kleinen Flüssen hoch oben in einem Pyrenäental erstreckte. Unterhalb klammerte sich ein Dorf an seine Mauern, als hätte es Angst, seine Häuser könnten in den reißenden Gebirgsfluß fallen. Seine Abgeschiedenheit hatte dafür gesorgt, daß es von den Kreuzrittern aus dem Norden, die von Simon de Montfort angeführt wurden und die in den südlichen Regionen Frankreichs fürchterlich wüteten, nicht in Mitleidenschaft gezogen worden war. Aber während seine steinernen Mauern noch standen, hatten zwei Dominikanermönche seine Freiheit angegriffen und sich ihrer bemächtigt. Sie hatten sehr rasch Furcht und Schrecken auf den terrassierten Feldern und in den Küchen der

Häuser verbreitet. Die Bauern flüchteten über die Gebirgspässe in das Königreich Aragon, wo sie unter der Herrschaft des Wohltäters Pierre, des zweiten mit diesem Namen, von Intoleranz frei leben konnten. Nach ihrer Flucht war niemand mehr da, die Felder zu bestellen und die vertrocknenden Feldfrüchte zu ernten. Casteldaoud verlor seine Einnahmen. Der Kastellan Bernard und seine Brüder verschlossen schließlich die großen Türen und brachen auf, um unter dem Banner von Roger de Foix zu kämpfen.

Bernard ging leichtfüßig, als hätte er vor, sich jeden Moment auf ein Pferd zu schwingen. Er sprach mit Überzeugung und Autorität, als wäre er gewohnt zu befehlen, und er lehrte mit der Begeisterung dessen, der Rekruten für die Schlacht sucht. Das tat er in der Tat auch, aber sie unterschied sich von denen, die sein Leben in seiner Jugend bestimmt hatten. Obwohl er den Eindruck einer militärischen Vergangenheit erweckte, der vielleicht nie verblassen würde, war Bernards offensichtlichstes und attraktivstes Wesensmerkmal sein Lachen. Sein dunkles Gesicht war übersät mit einem strahlenden Gewirr von Falten und Narben, das einen Augenblick lang an das eines kleinen Jungen erinnerte, der erstmals etwas Absurdes sieht. Sein Lachen war ansteckend. Er lockte damit seine Gefährten aus der Reserve, und sie stimmten ein. Bernards Lachen hatte etwas Besonderes, etwas Göttliches, und hatte man daran teil, dann teilte man ein großes Geheimnis, einen jahrhundertealten Witz. Nachher erinnerten sich seine Gefährten an ihr Gelächter, und es kam ihnen einen Moment lang so vor, als hätten sie etwas verstanden, hätten etwas so Tiefes berührt, das gleichzeitig so einfach war, daß man es nur noch durch Lachen ausdrücken konnte. Anschließend fühlten sie sich immer ein wenig weiser. Bernard hatte schon lange aufgehört, in den Kriegen zu kämpfen. Seine Brüder waren alle in dem überflüssigen Kampf gegen die Ritter aus dem Norden umgekommen. Casteldaoud stand verlassen am Rand der Berge und Wälder, seine Felder waren nicht bestellt und brachten keinen Ertrag. Bernard kümmerte sich inzwischen um ein Geschäft und eine Schule in Narbonne. Er sammelte von überall Bücher, die er in seiner Werkstatt von Schreibern kopieren ließ, die Tag um Tag über die Manuskriptseiten gebeugt dasaßen und mit kratzender Feder Abschriften für Deutschland, England und Flandern herstellten oder vielleicht auch für einen staatenlosen Kaufmann, der bei Nacht kommen und gehen würde, sein wertvolles Paket eng an sich gepreßt, um es vor den mißtrauischen Augen der Kirche zu schützen, die sich nicht damit zufriedengab, nur die Seele zu plündern.

Bernard hatte sich auf Werke spezialisiert, die nur bei Dunkelheit den Besitzer wechseln. Er nahm es damit sehr genau, sie nicht in Hände gelangen zu lassen, die sie den mißtrauischen Augen der Priester ausliefern würden. Denn diese hatten es eilig damit, die Texte zu finden und zu zerstören, in denen von anderen Wegen und anderen Symbolen die Rede war als denen, die die heilige Mutter, die Kirche, predigte. Sie verabscheuten und zerstörten die Texte, in denen von der musikalischen Harmonie der Planeten die Rede war oder von den antiken Vorstellungen über Hermes. Und was in den Augen der Priester noch schwerer wog, es wurden oft in Spanien oder Nordsyrien seltsame Schriften gefunden, in denen von Gott und Christus gesprochen wurde, die jedoch eine sorgsame Unterscheidung zwischen den beiden machten. Bernard wußte: Wenn der Rat der Kirche tatsächlich die Macht gehabt hätte, Christus in einen Gott zu verwandeln, dann war dieser Christus nicht mehr der Mann aus Galiläa.

Bernard beendete seine Überlegungen und wandte sich seinen jungen Gefährten zu. Sie waren alle Schüler der kleinen Schule, die er in seiner Werkstatt eingerichtet hatte. Auf der Straße unterhalb von ihnen war es jetzt still geworden. Die Sonne stand höher am Himmel, und die schwarzen Schatten waren so kurz, daß sie kaum den schimmernden Rand des Pflasters berührten. Obwohl die Schüler im Schatten saßen, wurden sie alle von der grellen Sonne geblendet. »Wahrhaftig«, sagte Bernard mehr zu sich, und seine Stimme war von Resignation und fernen Erinnerungen erfüllt, »die Schlacht um Muret war eine Katastrophe.« Bernard verstummte daraufhin wie aus Respekt vor den Toten. Seine Schüler, die seine plötzlichen Stimmungsumschwünge und Geistesabwesenheiten kannten, warteten schweigend darauf, daß er weitersprechen würde. Obwohl es sich um eine Geschichte handelte, die Bernard oft erzählt hatte, brauchte er immer noch Zeit, um seine Gedanken zu sammeln und seine Gefühle in den Griff zu bekommen. Denn jedesmal, wenn er sich an diese entfernten Zeiten erinnerte, beschwor er jene Hoffnungen herauf, die sie damals alle gehegt hatten, daß die Zukunft so großartig und hell sein würde wie die Lieder der Troubadoure, Hoffnungen, die die Heerscharen Simon de Montforts zerstört hätten. Jedesmal, wenn er sich jene Tage ins Gedächtnis zurückrief, fühlte er, wie die Tränen in seinen Augen aufstiegen, sich seine Wangen herab einen Weg bahnten und ihn dazu bringen wollten, sich auf den staubigen Boden zu werfen oder auf die Pflastersteine, auf denen er sich wie ein Säugling zusammenkrümmen und weinen wollte.

Er war älter geworden und die Geschichte der Tragödie hatte allmählich die Aura eines Mythos angenommen. Der Schmerz war noch größer geworden, da er in sich den Schmerz aller anderen begrabenen Hoffnungen vereinte. Die Geschichte hatte sich in einen anschaulichen Bericht über die große Schlacht verwandelt, die weit in der Vergangenheit lag und die den Fall der Menschheit bewirkt hatte.

Bernard erzählte seine Geschichte nicht, weil er sich bewundern lassen wollte oder weil er die Trauer genoß. Er hatte tiefergehende Gründe. Er wurde von einer Notwendigkeit geleitet, von dem, was er gesehen und was er gefühlt hatte, zu erzählen. Und hinter den bloßen Fakten der Geschichte lag mehr. Da lag ein moralisches Urteil, zu dem er sich genötigt fühlte, ein Urteil über die Hauptakteure dieses Dramas. Es war ein Urteil über jene, die sich, aus welchen Gründen auch immer, vom Schicksal dazu ausersehen betrachteten, ihre Männer in den Sieg zu führen. Statt dessen führten sie sie in den Untergang.

Bernard dachte an die Krise, der er sich an diesem Tag gegenüber gesehen und die ihn noch Jahre später begleitet hatte. Viele waren in Muret am Morgen des 12. September 1213 getötet worden. Die Krise hatte jedoch nichts mit ihrem Tod zu tun, dem Tod seiner Freunde, dem Tod seines Kommandanten, dem Grafen de Foix, oder dem ihres Führers, dem König von Aragon. Für Bernard wurde die Krise durch den plötzlichen und vollständigen Verlust jeder Hoffnung ausgelöst. Sie waren in der Schlacht so schnell unterlegen, daß er wußte, daß der Süden für alle Zeiten verloren sein würde. Seine Hoffnung schwand in dem Augenblick, als er sich darüber klarwurde, daß die zwanzig Minuten der Schlacht tausend Jahre dauern würden.

»Ich war einer der Ritter, die in dem Kontingent meines Herrn, des Grafen Roger de Foix, dienten. Während des Sommers 1213 hatten meine Brüder und ich unsere kleine Burg verlassen, die am Ende eines der Flußtäler lag, die hinter Foix die Pyrenäen durchschneiden, und waren nach Toulouse hinabgezogen, wo wir unseren Grafen trafen. Er versammelte seine Getreuen aus allen seinen Besitzungen um sich. Die Hauptabsicht mit diesen alliierten Armeen war es, alle Kräfte, die sich zusammenzogen, unter dem Oberbefehl des Königs von Aragon zu vereinigen, der innerhalb einiger Tage in Toulouse erwartet wurde. Anfang

September kampierten meine Brüder und ich unterhalb der Mauern und Türme von Toulouse und warteten auf den Befehl, gegen die vordringenden Kreuzritter vorzurücken, die von Simon de Montfort angeführt wurden.
Es ging das Gerücht, daß Simon innerhalb der Mauern von Muret, einer kleinen befestigten Stadt an der Garonne flußaufwärts von Toulouse, eingeschlossen wäre. Zu diesem Zeitpunkt waren wir noch ganz enthusiastisch, wir waren begierig darauf, vorzurücken, denn wir waren von der Hoffnung auf den Erfolg unserer Sache erfüllt. Pierre, der König von Aragon, war sehr beliebt, und es war bekannt, daß er ein großes Heer von Rittern und schwerbewaffneten Reitern anführte sowie ein beachtliches Kontingent Fußsoldaten. Wir hörten ebenfalls die Geschichten über die Morde, die Simon de Montfort an unserem Volk begangen hatte, allen, die innerhalb der Region des Grafen von Toulouse lebten.
Anfang September hatten Pierre und seine Armee die Pyrenäen über den Venasques Paß überschritten und waren auf Toulouse zu gezogen. Simon de Montfort hatte von der Bedrohung gehört, die von der Armee ausging, deren Stärke ein Vielfaches seiner eigenen war, und hatte alle Eroberungen westlich der Garonne aufgegeben und alle seine Männer zu einer Streitmacht zusammengezogen. Er hatte so wenige Soldaten, daß er nicht riskieren wollte, sie in diesem kritischen Augenblick zerstreut zu haben.
Vor den Mauern von Toulouse vereinigten sich meine Brüder und ich unter Führung des Grafen von Foix und andere Faidits unter Führung des Grafen von Comminges mit der riesigen Miliz von Toulouse und der Armee des Königs von Aragon. Wir waren eine gewaltige Menge und erwarteten weitere Truppen, Ritter aus Katalonien und Ritter, die unter Raymond, dem Grafen von Toulouse, gedient hatten. Pierre hielt es jedoch nicht für nötig, auf diese weiteren Truppen zu warten. Er meinte, daß er

genug Soldaten habe, um Simon de Montforts kleine Schar zu besiegen. Damit hatte er auch recht. Die Zahl hätte sich allemal als ausreichend erwiesen, wenn sie von einem anderen als gerade ihm angeführt worden wäre. Und zog man die Unfähigkeit, die er an den Tag legte, in Betracht, hätten die zusätzlichen Männer nur mehr Tote auf der trockenen Erde bedeutet und nicht etwa den Sieg.

Gott bewahre uns vor Dummköpfen«, rief Bernard wütend, »Gott bewahre uns vor denjenigen, die denken, daß die Fügung sie dazu ausersehen hat, unsere Retter zu sein, oder daß sie mit Sicherheit siegen müssen, da sie für eine gerechte Sache kämpfen. Die Götter richten sich nicht nach Moral oder Logik. Die Götter helfen denjenigen, die ohne sie zurechtkommen, und diejenigen, die nichts tun, weil sie mit einem Erfolg rechnen, die lassen die Götter im Stich. Die Götter ließen den König von Aragon an diesem Tage allein. An diesem Tage Ende September, als der Sommer bereits seinen Höhepunkt überschritten hatte und wie eine überreife Frucht vom Baum zu fallen drohte, um auf dem Boden zu verrotten.

Der Tag begann schlecht für die, die auf Omen achten und die die menschliche Natur kennen, falls sich das überhaupt trennen läßt. Pierre hatte wie alle Dummköpfe seinen großen Sieg im voraus gefeiert. So sicher war er sich seines Erfolgs, daß der bevorstehende Kampf ihm nur wie eine lästige Unterbrechung seiner ruhmreichen Existenz vorkam, eine Unterbrechung, die schnell vorbeigehen würde.

Pierre fiel während der Messe in der Morgendämmerung dreimal um. Hier war ein Omen für alle, die es lesen konnten. Er fiel drei Mal, nicht zwei und nicht vier, aber drei Mal gaben seine Knie nach, und er fiel auf den Steinboden. ›Sei demütig‹, sagten die Götter, ›schüttele alle Eitelkeit ab und wisse, daß du die Macht nicht dir selbst zu verdanken hast, sondern uns.‹

Auch dann hätte Pierre noch den Sieg erringen können. Indem

sie ihn warnten, gaben ihm die Götter eine Chance. Aber Pierre dachte nur an seine Geliebte. Sie stand neben ihm, nicht die Götter. Er ließ den Augenblick verstreichen und besiegelte sein Schicksal vor dem Altar, und unser Schicksal, unlösbar mit dem seinen verbunden, war damit ebenfalls besiegelt.
Pierres Geliebte war wunderschön. Das konnten wir alle sehen, und keiner von uns tadelte ihn seiner Besessenheit. Die konnten wir entschuldigen. Aber sie war unersättlich, und das konnten wir ihr nicht verzeihen. Sie hatte all sein Feuer und all seine Weisheit aufgezehrt und ihn statt dessen mit jenem falschen Selbstvertrauen und jener selbstsüchtigen Kraft erfüllt, die jedem Menschen in unendlichem Maße zur Verfügung steht, für den die Töchter der Götter getanzt haben. All diese Menschen, von dieser Gunst geblendet, vergessen, daß seit ewigen Zeiten die Töchter der Götter nur Zerstörung hervorbringen. Die Götter waren immer eifersüchtig auf ihre Töchter und forderten große Opfer von ihren Freiern.
Sie hatte ihm all seine Angriffslust und all seinen Kampfgeist genommen. Er war erschöpft, satt, und ihn beherrschte ein dummdreistes Selbstvertrauen. Mir war klar, daß er die kommende Schlacht nicht als eine Herausforderung sah, mit der er fertigwerden mußte, sondern als ein Spektakel, eine Theatervorführung zur Unterhaltung seiner Geliebten, der sie von einem angenehmen Aussichtspunkt in den Hügeln jenseits von Muret beiwohnen konnte.
Aber ein Schauspieler spricht die Verse, die er bekommen hat, und spielt die Rolle, die die Regie vorsieht. Es gab niemanden, der Pierre einen Rat geben konnte, was seine Rolle anging, denn er war der König. Und was noch schwerer wog, er war der Sieger der großen Schlacht von Los Navas, die vor nicht allzu langer Zeit stattgefunden hatte und in der die maurische Armee aufgerieben und in Verwirrung nach Grenada zurückgeworfen worden war.

Ja, wir waren uns alle bewußt, selbst wenn er es nicht war, daß er vor jener Schlacht nicht dreimal auf die Knie gefallen war. Pierre begann seinen Tag als ein Dummkopf, aber er hätte sich und seine Armee noch immer retten können. Er hätte sein Schicksal von dem der Armee trennen können. Er hätte sich zurückziehen und das Kommando abgeben können, er hätte nichts anderes zu tun brauchen, als zu seiner Geliebten ins Bett zurückzukehren, um dort einen Sieg unter der Bettdecke zu erringen. Hätte er das getan, dann hätten wir diesen Tag vielleicht zu unseren Gunsten entscheiden können. Es hätte in der Tat auch schon genügt, wenn er einfach nur geschwiegen hätte, wenn er aufgehört hätte, seine Meinung zu sagen, etwas zu kommentieren, dann hätten wir diesen Tag ebenfalls zu unseren Gunsten entscheiden können. Wir zählten zweitausend Ritter, die von einer gewaltigen Anzahl Fußsoldaten unterstützt wurden. Simon de Montfort befehligte weniger als ein Viertel davon, hatte keine Soldaten, und seine Verpflegung reichte nur noch für einen Tag. Hätten wir Muret einfach nur belagert, dann hätte er sich schnell ergeben, denn er konnte mit keiner Hilfe von außen rechnen.

›Belagere sie‹, flehte Raymond, der Graf von Toulouse, ›laß sie dann einen Ausbruchsversuch unternehmen, und unsere Fußsoldaten werden ihre Kräfte schnell dezimieren.‹ Das waren die vernünftigen Worte eines erfahrenen Kriegers und eines Mannes, der sich der Bedeutung der Schlacht bewußt war. Er wußte, daß es sich bei Simon de Montfort um einen zähen Gegner handelte und daß sie einen entscheidenden Sieg in dieser Schlacht davontragen müßten. Die Armee der Verbündeten mußte siegen, um die südlichen Länder für alle kommenden Zeiten von diesem Teufel zu befreien.

›Umzingele sie‹, drängte Raymond, ›umzingele sie nur einige Tage lang, bis sie anfangen, ihre Pferde zu essen. Dann werden sie hungrig herauskommen, um in die Schlacht zu ziehen. Laß sie herauskommen, um unsere soliden Reihen von Soldaten anzugreifen, dann können sich unsere Ritter in den Kampf begeben, wenn sie geschwächt sind und ihre Disziplin ruiniert ist. Laß eine Squadron von der rechten Seite kommen und eine von der linken und eine weitere ihnen in den Rücken fallen, um sie zu ergreifen, wenn sie zu fliehen suchen, als Amboß für die beiden Hämmer, die von vorne angreifen. Wir können de Montfort auf einem Platz zermalmen, der immer kleiner wird, bis er nur noch aufrecht stehendsterben kann. Während des Handgemenges sollen unsere Truppen die leere Stadt Muret einnehmen, damit keiner der Überlebenden sich vor unserer Rache retten kann. Und Sie, mein König‹, er wandte sich an Pierre, ›sollten die Reserve befehligen, damit Sie in Ihrer Eigenschaft als Oberbefehlshaber keiner Gefahr ausgesetzt sind, den Verlauf der Schlacht besser überblicken und so auf jede unvorhergesehene Gefahr reagieren können.‹

›Die Reserve befehligen und nicht kämpfen?‹ stotterte Pierre, seine Gedanken an die großartige Theatervorstellung, die er seiner Geliebten präsentieren wollte, hatten auf einmal eine Erschütterung erfahren. ›Nichts tun nur für den Fall, daß Simon de Montfort uns mit einer Gefahr konfrontiert?‹ Er lachte Raymond höhnisch aus. Einer von seinen Rittern schloß sich seinem Gelächter an und sagte zu Raymond: ›Bittest du etwa den König von Aragon, sich dadurch zu entehren, daß er sich weigert zu kämpfen? Bittest du ihn etwa, dieselbe Feigheit an den Tag zu legen, die du in den letzten Jahren zu deiner Spezialität gemacht hast? Dieselbe Feigheit, die dich an den Rand des Ruins gebracht hat?‹

Ach, meine Schüler«, sagte Bernard nachdenklich, »diese Verlockung des Theaters, der ritterlichen und martialischen Vorstellung, die besonders groß ist, wenn Frauen der Vorstellung beiwohnen, um unseren Stolz und unsere Eitelkeit zu nähren. Es wäre besser gewesen, wenn Pierre Simon de Montfort zu einem alles entscheidenden Zweikampf herausgefordert hätte, statt die Zerstörung in Kauf zu nehmen, die mit seinem Verlangen nach einem Schauspiel einherging.

Pierre machte durch diese Worte aus einer überaus starken Position eine Position unabänderlicher Schwäche. Seine Sache war somit dem Untergang geweiht. Noch bevor der erste Tote zu beklagen war, war alles verloren, und alle wußten das. Es gab keinen einzigen Aspekt der Vorbereitungen und der Schlacht, den er nicht negativ beeinflußt und nicht noch unsicherer gemacht hätte. Unsere Stärke war jedoch so beschaffen, daß wir den Tag noch hätten gewinnen können, hätte er nur einen bestimmten Fehler vermieden.

Aber Pierre machte jeden nur erdenklichen Fehler. Sogar solche, die so geringfügig waren, daß wir sie nicht erkannten, bis alles zu spät war. Seine Irrtümer waren so umfassend, als lenkte ihn eine Gottheit. Die Götter befaßten sich tatsächlich mit ihm, aber nur um seinen Untergang zu bewirken. Und auf seinen folgte der unsere. Die Götter ließen ihn nicht einfach nur im Stich, sie konspirierten gegen ihn.

Schüler, Freunde, ich kann nicht glauben, daß es unser Schicksal war zu unterliegen. Warum? Ich kann diese Frage nicht beantworten, aber ich zumindest kann mich auch nicht den Folgen dieses Schicksals unterwerfen. De Montforts Vermächtnis regiert vielleicht unser Land, aber es kann nicht unsere Herzen regieren. Der Wille der Götter hat die Zukunft unseres Landes für die nächsten tausend Jahre verändert, es ist dadurch ärmer geworden. Ich und viele andere sind für Generationen verdammt, in dem Land unserer Geburt als Fremde zu leben.

Nach dem Ende der Messe im Morgengrauen hielten Pierre und die anderen Herren Kriegsrat, ein kontroverses Treffen. Bei dieser Ratsversammlung war dem ruhigen und vernünftigen Rat Raymonds, des Grafen von Toulouse, mit Verachtung begegnet

worden. Raymond machte sich gedemütigt davon, um in seinem Zelt zu schmollen.
Wir stiegen alle auf unsere Pferde und stellten uns in Squadronen nördlich der langgestreckten Ebene oberhalb von Muret auf. Wir nahmen das Gebiet zwischen einem Bach zu unserer Rechten und einem Sumpf zu unserer Linken ein. Vor uns erhob sich hinter einer soliden und flachen Ebene in einer Entfernung von einer Meile Muret, eine unbedeutende kleine Stadt wie Hunderte andere auch und doch ausgewählt für das kommende Drama. Wir warteten weder auf die Ritter aus Katalonien noch auf die Ritter von Raymond und die Miliz aus Toulouse – es war ihnen gesagt worden, daß unsere Stärke ausreichend sei und sie nicht benötigt würden –, sondern darauf, daß Simon de Montfort auf das Schlachtfeld reiten würde. Pierre, der Simon verachtete, gab ihm trotzdem die Möglichkeit, den Beginn der Schlacht zu bestimmen.
Pierre begann, weitere Beweise seiner alles umfassenden Dummheit an den Tag zu legen. Er verbeugte sich vor einer idealisierten Vorstellung von Ritterlichkeit, die mehr mit Minnesang als mit Schlacht zu tun hatte, nicht nur dadurch, daß er es für angemessen hielt, auf seine bekannte Rüstung zu verzichten und sich wie ein gewöhnlicher Ritter zu kleiden, sondern auch dadurch, daß er sich im ersten Glied seiner wartenden Armee plazierte. Das erste Glied würde die volle Stärke des ersten Ausfalls de Montforts zu spüren bekommen. Es entging unserer Aufmerksamkeit nicht, daß er hier von seiner Geliebten sehr gut gesehen werden konnte. Er wurde gesehen, nicht von mir, sondern von anderen, wie er sein Visier zum Gruß hob. Sie stand weit weg auf dem Hügel Perramon. Er hatte ihr erst ein Schauspiel und anschließend Liebe in der Burg von Muret versprochen.
Pierre hatte bereits den eigenen Sieg gefeiert, an dem er nicht zweifelte, benahm sich jetzt vor der Schlacht wie der großmütige

Sieger und vergaß dabei, daß de Montfort noch nicht bezwungen war. Dummerweise griff Pierre de Montforts Verteidigungslinie nicht an. Statt dessen wartete er. Seine grenzenlose Eitelkeit ließen ihn der wachsenden Unruhe in den Reihen seiner Ritter gegenüber gleichgültig werden. De Montfort nutzte ganz offensichtlich seinen Vorteil aus, er konnte sein Glück kaum fassen. Er befahl plötzlich und kurzentschlossen den Rittern seiner ersten Linie anzugreifen. Einen Augenblick später schickte er die zweite Linie vor. Eine Meile vor ihnen standen schweigend die Reihen von Pierres Armee.
Simon de Montfort wartete bei den Resten seiner Truppen, die er in Reserve hielt, um die Vorteile wahrzunehmen, die die beiden angreifenden Truppen möglicherweise schaffen würden. Die beiden Squadrone aus Rittern griffen auf der Ebene an, eine solide Masse aus Körpern und Stahl. Pierre und seine Männer, die daran glaubten, daß jede Vorbereitung, alles, was auf eine Verteidigungshaltung schließen ließ, nur als Feigheit gelten könnte, unternahmen gar nichts. Ihre Tapferkeit bestand einfach darin, daß sie sich der sich nähernden Nemesis ohne mit der Wimper zu zucken gegenüberstellten.
Sie standen da, warteten und sahen zu, wie die zwei donnernden grauen Massen schnell näher kamen. Unvermittelt, aber zu spät, erkannte Pierre die Gefahr, in der er sich befand. Er hatte wohl erkannt, daß eine Katastrophe über ihn und seine Armee hereinbrechen würde. Vielleicht wurde ihm auch bewußt, welche Konsequenzen seine Arroganz haben konnte, und seine Vision wurde plötzlich von Bildern der Zerstörung und Schande erfüllt. Er könnte sogar verstanden haben, daß sich die Geschichte eher an sein Versagen in Muret als an seinen Sieg in Spanien erinnern würde. Was immer er auch in jenen kurzen Minuten dachte, er kam auf jeden Fall zu sich. Er saß aufrechter im Sattel und wurde bleich, als er erkannte, in welcher Lage er sich befand. Aber er tat nichts, er war von der Größe seiner Torheit wie gelähmt und

von der immer kürzer werdenden Zeit, die ihm noch zum Handeln blieb.
Aber es war bereits zu spät. Pierre erhob sich im Sattel und schien die erste Reihe verlassen zu wollen, als das Krachen und Durcheinander ihn schon erreichte. Es verschlang ihn wie eine alles mit sich reißende Lawine aus Stahl und Hufen. Er fiel verwundet zu Boden und konnte nur noch einen Schrei ausstoßen. Er rief, in einem verzweifelten und nutzlosen Versuch, sich zu retten, daß er der König sei, als ob das noch hätte ändern können, was er lange heraufbeschworen hatte. Ob ihn die Ritter aus dem Norden hörten oder ob es sie kümmerte, wer weiß das schon, sie reagierten jedenfalls nicht. Pierre verschwand im Durcheinander der Schlacht und tauchte nie wieder auf.
Bevor Simon de Montfort sich noch der Leiche von Pierre bemächtigen konnte, um sie im Triumph nach Muret zurückzubringen, hatte man sie aller Wertsachen beraubt. Sie war ausgeblutet und nackt: Pierre hatte alles verloren.«

In dem Heiligen Land, im fränkischen Königreich *Outremer*, dem Land jenseits des Meeres, war es immer noch unerträglich heiß. Ein alter Pilger, der ein langgezogenes Tal durchquerte, ruhte sich im Schatten eines einsamen Baumes aus und nahm ein paar vorsichtige Schlucke aus seinem Wasserbeutel. Er war allein, man hatte ihn als tot zurückgelassen, nachdem die kleine Gruppe, mit der er gereist war, am Vortage von Banditen angegriffen worden war. Er hatte kein Geld, keine Besitztümer und war zu alt, um sich noch das Geld für die Rückreise nach Europa verdienen zu können. Er würde also hier sterben, obwohl Jerusalem seit der fürchterlichen Schlacht von Hattin in der Hand der Sarazenen war und er nicht darauf hoffen konnte, jemals die Grabeskirche oder die achteckige Tempelkirche mit dem heiligen Felsen Jakobs zu Gesicht zu bekommen. Er hatte auch von der Abtei der Madonna des Berges Zion gehört, die man um das

Abendmahlszimmer herum gebaut hatte. Davor lag der Platz, auf dem Pilatus den heiligen König gesehen hatte, wie er gepeinigt worden war, und an dem die falschen Lehrer ihn mit einer Dornenkrone gekrönt hatten. Es spielte jetzt ohnehin alles keine Rolle mehr, dachte er. Das eine Goldstück, das er hatte sparen können und mit dem er den Eintritt zu den heiligen Stätten hatte bezahlen wollen, hatte man ihm gestohlen, und es gab niemanden, der es ersetzen würde. Er seufzte, die Ungläubigen schienen so viel stärker zu sein, als man ihn bei seiner Abreise aus Europa glauben gemacht hatte, und was er von den christlichen hohen Herren gesehen hatte, ließ nur darauf schließen, daß sie sich gegenseitig bekämpften. Sein aufregendstes Erlebnis war die Krönung des neuen Königs gewesen, der gerade aus Frankreich eingetroffen war. Ein armseliges Schauspiel, der neue König hatte seine Blüte lange überschritten und war mittellos, wurde jedenfalls gesagt, bis zur Ankunft mehrerer großer Truhen voll Silber, ein Geschenk des Papstes.
Der Pilger schaute über die schlechte Straße auf die farblosen bräunlichen Hügel, die hinter den Hügeln hoch in den Himmel ragten. Soweit er wußte, erstreckten sich die felsigen Berge bis nach Arabien. Die einzigen Lebewesen waren die ständig kreisenden Geier, die in dieser unwirtlichen Region gut überleben konnten.
Er hatte oft, als er die Straßen entlanggezogen war, gesehen, wie sie auf den Schlachtfeldern ganze Arbeit geleistet hatten. Manches Mal war er an verstreuten gebleichten Knochen von Pferden und Menschen vorbeigekommen, in denen sich Fetzen von Kleidungsstücken verfangen hatten und im trockenen staubigen Wind flatterten. Gelegentlich, wenn der Platz zu abgelegen war, um Plünderer anzuziehen, hatte er auch zerbrochene Schwerter und rostige Teile von Kettenpanzern gesehen. Einmal hatte er auch auf der Erde in der Nähe eines Kampfplatzes einen mit Juwelen besetzten Dolch gefunden. Seine glitzernden

Steine wurden von dem böigen Wind freigelegt. Er hatte ihn aufgehoben, aber an die Banditen verloren.
»Sie waren schon eine bemerkenswerte Bande«, dachte er und versuchte sich auf dem harten Boden bequemer hinzulegen, »sie hatten eine seltsame Sammlung von Waffen, christliche und sarazenische, Armbrüste und Krummschwerter. Sie lebten ganz offensichtlich davon, daß sie die Knochen der Toten auf beiden Seiten dieses fruchtlosen Kampfes abnagten.«
Ein entferntes Rumpeln drang an sein Ohr. Donner? überlegte er. Nein, es war nicht ganz dasselbe Geräusch. Er schaute in die Ferne, die Straße entlang, die er von dem christlichen Hafen Tyrus zur Hauptstadt von Outremer, der stinkenden Hafenstadt Akka, entlanggekommen war. Die Straße folgte den Küstenebenen, bevor sie von Jaffa nach Jerusalem ins Landesinnere führte. Jetzt war Jaffa ebenfalls in der Hand des Emirs von Damaskus. Er sah weiterhin auf die Straße und bemerkte in einigen Meilen Entfernung eine Staubwolke, die sich in der Luft ausbreitete. Durch den Staub und den Dunst konnte er eine große Gruppe bewaffneter Reiter schnell auf sich zukommen sehen. Der Pilger setzte sich auf und war begierig darauf, auszumachen, um welche Art von Rittern es sich handelte. Er fürchtete sich nicht um seine eigene Sicherheit, denn die Sarazenen konnten sich nicht mit solcher Selbstverständlichkeit in dieser Gegend bewegen.
Als die bewaffneten Männer näher kamen, konnte er die große Standarte der Tempelritter erkennen. Sie trugen sie vor sich her. Er sah ihre weißen Gewänder, die staubverkrustet waren und auf deren linke Brustseite ein rotes Kreuz genäht war. Sie saßen aufrecht im Sattel, stolz und ohne überflüssigen Schmuck. Sie hatten keine mit Juwelen besetzten Waffen, keine farbigen Umhänge und keine farbigen Banner. Sie sahen, als sie sich näherten, alle etwa gleich alt aus, und ihre langen Bärte waren schweiß- und staubverfilzt. Ihre starr nach vorne gerichteten Augen, sahen nur das Königreich, das sie erwartete, und doch

schützten sie mit ihrem Leben das, in dem sie lebten. Sie beobachteten die nahen Hügel und registrierten jede Bewegung. Sie waren sich bewußt, daß Gefechte und Grausamkeit von der gnadenlosen Sonne geboren wurden. Sie hatten ihre Helme, die schon manchen Schaden davongetragen hatten, mit Lederriemen an ihre Sättel gebunden. Ihre vernarbten Gesichter waren ein Zeugnis für die beständigen Kämpfe, in die sie im Dienst des Heiligen Königreichs verwickelt gewesen waren.
Unter dem Staub und Schweiß glänzten ihre Schwerter, und ihre Kettenpanzer waren frei von Rost. Sie waren Krieger, die sich außerhalb der Zeit bewegten, wild und voller Hingabe an ihre Geliebte, die Jungfrau, die über die Höhen des geheiligten Landes regierte. Ihre Jungfrau war die, deren Höfe vor tausend Jahren von den Bewegungen der Liebe und des Tötens widergehallt hatten. *Kilili, Königin der Fenster*, hatten sie sie genannt, die, die verweilt, *Oadishtu*, Hure!
Belebt, beeindruckt und brennend vor Dankbarkeit war der alte Pilger aufgestanden, um die Ritter zu begrüßen, als sie vorbeiritten. Er verließ den Schatten des Baumes und trat auf müden Beinen etwas näher an die Straße heran, gerade als der erste Ritter auf ihn zukam. Da traf ihn die Breitseite eines Schwertes, und er fiel ohnmächtig zu Boden.
»Aus dem Weg, Dummkopf!« befahl der Ritter, der die Führung hatte, als er den Bettler, der es gewagt hatte, ihnen zu nahe zu kommen, niederschlug.
Die Kopfwunde des alten Pilgers begann erneut zu bluten. Er fiel auf den harten felsigen Boden. Ihm war schwindlig und übel. Auch war er sich nicht länger im unklaren darüber, wo sich die letzte Ruhestätte seiner Knochen finden würde.

Kapitel 6

Marie nahm ihre gesamte Kraft zusammen, um den Arm des Katapultes herunterzuziehen. Obwohl ihr Kinder dabei halfen, war das eine schwierige Aufgabe. Ihr kurzes wollenes Kleid, schon lange von Schweiß durchnäßt, war staubverkrustet. In den Tagen, an denen sie sich angestrengt und den Arm des Katapultes heruntergezogen hatte, war es an vielen Stellen eingerissen. Die Männer mit ihren Schwertern und Armbrüsten standen auf den Mauern der Stadt und versuchten, die Ritter aus dem Norden zurückzuwerfen. Sie waren gekommen, um Toulouse im Namen des Glaubens zu zerstören. Alle Wurfgeschütze und Steinschleudermaschinen wurden von ausdauernden Frauen bedient, die sich als noch entschlossener als ihre Männer erwiesen, die ungehobelten Angreifer daran zu hindern, in die Stadt einzudringen.

Marie und die anderen Frauen mühten sich an den Kriegsmaschinen ab und trugen neue Pfeile auf die Mauern. Sie kümmerten sich um die Verwundeten und brachten sie in die Spitäler, die von den Hospitalitern des Heiligen Lazarus unterhalten wurden, von denen des Heiligen Johannes oder vom Templerorden. Diese waren in dem Bürgerkrieg neutral geblieben und verfügten über große medizinische Kenntnisse, die sie im Morgenland erworben hatten. Alle hatten von ihrem Schlafschwamm gehört, der angefeuchtet und vor das Gesicht gehalten Dämpfe verströmte, die eine Verwundete oder einen Verwundeten umgehend in tiefen Schlaf versetzten, so daß der Schmerz einer Amputation gelindert wurde. Auf diese Art und Weise starben nicht so viele wie vorher an dem Schock.

Die Tempelritter kamen Marie geheimnisvoll vor. Sie ritten stolz

durch die Stadt, waren aber demütig, wenn Verwundete um Hilfe oder Arme um Almosen baten. Sie wollten sich nicht in die Kämpfe dieses Krieges verwickeln lassen. Man hatte aber davon gehört, daß sie den Katharern strategischen Rat gaben. Sie war sich sicher, daß sie eine große Zahl dieser ketzerischen Adeligen in ihre Reihen aufgenommen hatten. Einige ihrer Großmeister waren Katharer gewesen, einer, Bertrand de Blanchefort, kam sogar aus der Gegend ihres Geburtsortes und hatte zusammen mit dem Vicomte Trencavel gekämpft, bis der sich nach dem Tod seiner Frau aus dem weltlichen Leben zurückgezogen und sich den Rittern angeschlossen hatte. Marie hatte ebenfalls mit ihren eigenen Augen gesehen, daß den Perfecti der Katharer Schutz in den Präzeptorien der Tempelritter gewährt wurde, wenn sie dort Schutz suchten.
Die Steinschleuder machte einen Satz, als der Schuß abgefeuert wurde. Der Stein flog hoch über die Mauern, hinter denen der Erzdämon Montfort hoch zu Roß, stolz, rücksichtslos und leicht gestört, wie er war, dahinritt. Er war ein Mann, der wie so viele Helden sich seine Lorbeeren durch Habsucht erworben hatte, durch Haß und Verachtung. Er bewegte sich zwischen seinen Truppen, trieb sie vorwärts und drängte sie wieder und wieder in den nicht nachlassenden Regen kochenden Öls, brennenden Schwefels und stinkender Exkremente, den die Verteidiger über die Mauerbrüstung gossen. Auf die schweren Steine folgte ein Pfeilhagel. Die Pfleile hatten Stahlspitzen und wurden von Armbrusten abgeschossen. Ihre Durchschlagskraft war so stark, daß sie einen Mann in Rüstung durchbohren konnten.
An ihrem Katapult konnte Marie über dem Ächzen und Stöhnen der Seile und Seilwinde die Schreie hören, das Klirren und Klappern der Schwerter und das Krachen des gegnerischen Feuers, wenn die riesigen Geschosse aus Marmor oder Granit in die Wände der Häuser einschlugen oder auf dem Pflaster der Plätze zerbarsten. Die scharfen Steinsplitter, die sich in alle

Richtungen verteilten, schlugen Wunden, töteten und richteten Verwüstungen in einer Größenordnung an, die sich kaum einer hatte vorstellen können.
Marie strengte sich an, um den langen Wurfarm herunterzudrücken, auf dem das Steingeschoß ruhte. Die Kinder, die ihr halfen, keuchten. Ihr Kinderlachen war schon lange verstummt. Marie konnte sich nicht erinnern, wie lange sie schon an dieser Maschine stand. Sicher schon Wochen. Ihre einzige Sorge war, daß weiterhin schwere Geschosse von ihr abgegeben werden konnten.
Sie sah zu, wie sich die Kinder abmühten, den Behälter an seinen Holzgriffen anzuheben, in dem das Steingeschoß lag, um dieses in das ausgehöhlte Ende des Schleuderarmes zu kippen. Die Schleuder war dann zum Feuern vorbereitet. Ein kleiner Junge, der oben auf einem hohen Gebäude saß, hatte ihr ein Zeichen gegeben, daß die feindlichen Truppen jetzt näher an die Mauern, die es zu verteidigen galt, herangekommen waren. Also hämmerte Marie Holzkeile vorne unter die Wurfmaschine, damit der Stein höher fliegen und näher an der Außenmauer einschlagen würde.
Alles war bereit. Sie griff ihren Holzhammer, sprach ein kurzes Gebet und schlug den Keil heraus, der den Federmechanismus zurückhielt. Das Katapult bäumte sich auf und schleuderte den Stein hoch in den Himmel. Marie folgte ihm mit den Augen. Sie sah ihn den Scheitelpunkt seiner Bahn erreichen, langsamer werden, dann fallen, mit jedem Moment schneller werden, schließlich verschwimmen. Einen Augenblick später war er hinter der Mauerkrone verschwunden, und Maries Anspannung ließ nach. Sie hatte die Flugbahn gut abgeschätzt. Sie hatte sich das Chaos, das ein solches Geschoß bei den feindlichen Truppen anrichtete, oft anschauen wollen, aber dazu war nie Zeit gewesen, da der Gegner die Verteidiger ständig in äußerste Bedrängnis brachte und jeder Schuß dringend benötigt wurde.

Der Stein war im Getümmel der Schlacht verschwunden, das wie immer verhinderte, daß das Geräusch des Aufschlags bis zu Marie drang. Wie auch sonst immer wartete sie auf das Zeichen ihres Beobachters, bevor sie die Vorbereitungen zum nächsten Schuß in Angriff nahm, die ihr beinahe das Kreuz brachen. Es ergab sich so eine Pause. Dann bemerkte sie plötzlich statt des Rufes nach einem weiteren Schuß eine Veränderung hinter den Mauern. Einen Moment lang verstummten unerklärlicherweise die Geräusche der Schlacht. Dann brach bei den Verteidigern, die hoch auf den Mauern standen, Jubel aus, aus vollem Hals und aus allen Kehlen. Sie tanzten auf den Wällen, warfen ihre Hüte in die Luft, winkten Marie aufgeregt zu und drängten sie, zu ihnen heraufzukommen. Marie kam das rätselhaft vor. Sie wußte, wie wichtig ihr Katapult war und zögerte, ihren Platz zu verlassen. Wieder riefen ihr die Männer auf den Mauern zu, sie solle heraufkommen. Dann bemerkte sie, daß die Geräusche der Schlacht nachließen. Neugierig, aber immer noch ohne etwas zu begreifen, lief sie zu einer Leiter und kletterte auf den Kamm der Wälle. Die Verteidiger umarmten und küßten sie und schoben sie an den Rand.
»Schau!« rief einer der Verteidiger aufgeregt, »schau da drüben!«
Sie sah in Richtung seines ausgestreckten Armes. Inmitten der wogenden feindlichen Reihen stand eine Gruppe Ritter, hochrangig, vermutete sie, nach ihren Rüstungen und Bannern zu schließen, und neben ihnen sah sie auf der Erde die verhaßte Standarte des Teufels de Montfort. Unweit davon lagen zermalmt unter einem gewaltigen Stein die sterblichen Überreste eines Ritters und seines Pferdes, eine blutige und undefinierbare Masse, bis zur Unkenntlichkeit zerschmettert. Marie wurde übel. Sie wünschte, sie wäre nicht heraufgestiegen.
»Du hast ihn getötet!« freute sich ihr Gefährte und küßte sie wieder. »Wir haben gesiegt.«

Marie sah sich um. Überall um sie herum Jubel der Männer. Auf einmal kam sie sich verloren vor. Sie war unfähig, die Tage und Wochen des Kampfes mit diesem plötzlichen Stimmungswechsel zu vereinbaren.
Die angreifenden Ritter zogen sich zurück, als ihre bezahlten Söldner ungeordnet den Rückzug einleiteten. Inmitten dieses Aufruhrs sammelten die blutverschmierten Edelleute aus dem Norden ihren toten Führer, Simon de Montfort, stückweise auf. Ihre Schlacht war verloren, ihr Gott war in Miskredit geraten, ihre Demütigung war vollkommen. Marie, der ihre plötzliche Rolle der Heldin nicht vertraut war, wurde zur Legende. Schon wurden auf den Wällen Lieder über sie gesungen.
Für Marie bedeutete das Ende der Kämpfe die Rückkehr zu einem sinnentleerten Leben. Während sie das Katapult bedient hatte, hatte sie es vermeiden können, sich mit einem Leben im Frieden auseinanderzusetzen. Jetzt mußte sie ohne ihren Mann leben, der auf den Mauern zu Tode gehackt worden war, und ohne ihr Baby, das von einem Felsbrocken erschlagen worden war, der die Decke ihres Zimmers mit Gewalt durchschlagen hatte. Sie hätte ihre neue Stellung frohen Herzens aufgegeben, hätte sie die beiden nur zurückbekommen.
Sie dachte an die Lieder ihres Mannes und an die Augen ihres Kindes und sie weinte.

Jehan hatte einen Traum. Er träumte von einem Land, in dem es keine Zeit gab, einem grünen Land mit Feldern mit reifen Früchten, von Hügeln umgeben, über die ein sanfter Wind dahinstrich. Er sah lockende Wälder, hinter deren Schatten eine graue Burg aus glanzlosem Stein aufragte wie ein Felsen aus dem Meer. Sie hielt das wilde Chaos aus Wald und Himmel in Schach. Sie war alt, jedoch gerade erneuert worden. Der massive Hauptturm bekam durch die zerbrechlichen Steinmetzarbeiten ein milderes, gleichsam gezähmtes Aussehen. Neue elegante Anbauten waren entstanden, und verglaste Fenster ließen Licht ein, wo es vorher nur Schießscharten für die Bogenschützen gegeben hatte. Im Innern verbargen Wandbehänge und Holztäfelungen sowie Teppiche auf dem Boden die rohe Stärke des Mauerwerks und milderten die beständige Kälte. An den Hängen des sanften Hügels war ein Garten angelegt mit Statuen, Gestalten der Mythologie. Dieser Sitz einer alten Dynastie lag oberhalb einer Ebene, auf der vor langer Zeit eine Schlacht stattgefunden hatte.

Der dreieckige Hauptturm und die drei weiteren Türme mit ihren dunkelgrauen Zinnen hatten die erste Generation der wilden Herren beschützt, aber auch eingeengt. Die rauhe Häßlichkeit, in den langen Wintern von Feuchtigkeit durchdrungen und in der Sommersonne glutheiß, ragte in den in früheren Zeiten gleichförmigen Horizont. Die Burg war mit der zunehmenden Schicklichkeit der Steinmetze größer geworden, sie hatten die Steine bearbeitet, wie ein Troubadour seine Laute stimmt, bis jeder Quaderstein in Harmonie mit der Erde, mit dem Himmel und mit dem Herzen des Meistersteinmetzen zu singen schien, das man unter dem letzten Pfeiler geopfert hatte, ein noch warmes Kissen für den kalten behauenen Stein, beide mit Stahl und Feuer aus ihrem Ursprungsort gerissen.

Jehan träumte, daß er vor dieser Burg stände neben einem rohen Holzzaun, der ein Feld umgab, auf dem die Ähren bereits gelb waren und nur darauf warteten, geschnitten zu werden. Dahinter lagen die Gärten, der Hügel und das Eingangstor zu dem, was, das wußte er, sein Besitz war.

An dem Zaun war eine große Abbildung der Jungfrau mit Kind befestigt, so daß Jehan sie sehen mußte. Sie sah strahlend aus, heilspendend. Jehan fiel auf die Knie, beugte sein Haupt und wiederholte die Litaneien zu ihrem Lobpreis. Er bat darum, würdig zu sein, ihre gesegnete Vergebung und ihre göttliche Weisheit zu empfangen. Er schwor, sein Leben ihrem Dienste

zu weihen, auf daß seine Reinheit zunehme und der Christi gleich werde. Jehan wollte ihr liebster Sohn werden, auf daß er in den Himmel aufgenommen werden könnte, mehr als ein Sterblicher.
Aber während Jehan noch auf den Knien lag, näherte sich ein Mann, ein Passant, der nur zufällig vorbeizugehen schien. Dieser Fremde war eine wenig einnehmende Erscheinung. Ein Händler, nach seinen Waren zu schließen vielleicht ein Buchhändler. Jehan kam er bekannt vor, vielleicht hatten sie sich auf einem entfernten Marktplatz schon einmal in die Augen geschaut.
Jehan bewegte sich nicht, als sich der Fremde näherte und neben ihm stehen blieb. Er versuchte Jehans Aufmerksamkeit auf sich zu ziehen und zeigte von dem Gemälde weg in eine andere Richtung. Jehan folgte mit seinem Blick und sah die Burg vor sich, die riesig vor ihm aufragte und deren Bedeutung sich dem Gemälde unterordnete. Dieses kam ihm jetzt klein und unwichtig vor. Der Fremde zeigte mit einem Finger auf den dunklen Hauptturm in der Mitte, der uralte Geheimnisse unter sich verbarg, vergangenes Elend, verwickelte Tragödien und Fehltritte.
»Du weißt, was du zu tun hast?«
Jehan nickte zögernd, als ihm die Erkenntnis dämmerte, was notwendigerweise passieren mußte. Schuldgefühle überkamen ihn, daß er sich so lange hatte vormachen können, daß ein solches Gemälde jemals mehr sein könnte als nur ein Talisman.
»Du mußt das alles verlassen, denn es ist zur reinen Ablenkung geworden. Begebe dich tief in die Kerker, in denen die dunkle Schwester der Jungfrau hofhält.«
Ein kalter Schauer durchfuhr Jehan. Er wußte nur zu gut, welche Schrecken diejenigen erwarteten, die die schlimmsten Schrecknisse suchten.
»Mein Herr!«

Der Ruf ertönte durch die große Halle. Jehan erschrak, und die leise Furcht, die ihn ergriffen hatte, verschwand plötzlich. Er hob zögernd den Kopf, der auf seinen Knien gelegen hatte.

»Mein Herr, Jehan!«

Er spähte mit einem Auge über die Schulter, um den Ursprung dieser wenig willkommenen Unterbrechung zu ergründen.

»Wir müssen in spätestens einer Stunde losreiten.«

Etwas verwirrt lehnte sich Jehan an die Wand zurück und schaute durch die düstere Halle, deren Fensterläden kaum Licht durchließen.

Ein Landedelmann kam über das frisch ausgestreute Rohr auf dem Fußboden schnell auf ihn zu. Jehan kannte ihn nicht. Die Gestalt schien nicht in seine Zeit zu gehören und war auf eine Art gekleidet, die Jehan seltsam und unbekannt vorkam. Jehan bewegte seinen Arm, und dieser fiel schwer in seinem Kettenpanzer herab. Er schaute zu Boden. Seine Füße waren mit Lederstücken umschnürt, und neben ihm lag ein Schwert in einer reichverzierten Scheide. Er betrachtete die Bewegung seines Armes, die des Landedelmanns und die des Feuers, die ihn an die Rückenmuskulatur eines Mannes erinnerten. Es kam ihm so vor, als wäre er ein kleiner Teil eines unendlich viel größeren Ganzen voller Tatendrang. Er sah den sich nähernden Landedelmann wiederum an und konnte sich nicht für die vagen Mitteilungen interessieren, die in seinem Kopf widerhallten. Statt dessen sah er sich ein Trio weißer Tauben an, die auf der Fensterbank spielten. Ihr weiches Gurren mischte sich mit dem Weinen eines Kindes in den tiefer gelegenen Regionen der Burg.

»Mein edler Herr, Jehan, komm zu dir, ich muß dich bewaffnen, denn wir ziehen nach Süden.«

Jehan riß sich mit einiger Mühe aus seinen wirbelnden Träumen. »Ich war wach, und jetzt schlafe ich«, hörte er sich murmeln, ohne genau zu wissen, was er damit meinte.

»Mein edler Herr!«
Der Ruf klang dringlicher.
»Wir haben alles zum Losreiten vorbereitet!«
»Dann bewaffne mich schnell«, befahl Jehan eilig, richtete sich vom Fußboden auf und riß sich aus seinen Träumen. »Meine Müdigkeit hat zu lange gedauert. Diener!« schrie er durch die Halle. Sein Ruf war noch nicht verhallt, als zwei schlechtgekleidete Gestalten durch die kleine Tür gerannt kamen, die zur Küchentreppe führte.
»Essen, und beeilt euch«, befahl er und versuchte sich noch immer zu entscheiden, welche Rolle von ihm gefordert wurde. Er erinnerte sich, daß er auf Feldzügen immer in seiner gepanzerten Halsberge schlief, mit dem Schwert an seiner Seite. Als wollte der Landedelmann ihm das schweigend bestätigen, hob er ihm die Helmkappe aus Kettenpanzer auf den Kopf, die gepolstert war. Seine Finger nestelten an den Verschlüssen des Helmvisiers, das Jehans Kinn schützen sollte. Der Landedelmann band es zurück, damit Jehan frühstücken konnte.
Klappernd stellten die Diener, die es eilig hatten, einen Krug Wein und einen Holzteller mit Brot vor Jehan hin. Ein weiterer Diener zog einen Hocker aus Holz heran. Jehan setzte sich und aß in Wein eingeweichtes Brot. Der Landedelmann ging, um die Pferde für die Reise nach Süden fertigzumachen. In der Tiefe des Innenhofes konnte Jehan die Vorbereitungen der anderen Ritter hören, die sich schon zum Aufsitzen anschickten. Pferdehufe klapperten auf dem Pflaster, Rüstungen klirrten und wurden auf Packpferden festgebunden. Bündel von Pfeilen, mehrere Bündel Speere und Kisten mit Schwertern wurden lautstark auf Karren verladen. Jehan war immer noch etwas verwirrt, etwas neben sich. Vielleicht schlief er ja noch. Er rief nach einem weiteren Krug Wein.

Du erreichst den Paß über eine enge Straße, die den düsteren Wald durchschneidet. Ein Wald, der ruft und der mit blutigen Fingern und stumpfen leblosen Augen lockt. Ein Wald, der den heiligen Hainen Schutz bietet und in dem vom Wind getrocknete Opfergaben in altersmüden Bäumen hängen. Ein Wald, der verborgene Freuden verspricht, die Priesterinnen der Nacht, die aus der Tiefe kommen und sich einen Mann greifen und erst seinen Samen, dann sein Blut trinken. Deren Vergnügen nur eine Bedingung kennt, daß es verboten sein muß. Ein Wald, der verborgene Höhlen verheißt, in denen einen nur noch die Umarmung Liliths, der Königin der Toten befriedigen kann. Die Verheißung, daß alles Böse gut ist, daß man sich seiner annehmen muß, daß man es umarmen, ficken, ausplündern, vergewaltigen, geißeln, peitschen, notzüchtigen, aussaugen und dann hängen lassen soll, wie ein welkes Blatt, während die Priesterinnen mit ihrer Bärenhaut zuschauen, wie das Sperma an den Schenkeln ihrer Königin, der Witwe, herunterrinnt.
Es schaudert dich, und du hältst dich fest in der Mitte der Straße. Aber in deinem Innern kannst du dein Verlangen spüren. Du begehrst die Dunkelheit, die Nacht, die Mondmaid, die für alle Ewigkeit Jungfrau ist, wunderschön und fähig, um der Liebe willen zu bluten. Du träumst von ihren Umarmungen, bis du daran glaubst, daß sie das Geheimnis kennt, für das dein Samen der Preis ist, der Schlüssel zu ihrem Schleier. Du hältst dich in der Mitte der Straße, aber du weißt bereits, daß du sie treffen oder für alle Zeit auf der Flucht sein mußt.
Die Bäume brüten. Zusammen. Ihre Schatten gehen ineinander und ihre Haine sind so verborgen, daß selbst der Wind dorthin nicht vordringt.
Du reitest die endlose Landstraße entlang, eine Spur, schlammbraun, die sich der einsetzenden Dämmerung widersetzt, bis du über die alles umgebenden braunen Felsen auf die hohen Türme schauen kannst, die sich an den Abendnebel zu klammern

scheinen: Die Türme und zinnenlosen Türmchen der Burg Tipharet, der karge Adlerhorst aus Stein für den Kindkönig und seine zwei Kanzler, der Krieger und Gesetzesgeber.

Unterhalb residieren die Zwillingsorden: Der Orden des Morgensterns und die Brüder des Messers. Eine tragische Übereinstimmung dunkler Leidenschaft und heimlicher Kälte. Aber nur indem man von einem zum anderen geht, durch den geschwärzten Schmelztiegel des eigenen Herzen, erreicht man das Hochzeitsfest.

Die Brüder mit ihren vergifteten Dolchen brechen in kleinen Gruppen zu den Dörfern und Städten auf, durch die die marschierende Armee kommt. Sie schließen sich den eindringenden Horden als Köche, Spione, Fouriere oder als Führer an, die die Pfade und geheimen Steige der Wälder und Berge kennen. Dann greifen sie in einer vorher festgelegten Nacht oder auf ein vereinbartes Signal hin wie ein Mann an. Sie ziehen ihre Dolche aus verborgenen Taschen so verstohlen, wie man das nur in den schwarzen Tälern des Waldes lernt, dann stehlen sie sich leise durch die hängenden Türen der Zelte, um ihre Dolche tief in die Brust der Schlafenden zu senken. In diesem Augenblick ist ohne den vergeblichen Ruhm eines donnernden Angriffs die Blüte des Rittertums gebrochen, ihr Herz grausam herausgerissen und tötlich verwundet. Es bleibt ihm nur noch, sich aufzulösen und wieder eins mit der Erde zu werden.

Die Brüder, die hingebungsvollen Ritter der Jungfrau, die den Ehebund mit der Dunklen Dame eingegangen waren, die über den Teil unserer Herzen regiert, den wir nicht zu suchen wagen, intonieren nachts für sie monotone Gesänge. Und sie verlangen tagsüber wie frühreife Eunuchen von allen, daß sie ihr zu Diensten stehen. Die, die blutig ihre Genitalien auf ihren Altären geopfert haben, warten nur auf den ruhmreichen Tag, an dem sie auch ihr Leben hingeben dürfen. Auf dem Antlitz der riesigen schwarzen Statue aus Stein, die man auf der höchsten Erhebung aufgestellt hatte, die den Wald, den Himmel, die Gewässer und die stets gegenwärtige Nacht, ihr Reich eben, beherrschte, breitete sich ein forderndes und arrogantes Lächeln aus, denn sie verachtete die Dummköpfe, die sie anbeteten.

Sie hat ein Geheimnis, das ist wahr, aber das liegt nicht zwischen ihren Schenkeln, ihren Brüsten oder in den Tropfen ihrer ewigen Muttermilch, egal an wie vielen Tagen und in wie vielen Nächten du zu ihr kommst. Denn nur die Erschöpften überleben die dunkle Jungfrau und können von ihren überwältigenden Küssen lassen, die nach Myrrhe duften und süß sind wie die Früchte des Gartens Eden. Nur die Erschöpften können sie sehen und kennen, sie sind die einzigen, die die Brautkammer betreten und wieder verlassen dürfen und trotzdem nie zurückkehren, bevor die Morgendämmerung hereinbricht.

Nur die Erschöpften erlangen das Königreich und die Krone. Nur sie gelangen zur Sonne, die weit hinter den unsicheren Vergnügungen zweifelhafter Versprechungen scheint. Es sind nur die Erschöpften, die lieben können, denn die Leidenschaften bringen sie nicht länger von dem Pfad zwischen den Wäldern in der Nacht ab.

Du lenkst dein Pferd von der Straße. Die dunklen Blätter teilen und schließen sich wieder wie Fetzen trockener Haut. Es ist dunkel und ruhig, und du bist für immer allein.

Kapitel 7

Vor den von den Zeiten etwas mitgenommenen Ruinen breitete sich ein geschäftiger Marktplatz aus. Die südliche Sonne schien intensiv auf das Gedränge von Käufern und Händlern. Die heiße Luft, die von ihrem Geschrei und von ihrem Geklapper widerhallte, war von dichtem Rauch und aufgewirbeltem Staub erfüllt. In einer Ecke neben einem zerbrochenen römischen Türsturz, der vor vielen Jahren herabgefallen war, ruhte sich Marie aus. Sie saß mit gebeugtem Kopf, die Augen zu Boden gesenkt.

Maries Haut war weich und ihr gekräuseltes Haar war ein Kompliment an ihre dunklen Ahnen, die ihrem Gesicht seine Form gegeben hatten. Trauer erfüllte ihre Augen und beeinträchtigte ihre Schönheit. Sie saß da und preßte ein kleines Bündel mit ihren Habseligkeiten an sich wie ein Kind, das von niemandem beachtet wird und sich verloren fühlt. Die Geschäftigkeit der Welt war nur wenige Schritte von ihr entfernt, aber niemand blieb stehen, kein Mann sah sie voller Verlangen an und keine Frau betrachtete sie eifersüchtig als Rivalin. Genauso wie sie sich von ihrer Umwelt zurückgezogen hatte, hatten sie sich von ihr zurückgezogen. In ihrer Einsamkeit bettelte sie darum, angefaßt oder auch nur bemerkt zu werden, auch wenn sie nicht wagte, um Liebe zu bitten. Doch niemand blieb stehen, niemand versuchte ihre Gunst zu kaufen, denn für das, was sie bieten konnte, würde kein Mann auch nur eine gute Münze hinlegen, wie leicht er sie auch verdient haben mochte. Sie saß allein, die einzige Wärme, die sie berührte, war die der Sonnenstrahlen. Sie betete darum, daß diese tiefer in sie eindringen und auch ihr Herz erwärmen wie ihren Körper.

Marie starrte apathisch auf die letzten gebrochenen Vertreter

eines alten Volkes, auf seine Geschäftigkeit. »Verfall. Es verfällt alles«, dachte sie und verfiel in Selbstmitleid mit einer Leidenschaft, wie sie früher ihrem Mann gegolten hatte. »Einst so stolz und jetzt nur noch Staub unter den Füßen.« Sie erinnerte sich daran, daß sie in ferner Vergangenheit – so kam es ihr zumindest vor – einen Wanderprediger gehört hatte, der wütend die Welt verdammt hatte. In sein dunkelblaues Gewand gehüllt, hatte er der Menge ins Gewissen geredet. »Alle Männer und Frauen«, hatte er gerufen, »sollten allen Bindungen abschwören und in ihrer Dürftigkeit nur auf dieser dünnen Schicht umherziehen, die die Wirklichkeit bedeckt. Kümmert euch nicht um den Schmerz und um die Tyrannen, und lacht über die Flammen, die die Kirche unter Umständen unter euren Füßen entzündet.« Denn, das hatte er betont, die Feuer bedeuteten Freiheit, nicht ewigen Tod. Die Welt war die Hölle, die einzige Hölle. »Denn hier auf Erden«, fuhr er fort, »ist alles böse, und alles wird vom König der Welt regiert, dem Rex mundi, der unter vielen Namen bekannt ist. Selbst Kinder in all diesem Verfall zur Welt zu bringen ist eine Verirrung. Und«, sagte er dann etwas leiser, »die, die gemerkt haben, daß sie schwanger sind, sollten noch einmal nachdenken. Sie sollten zu mir kommen, denn ich kenne Mittel und Wege, eine Frau von ihrer wachsenden Frucht zu befreien.«
Die Welt kann sich nicht ändern, dachte Marie, aber ist es Gottes Wille, daß die Ritter aus dem Norden unser Land nehmen und unsere Männer töten? Ganz in Gedanken versunken fing sie an, laut zu sprechen: »Sollten wir die weißen Mönche unserer Freunde verbrennen und uns unsere Kinder wegnehmen lassen? Sollten wir lernen, den Wahnsinn zu lieben, den sie als wahre Strafe unserer Sünden mit sich bringen? Aber was sind dann in Wirklichkeit unsere Sünden? Ist es nicht unser Widerstand gegen ihren Glauben, der Schrecken und Blutvergießen über uns bringt?«

»Natürlich ist das so«, unterbrach sie eine tiefe Stimme, »aber solange du den Schrecken als das erkennst, was er ist, kannst du nichts anderes tun, als dich ihm zu widersetzen, mit deinem Verstand und vielleicht auch mit deinem Leben.«
Marie wurde von dieser plötzlichen Antwort auf ihre geflüsterten Fragen aufgeschreckt. Sie sah auf und in das Gesicht eines älteren Fremden, der gerade gesprochen hatte. Sie sah einen gealterten Mann ohne Bart, der seine weißen Haare sorgfältig unter einer hellblauen Kappe verborgen hatte. Seine Gesichtszüge hatten eine gewisse Weichheit, die nicht auf Habgier und Genußsucht schließen ließ, sondern auf einen verfeinerten Lebensstil, auf das Leben in Luxus. Seine Augen und sein Mund hatten etwas Verzerrtes, der ständigen Andeutung eines Lächelns nicht unähnlich. Er hatte ein Gesicht, das das Lachen liebte, dem aber auch Trauer und Schmerz nicht fremd waren. »Er hat ebenfalls jemanden verloren«, dachte Marie betrübt, während er mit leiser Stimme weitersprach.
»Wir müssen das Höchste suchen, uns der Tyrannei widersetzen, den Schwachen helfen und überleben. Das sind unsere einzigen Pflichten. Darüber hinaus müssen wir nur noch lernen zu genießen. Denn jenseits des Schmerzes ist unsere Welt von dem Ewigen erfüllt. Darin bewegen sich die Männer und Frauen, die sich, während sie sich um die Alltagsgeschäfte kümmern, auch einer höheren Aufgabe widmen, der der wahrhaftigen Erinnerung.« Er machte eine Pause, eher um Luft zu holen als wegen des dramatischen Effekts, obwohl ihm ganz offensichtlich theatralisches Benehmen nicht fremd war.
Marie sah ihn erneut an. Sie fühlte sich bereits durch seine Worte gestärkt und unerwartet an einer Grenze, an der die Mutigen das Ende der Welt suchen. Sie fühlte, wie das, was kommen würde, näher kam und sie berührte. Sie sah den alten Mann an und wünschte, er spräche weiter, aber dieser schwieg. Er stand da und hatte die Augen fest auf sie gerichtet.

»Du hast mir eine Antwort gegeben«, sagte sie so leichthin wie nur möglich, »hast du immer solche Antworten?«
»Bei den Antlitzen Mariens, nein.« Der alte Mann lachte. »Antworten? Ich?« Er kicherte leise. Marie sah, daß auf einmal ein seltsam jungenhafter Ausdruck auf seinem Gesicht auftauchte. Er erwiderte Maries Lächeln und sagte: »Wie du siehst, bin ich ein alter Mann. Ich bin viele Jahre über die staubigen Straßen und über das Pflaster der Städte dieses Landes gezogen, und die meiste Zeit habe ich sorgfältig über das nachgedacht, was ich sah und fühlte. Das ist der Ausgangspunkt für meine vorsichtigen Antworten.«
»Du bist ein Ketzer!« stieß Marie verängstigt flüsternd hervor, obwohl sie alles, was sie gehört hatte, neugierig gemacht hatte.
»Sicher«, meinte der alte Mann mit erhobenem Kopf und schaute über den Marktplatz, als würde dieser ihm gehören. »Sicher bin ich das.«
Marie schaute sich ebenfalls auf dem Marktplatz um, aber eher in Sorge. Der alte Mann sah ihren beunruhigten Blick und lachte wiederum. »Hab keine Angst«, flüsterte er, »ich wurde nicht geschickt, um dich in eine Falle zu locken. Ich bin nur zufällig vorbeigekommen. Das ist alles. Wenn du willst, kannst du mit mir kommen zu meiner Werkstatt, vorausgesetzt, du weißt nicht, wohin du sonst gehen sollst.« Er schaute in die Sonne, die fast den Zenit erreicht hatte. »Ich bin Buchhändler, und ich beschäftige mehrere Männer in meiner Schreibstube. Komm mit zu uns, denn die Stunde nähert sich schnell, zu der wir essen.« Er streckte seine Hand aus.
Sie gingen zusammen durch die geschäftigen Straßen und schlängelten sich zwischen den Ständen und kleinen Läden hindurch. Der alte Mann blieb gelegentlich stehen und sprach ein paar Worte mit einem Händler oder nickte einem anderen zu, der schnell in der Menge vorbeiging. Ein Freund tauchte überraschend in dem Gewühl auf, und sie begrüßten sich über-

schwenglich, bevor der Freund ebenso abrupt wieder verschwand. Sie begriff schnell, daß dieser alte Mann kein herumstreifender Exzentriker war, sondern einen großen Kreis von Bekannten hatte, die ihn alle mit offensichtlichem Respekt behandelten. Er war ganz eindeutig auf den Straßen der Stadt zu Hause. Er ging leichtfüßig und sicher durch die verworrenen Gassen wie ein Schäfer auf Gebirgspfaden.

Als hätte er ihre Gedanken gelesen, verlangsamte der Mann kurz seinen Schritt und sagte zu ihr: »Wir sind in so vielfältiger Beziehung noch Tiere, die sich in Städten domestiziert haben. Wenn es den Wölfen gelingt, unsere Verteidigungslinien zu durchbrechen und uns in unseren eigenen Häusern zu jagen, dann sind wir dem schnell nicht mehr gewachsen und sind verwirrt. Unsere krähenden Führer sind so auffällig durch ihr Gefieder, daß sie das Messer des Meuchelmörders leicht trifft.« Seine Stimme wurde einen Augenblick lang hart. »Daß alle wissen, wer man ist, macht einen verwundbar.« Er ging weiter und dachte vielleicht darüber nach, wie er seine Gedanken formulieren sollte, damit sie nicht so wie der *Cri de coeur* klangen, der sie waren.

»Die Stadt ist jedem Mächtigen ausgeliefert, der zufällig vorbeikommt. Das ist unsere Schwäche und unser Dilemma. Ob uns das gefällt oder nicht, sind wir ohne Führer hilflos, und doch fordern wir, daß sie durch ihr auffälliges Verhalten zu angreifbar sind, um zu überleben.

Sie sollten auf Felsen bauen und nicht auf Sand, das lehrt uns zumindest die Kirche«, meinte Marie leise, und sie gingen weiter.

»Die Kirche!« schnaubte der alte Mann, und schüttelte – eine seltene Geste der Verärgerung – heftig den Kopf. »Die Kirche ist nur daran interessiert, sicherzustellen, daß wir immer den Sand wählen, damit wir verwundbar sind und uns in ihre Arme flüchten müssen.«

»Aber Christus selbst sprach davon in einem Gleichnis«, protestierte Marie mißtrauisch, »ich habe es Priester vorlesen hören, die auf den Straßen predigten.«
»Christus ist nicht die Kirche, meine junge Dame«, entgegnete der alte Mann, und seine Stimme war eine Parodie der aufgeblasenen Kirchenleute. »Diejenigen, die sich vor dem Abbild eines Toten zu Boden werfen, haben nicht die Autorität, vom Leben zu sprechen.« Er hielt inne. »Können die, die uns kontrollieren wollen, uns wirklich befreien?« Er sah Marie mit gespieltem Ernst an. »Wir müssen uns immer vor Wölfen in acht nehmen, die vorgeben, Schäfer zu sein.«
Sie gingen weiter die engen Straßen und gewundenen und gepflasterten Gassen entlang, die mit Unrat bedeckt waren und von Bögen und hochgelegenen Balkons verdunkelt wurden. Langsam ließen sie den Lärm des Marktes hinter sich und kamen in eine ruhigere Gegend, in denen die Werkstätten der Handwerker lagen, die Leder und Tuche verarbeiteten. Hier schien das Tempo gemächlicher zu sein. Es wurde mehr gesprochen als gestritten. Marie spürte den Wechsel mit einiger Erleichterung.
»Die Werkstätten in diesem Viertel verbergen mehr als sie preisgeben«, murmelte sie mehr zu sich selbst. Der alte Mann, der vorausgegangen war, drehte sich zu ihr um und freute sich offensichtlich über ihr Wahrnehmungsvermögen. Seine Augen funkelten, als er meinte: »Und doch gibt es hier mehr zu sehen.« Er blieb vor einem Gebäude mit einer kleinen Veranda stehen. Das Untergeschoß aus Stein war wie das Obergeschoß aus Holz gekalkt. Der alte Mann trat schnell ins Haus.
»Denkst du, daß alle in der Kirche schlecht sind?« wollte Marie wissen, als sie dem alten Mann zu einer Treppe an der Seite der Säulenhalle folgte.
»Nein«, antwortete er leise, »es gibt auch Menschen in der Kirche, die wirklich lieben, die ihre grenzenlose Seele anderen

wirklich mitteilen.« Er verweilte, und Trauer verdunkelte seine Züge. »Aber wenn man gezwungen wird, verrottende Reliquien zu lieben, die mit den Jahren glattgeküßt worden sind, wenn man gezwungen wird, einen gefolterten Gott anzubeten, dann wird die eigene Liebe vergiftet wie ein Fluß, der durch Salzmarschen geleitet wird. Reine Visionen werden schnell zu kaltem Fanatismus, der im Namen der Liebe tötet.« Außer Atem blieb er oben auf der Treppe stehen. »Komm, hier sind einige meiner Mitstreiter.«

Marie preßte nervös ihre wenigen Habseligkeiten an sich und ging zögernd zwischen den dunklen Türpfosten hindurch. Ihr Blick schweifte durch den großen Raum, in den der alte Mann sie gebracht hatte. Vor ihr erstreckte sich eine lange Galerie, beleuchtet von dem weichen Licht, das durch hohe Fenster fiel. Sie bemerkte, daß die Fenster bemalt waren, ein Zeichen von Reichtum, sogar Verschwendung. Das Licht fiel auf die Deckenbalken und gab dem Raum eine angenehme Wärme. Der größte Teil des Gemachs wurde von kleinen Tischen eingenommen, über die die Schreiber gebeugt saßen und fleißig aus verschiedenen Sprachen übersetzten, einschließlich einer, die Marie als Latein erkannte. Die Sprache, in die übersetzt wurde, schien Marie, obwohl sie über keine großen Buchkenntnisse verfügte, die Sprache der Gegend, die Langue d'Oc, zu sein. Die dünnen Pergamentpapiere waren durchscheinend und glänzten. Pinsel kratzten auf ihrer Oberfläche. Mehrere Schreiber schauten kurz auf, als sie hereinkamen, nickten dem alten Mann zu und beugten sich dann wieder über ihre Manuskripte.

Sie ging näher an den Schreiber, der ihr am nächsten saß, heran und schaute auf die Seite, die er kopierte. Auf ihr sah sie ein seltsames Diagramm, sieben größer werdende Kreise, die denselben Mittelpunkt hatten. Der innerste Kreis war in zwölf gleiche Segmente geteilt, in denen sich sieben genau angeordnete

Symbole befanden. Sie wußte instinktiv, daß sie die Planeten darstellten.

Der Schüler kopierte sorgfältig die Symbole, bevor er innehielt und zu seinem Lehrer aufschaute, dem Weisen Apollonios von Tyana, der zu sprechen begann:
»Als alle Dinge voneinander geschieden wurden, als Feuer und Luft, Erde und Wasser erschaffen wurden, kamen aus dem Feuer und aus der Luft die sieben Götter, die Herrscher über das Schicksal, und ihre Bewegungen übertrugen sich auf die sieben Himmel unter dem Schleier. Wie jede unsterbliche Seele im Fleisch gefangen ist, so ist ihr Schicksal von den Bewegungen jener Planeten, die über ihr kreisen, vorherbestimmt. Obwohl wir die Unsterblichkeit spiegeln, lebt und stirbt unsere sterbliche Gestalt, dem Schicksal gemäß, das von den sieben Göttern in Bewegung gesetzt wird. Nur der unsterbliche Funke aus dem Innern kann einen von diesem Schicksal befreien.«
Er hielt inne, damit seine Schüler seine Worte verarbeiten konnten. Sie saßen in den Gärten der großen Bibliothek von Alexandria im 22. Jahr der Regierung des Kaisers Tiberius im Jahre 36 nach Christus. Apollonios, der Weise, hielt seinen gewöhnlichen Unterricht ab. Er betrachtete seine Schüler, die dabei waren, die Zeichnung der sieben kleinen Kreise zu beenden, die einen gemeinsamen Mittelpunkt hatten. »Denkt daran«, meinte er noch, »nur der Punkt ist fest, alles andere beweglich und verändert sich von einem Augenblick zum nächsten. Denn Bewegung ist eine wahrhaftige Gabe der Götter.«
Ptolemaios, der erste griechische König Ägyptens, hatte einen großen Tempel gegründet, der den neun Musen, den Töchtern von Zeus und Mnemosyne, zur Erinnerung, gewidmet war. Die Musen waren die Schutzgöttinnen aller geistigen Dinge. Sieben herrschten über die Literatur, eine über die Geschichte und die neunte, Urania, war die Göttin mit dem Spezialgebiet Astrologie.

Dieses Museum war in einem großen königlichen Park gelegen, in dem die Paläste des Königs und seiner Familie standen. Die Kosten des Tempels wurden also von der königlichen Familie bestritten. Die Anlage umfaßte ein großes überdachtes Auditorium, Schlafsäle und ein Refektorium, denn die Schüler erhielten nicht nur die Möglichkeit, etwas zu lernen, sondern auch Kost und Logie. Um die Anlage herum gruppierten sich botanische und zoologische Gärten. Der berühmteste Teil des Museums war die Bibliothek, die größte, die die Welt gesehen hatte. Sie ging auf die Sammlung des Demetrios von Phaleron zurück, der die Städte Griechenlands durchstreift und wertvolle Manuskripte zu allen erdenklichen Themen gesammelt hatte.
Zu einer Zeit, als andere berühmte Bibliotheken gerade einmal ein paar hundert Buchrollen hatten, hatte die von Alexandria Hunderttausende, vielleicht siebenhunderttausend, vielleicht mehr. Die Geschichte weiß nichts darüber, denn die Besitzer wußten es selbst nicht. Seit der Zeit des Demetrios hatte eine Reihe von Bibliothekaren versucht, noch mehr Manuskripte zusammenzutragen. Das taten auch seine Nachfolger, Zenodotos von Ephesos, Kallimachos von Kyrene, Apollonios von Rhodos, Eratosthenes von Kyrene …
Das hohe Dach der Bibliothek überragte die Häuser der Stadt. Es hob sich weiß gegen das Meer und den Himmel ab. Sein Marmor und seine Steine schützten die Gelehrten, die in der Vergangenheit und in der Zukunft forschten, schrieben, genaue Vergleiche anstellten und sich um die wertvollen Manuskripte kümmerten, in denen das gesamte Wissen der Alten enthalten war. Sie machten von den Vorlesungsräumen Gebrauch, von den Galerien mit den Gemälden und Skulpturen und von den Wohnräumen. Für die Gelehrten war es das Paradies. Das Museum und die Bibliothek, die beide am Meer lagen, waren durch eine Kolonnade aus weißem Marmor verbunden, die Schutz vor der brennenden Sonne bot. Innerhalb der Bibliothek

fanden sich zehn riesige Galerien, an deren Wänden die Gestelle standen, in denen die Schriftrollen aufbewahrt wurden. Jede der zehn Galerien war einem bestimmten Zweig der Gelehrsamkeit gewidmet.

Apollonios, der Weise, hatte einige Jahre in diesem großen Palast der Gelehrsamkeit gelebt. Er stammte von verarmten Kaufleuten aus Tyana ab, die mit den entferntesten Regionen des Reiches Handel getrieben hatten. Er war in der Stadt seiner Geburt aufgewachsen und war mit den zahllosen Sekten und Kulten in Berührung gekommen, die dort blühten. Alle hatten sie ihre frischbekehrten Anhänger, alle beanspruchten sie für sich, die Wahrheit gepachtet zu haben.

Er beendete seine Studien des traditionellen Wissens seiner Vorfahren, da er jedoch mehr wollte, reiste er durch viele Länder und suchte die gelehrten Männer und Frauen auf, studierte deren Erkenntnisse und erlangte Zugang zu Geheimkulten. Er besuchte alle Tempel und wurde in ihre geheiligten Traditionen eingeführt. Denen, die ihn später fragten, sagte er, daß er die gemeinsamen Wurzeln des großen heiligen Baumes habe studieren wollen, dessen Äste sich später in die Schulen der Mystiker verwandelt hätten, die in allen Ländern gediehen.

Nach vielen Jahren kehrte er in seine Heimat zurück und fing, anfänglich noch vorsichtig, an, jene Weisheit zu lehren, die er erlangt hatte.

»Ich werde von dem sprechen, mit dem ihr euch anfreunden müßt«, pflegte er geheimnisvoll zu sagen, »von dem, was nie verloren gegangen ist und trotzdem erst wieder aufgefunden werden muß, von dem, was ihr suchen müßt, was euch aber trotzdem nie von der Seite gewichen ist.«

Mit diesen Rätseln weckte er die erste Neugierde und dann die Wißbegier seiner Zuhörer. Er konnte immer diejenigen finden, denen es nach mehr dürstete.

»Was willst du lernen«, fragte er beispielsweise den Schüler, der ihm an den Lippen hing. »Was willst du verstehen?«
»Ich will die wahre Natur der Welt kennenlernen. Ich möchte das Herz aller Herzen berühren.«
»Ich weiß, was du willst«, antwortete Apollonios dann, denn er hatte als junger Mann auch nach diesem Wissen gestrebt, »ich werde es dich lehren, wenn du zuhören und lernen willst.«
Er hatte in den kalten Dörfern aus Stein im Hochland von Kappadokien zu lehren begonnen und in den Bergstädten weit im Norden, die einmal kaum die Königreiche der kriegerischen Scythen am Leben erhalten hatten. Aber jetzt war er endlich in seine Wahlheimat zurückgekehrt, und die kleine Gruppe seiner Schüler scharte sich in der bedeutenden Stadt Alexandria im Schatten einer von der Sonne etwas verdorrten Palme. Er sah sie an und kniff wegen der Helligkeit seine Augen etwas zusammen. Er sprach von Sternen, von Rhythmen, von Zahlen und von Träumen, von Engeln und Dämonen, von Bewegung und Ruhe. Er sprach von dem Schöpfer und von der Schöpfung, von dunklen Wassern und von dem Hauch, der sie zuerst geschieden hatte. Einige Schüler, die müden und mutigen, die darauf vorbereitet waren, dem Tod, der um Mitternacht kam, gegenüberzutreten, berührten das Unberührbare und fanden in der unendlichen Dunkelheit den Stern, von dem die Weisheit ausging, Sophia, die sich selbst erklärte und selbst erfüllte.
»Sophia, das Licht«, pflegte er dann zu sagen, »der Urspung allen Lebens ist in euch und um euch. Jetzt!« Das mit einer gewissen Schärfe. »Jetzt! In diesem Augenblick! Sucht Sophia, macht sie zu eurer Freundin, kennt sie und reist mit ihr, wo sie euch immer hinführen mag. Heiratet sie, die glänzende Braut«, meinte er noch – man schrieb seine Worte nieder –, »die ihr nicht unverschleiert anschauen könnt.«
Langsam sammelte sich um ihn herum eine Gruppe von Anhängern, die sich seinem Nomadenleben, das er vor seiner Rück-

kehr nach Alexandria geführt hatte, anschließen wollte, nachdem sie seine Stimme erkannt hatte. Seine Auslegungen betonten, daß Erfahrung vor dem Studium kam, obwohl er auch letzteres nicht vergaß. Ihm war die Erinnerung wichtiger als das Gebet. Als die Sonne ihre sengenden Strahlen niedersandte und der tiefblaue Himmel am Rande des Blickfelds aller sichtbar wurde, hörte er auf zu sprechen und starrte einfach ins Leere. Er hatte die Augen leicht erhoben, atmete leicht, rhythmisch und unaufdringlich. Er saß oft stundenlang so da und forderte nichts anderes von seinen Gefährten als ihre schweigende Anwesenheit. Wer bei solchen Gelegenheiten auf dem Sand unter dem beruhigenden Rascheln der Palmwedel im Wind einschlief, wurde nicht mehr zu der Gruppe gerechnet, der er seine wichtigsten Geheimnisse mitteilte.

Apollonios war müde, aber die Zeit war gekommen. Seine Schritte hallten auf dem Steinfußboden wider. Hinter den Säulen war es dunkel. Einige Stunden waren vergangen, seit die letzten rötlichen Strahlen diese Marmorsäulen umspielt hatten. Man hörte die See, die Brandung der Wellen, die von Norden kamen. Die salzige Luft blies ihm ins Gesicht, eine Brise, die an Stärke zunahm.

Er hielt inne, und der Rhythmus der See erfüllte ihn ganz. In weiter Ferne hörte er die Geräusche von Schiffen außerhalb des Schutzes des Hafens. Die hölzernen Schiffskörper schlugen gegen die Wellen. Er fühlte, daß die Luft kühler wurde, und wußte, daß der nächste Tag kälteres Wetter bringen würde, einen frischen salzigen Wind, der ihm durch das Haar fahren und seinen Körper am Strand hinter den Mauern der Stadt erschauern lassen würde.

Apollonios betrat den kleinen Vorlesungsraum tief im Innern des Museums. Kerzen flackerten und qualmten. Seine Schüler, gerade einmal sechs von ihnen, saßen bereits da und warteten

auf ihn. Sie standen auf, als er eintrat, aber er gab ihnen ein Zeichen, sich wieder zu setzen. Er begann damit, daß er die Muse Urania und den Gott, dem sie diente, anrief. Die Schüler murmelten alle zustimmend und sahen ihn an.
Er erklärte, daß tief in der Seele jedes Mannes und jeder Frau etwas Gemeinsames läge. Daß alle miteinander verbunden seien. Er erklärte ebenfalls, daß die Götter und Göttinnen nur Spiegelungen unserer Seelen im Himmel seien, die als Führer dienten, die uns zu der Erfahrung des Wissens zurückführten. Er betonte, daß die Symbole der Seele uns alle lehren könnten, uns an das zu erinnern, was unsere Seelen bereits wüßten, unser Verstand aber vergessen hätte. Er erklärte, daß ein System von Seelenbildern entwickelt worden wäre, deren Betrachtung den Schüler zum Wissen erwecken würde. Apollonios hob sodann einen Stapel kleiner Gemälde auf, Bilder auf dünnen Brettern, und breitete sie vor seinen erstaunten Schülern aus.

»Aber schließlich starb Apollonios einen einsamen Tod in einer Höhle in der Wüste«, sagte der alte Mann. »Er hatte sich jedoch schon lange vorher von seinen wahren Schülern getrennt. Was war aus den Symbolen geworden, bei deren Entwicklung er mitgeholfen hatte? Verschwanden sie mit der großen Bibliothek, bei der Zerstörung, die von christlichen Aufständen und römischen Brandschatzungen hervorgerufen wurde? Nein, die Tradition hat überlebt.
Wenn ein gewissenloser Mann seinen Lebensunterhalt damit verdient, daß er etwas ausstellt, was er als einen wertvollen Stein betrachtet, würde dieser dann den Mann freundlich anschauen, der es wagte, sich davor aufzubauen und diesen öffentlich für falsch und wertlos zu erklären? Wäre er glücklich darüber, daß sein ganzes Leben, das er damit verbracht hatte, den Stein zu bewachen und sich um ihn zu kümmern, für vollkommene Vergeudung erklärt würde? Nein«, sagte der alte Mann und

faßte an den sternförmigen Ring, den er trug, »es ist für einen erfahrenen Juwelier weiser, die Zunge im Zaum zu halten, vielleicht sogar selbst mit falschen Steinen zu handeln, um die Farce, die zum Überleben notwendig ist, aufrechtzuerhalten, aber unter Freunden bereitwillig die versteckten Beutel zu öffnen und die Juwelen vorzuführen, die er sonst vor mißtrauischen und unwissenden Augen versteckt hält.« Er hielt inne und lächelte Marie an. »Aber wie du weißt, handele ich nicht mit Juwelen, nur mit Büchern und Illustrationen.«

Kapitel 8

Jehan fiel zu Boden. Übelkeit überfiel ihn. Seine Augen sahen nur das Gras, obwohl sein Blick von Schweiß, der ihm in die Augen lief, getrübt war. Wieder war er nahe daran, sich zu übergeben. Er vergaß den Rest der Armee, die jetzt schon weit voraus auf ihrem erbarmungslosen Vorstoß nach Süden war, und rollte sich fast zu einem Ball zusammen. Er konnte nicht mehr weiter. Hier auf einem kleinen, grasbewachsenen Hügel in einer Lichtung neben dem aufgewühlten Morast des Weges würde er liegenbleiben, bis seine Krankheit vorüber war.

Der Morgen war nach dem Regen klar und warm. Jehan fühlte sich immer noch schwach, aber seine Übelkeit war vorüber, und er hatte den Eindruck, daß er in der Lage war, sich wieder der Armee anzuschließen. Durch den nächtlichen Regen war die schlammige Straße unpassierbar geworden, und deswegen ritten er und sein Begleiter mit der aufgehenden Sonne linkerhand in den hügeligen Wald. Sie hofften, einen besseren Weg zu finden. Vor ihnen beherrschte ein Gipfel das Land, dessen Umrisse von der Sonne beleuchtet wurden. Am Ende des ersten Tages sahen sie von dort aus eine hohe Rauchsäule, die bis in die niedrig am Himmel hängenden weichen Wolken reichte. Schwarze Vögel flogen eilig zu ihren Nestern. Jehan fühlte sich ausgeglichen. Die Landschaft schien sich verändert zu haben und kam ihm jetzt vertrauter vor. Er trieb sein Pferd an. Vielleicht gab es hier ein Dorf oder eine Burg, wo er etwas Warmes zu essen und einen Platz zum Schlafen bekommen konnte. Aber der nächste weit entfernte Hügel war nicht zu erreichen, er schien sich mit jeder durch den Wald schwer erkämpften Meile weiter zu entfernen. »Dann eben morgen«, murmelte Jehan seinem Knappen zu, als sie sich neben einem kleinen Feuer zur Ruhe legten.

Am nächsten Tag ging es tatsächlich weiter durch einen undurchdringlichen Wald, und er schien noch dunkler zu werden. Die kaum greifbaren Schatten erschienen belebt, und aus den Augenwinkeln heraus nahm Jehan verstohlene Bewegungen wahr. Vor sich hörte er Geräusche. Er deutete seinem Knappen, anzuhalten und sich um die Pferde zu kümmern, stieg ab und bewegte sich auf leisen Sohlen tiefer in den Wald. Der andere verlor ihn aus den Augen, als sich die Zweige hinter ihm schlossen.

»Das ist der letzte Tag unseres Königs Lykaion.« Die plötzliche Stimme mit ihrem Befehlston erschreckte Jehan, er erstarrte und preßte sich eilig gegen einen Baum, die eine Hand an dem Griff seines Schwertes. Er drehte sich langsam um, den Baum zum Schutz im Rücken. Hinter ihm stand ein älterer schlanker Mann in einer weiten weißen Robe. Er kam näher und streckte aus den Falten des Gewands eine Hand vor, die sanft Jehans Arm ergriff.

»Bleib. Niemand darf den heiligen Platz betreten. Jeder, der dumm genug ist, die alten Warnungen in den Wind zu schlagen, wird seinen Schatten verlieren und dadurch sterben, bevor die Sonne ein nächstes Mal aufgeht.«

Vor sich konnte Jehan jetzt eine Lichtung sehen, auf der eine große Menge singender Gläubiger stand, die sich alle einem großen Altar aus Stein zuwandten. Durch diese Menge drängte sich eine Gruppe von Männern, die dieselben weiten und weißen Roben anhatten wie sein Begleiter und eine Sänfte aus Holz auf den Schultern trugen. In der Sänfte stand ein bis auf das Eisenstirnband nackter Mann, ein König in den frühen Jahren seiner Mannbarkeit. Seine Hände waren vorne zusammengebunden, und sein Rücken blutete von Peitschenhieben. Jehan beobachtete, wie die kleine Gruppe allmählich eine Rampe hinaufstieg und über den Köpfen der Menge neben dem Altar auftauchte. Trotz der Hitze erschauerte Jehan.

Von hinter dem Altar erschien eine große Frau, die dunkel gekleidet und verschleiert war. Auf ihrer Braue glänzte ein silberner Stirnreif. Als sie die Steine des Altars erreicht hatte, warf sie ihren Schleier zurück und sah dem König, der vor ihr stand, direkt in die Augen. Man hatte ihn mit den Füßen nach oben an einen Pfahl auf dem Altar gebunden. Sie lächelte ihn an.

Die Frau, die Königin, hob ihren rechten Arm hoch in die Luft: Ein Dolch blinkte in dem starken Sonnenlicht. Es glänzte silbern, als sich die Klinge senkte und dem König genau zwischen die Beine fuhr. Seine Genitalien vielen auf die Plattform aus Stein, und er wand sich vor Schmerz, versuchte, gegen das Blut anzukommen, und schrie gegen das Gebrüll der Menge an. Wieder blitzte das silberne Messer: Jetzt hing der Kopf des Königs lose zur Seite. Dann bewegte sich die Klinge ein drittes Mal durch das Sonnenlicht und ließ eine tiefe Wunde in seiner Seite zurück. Der König hing kraftlos und blutete aus drei Wunden. Die Blutströme flossen auf den Boden, wo sie in der

trockenen Erde versickerten. Die Menge brach wieder in Gebrüll aus.
Trommeln und Becken, die irgendwo verborgen waren, begannen eine rohe Trauermelodie. Die Diener ließen die Königin allein, mischten sich mit der Menge und begannen den Tanz anzuführen. Jehan schaute zu, und es wurde ihm immer unbehaglicher zumute. Er hatte das Gefühl, daß eine Kontrolle, so schrecklich sie auch gewesen sein mochte, nicht mehr gegeben war, daß die Menge jetzt ganz ihren animalischen Instinkten nachgehen durfte. Messer glänzten in der Sonne, Kleider wurden zerrissen, Haare gelöst und schlugen auf Schultern und Brüste. Jehans Lenden konnten die Art der Ekstase nur bestätigen. Er drehte sich um, um sich zurückzuziehen, da er sich den Leidenschaften, die er geweckt sah, nicht aussetzen wollte, aber der schlanke Mann stand immer noch hinter ihm. Eine sehnige Hand streckte sich nach ihm aus und hinderte ihn sanft am Gehen.
»Es ist eine alte Tradition«, fing der schlanke Mann an, »daß der Fremde, der dem Tod des Königs beiwohnt, der Erwählte ist und ihn ersetzt.« Sein Griff um Jehans Arm wurde fester. Er hatte die Stärke eines viel jüngeren Mannes. Jehan war außerstande, sich zu befreien.
Viel später, die Feiernden schliefen bereits auf der nackten Erde, kehrte eine Gruppe junger Frauen zu dem Körper ihres toten Königs und Ehemanns zurück. Er war grau, der Lebenssaft war aus ihm herausgeflossen und hatte nur eine leere Hülle zurückgelassen. Sie schnitten ihn herunter und zerlegten ihn langsam mit routinierten Bewegungen. Dann gingen die zwölf, jede mit einem Teil seines Körpers, in langsamer Prozession den Hügel herunter. Weit unten lag ein Fluß, und dieser Fluß sollte in seinen sprudelnden Wassern jene Teile empfangen, um sie durch das Königreich zum entfernten Meer zu tragen.
»Ruh dich hier aus«, sagte der Priester.

»Warum?«
»Sonst bist du zu müde für die Zeremonie.«
»Welche Zeremonie?«
»Die Hochzeit.«

Jehan wachte auf. Sein Herz pochte unter seinem Umhang. Er konnte sich an die vergangene Nacht erinnern. Vielleicht würde er sie nie vergessen. Seine Lenden schmerzten vor Anspannung, und sein Mund war ausgedörrt von keuchendem Verlangen. Er lag da und wußte, daß er mehr wollte. Er wollte die Königin. Er wollte sich mit seinem nicht versiegenden Samen fallen lassen. Mit seinem Mund wollte er auf die weiche Haut, mit seinem Körper hart zwischen dunklen Lippen eindringen und mit seinen Fingern samtige Haut erkunden. Er wollte alles auskundschaften, sich auf die Suche begeben, nicht ablassen, bis das Versprechen erfüllt war, das ihn bis zu den äußersten Grenzen der schweigend leuchtenden Sterne bringen würde. Er wollte sich fallenlassen und sich von den weichen Leidenschaften der Nacht liebkosen lassen. Er wollte in die Dunkelheit zurückfallen, aus der er gekommen war und an die er eine schwache und angenehme Erinnerung hatte. Er wollte wieder den Trost spüren, den er verloren hatte. Wollte sein Geschlecht als neue Nabelschnur zu seiner Geliebten, seiner Mutter und seiner Quelle der Milch gebrauchen: Sperma und Milch, Milch und Fleisch, all die Versprechungen, die ihm die lächelnden Lippen über der sich windenden Menge und dem staubigen Tag gemacht hatten. Die Königin hatte nur ihn angelächelt mit dem Versprechen, daß es ihre Lippen sein würden, mit deren Hilfe er die Sonne, den Mond, die Sterne und die Erde entdecken würde, daß sie ihm helfen würde, zu vergehen wie Eis in der Sonne zwischen den weichen Hügeln und sanften Tälern des gelobten Landes.
Jehan stand nackt in der Halle. Ein Geräusch zerstörte den

Zauber. Er drehte sich erschreckt um und sah zwei Frauen auf sich zukommen mit kleinen Krügen, die mit süß duftenden Ölen gefüllt waren.
»Adonai«, flüsterte die erste mit einer Stimme, die zu den weichen Teppichen und Marmorsäulen paßte. »Adonai, wir sind gekommen, um dich für deine Geliebte vorzubereiten.«
»Du darfst alles begehren«, sagte die andere, »aber wisse, daß dir nur die Königin alles geben kann.«
Jehan lag unter ihren Händen. Dann waren durch die von dem verdampfenden Morgentau erfüllte Luft die dumpfen Schläge einer Trommel zu hören. Es begann ganz langsam, und der Rhythmus hallte durch die Hallen und Galerien der Palastes. Dann nahmen Geschwindigkeit und Intensität zu, bis sie dem schnellen Schlagen seines Herzens entsprachen, das nach mehr rief. Dann erschien halb verborgen am anderen Ende des Zimmers eine Frau. Sie stand mit dem Rücken zu Jehan und den beiden Frauen, die sich um ihn kümmerten.
»Die Königin«, flüsterte eines der Mädchen, und sie machten sich schnell davon und ließen Jehan zurück. Er starrte fasziniert herüber. Die üppige Gestalt erregte ihn. Die Königin drehte sich um. Ihr Gesicht war verschleiert, ihr Umhang war leicht geöffnet und wurde nur unzureichend von einer glänzenden Kordel zusammengehalten. Sie nahm die Kordel, löste den Knoten und ließ sie wie eine silberne Schlange zu Boden fallen.
Ein plötzlicher Windstoß fing sich in ihrem leichten Gewand und blies es auseinander. Sie breitete die Arme aus und ließ es von den Schultern gleiten, und es fiel in einem Knäuel auf den Fußboden. Ihr Körper schimmerte vor Jehans Augen. Er sprang auf und lief ein paar Schritte vor. Er war entschlossen, jetzt gleich mit ihr zu schlafen. Aber er kam zu spät. Mit einem leisen Lachen war sie schon durch eine Seitentür verschwunden. Das Echo eines Augenblicks, der Klang eines Augenblicks, und Jehan war wieder allein, und ihr Lachen hallte ihm in den Ohren.

Die Sonne erreichte den höchsten Punkt des Tages, und Jehan wurde in der Sänfte vom Palast zum Platz des Altars getragen. Vor ihm stand neben dem rohen Steingefüge wartend die Königin, gehüllt in Silber und mit Silber verschleiert. Die Sänfte kam näher, und die Zuschauermenge brüllte erwartungsvoll. Jehan nahm sie gar nicht wahr, denn er merkte nur, wie seine eigene Leidenschaft wuchs. Als er die Königin erreichte, glitzerte sein Körper vor Schweiß.

Mit geübten Bewegungen stieg die Königin auf den Altar, und als sie sich hinlegte, fiel ihr Gewand von ihr ab. Bis auf ihren Schleier war sie nackt. Jehan ließ zu, daß man ihn zu ihr trug.

»Dring in mich ein«, flüsterte die Königin, »du bist mein, und ich bin dein.«

Der Wind bewegte den Rand ihres silbernen Schleiers. Jehan bewegte sich, um in sie einzudringen. Er bewegte sich suchend ihre Schenkel entlang. Seine Hände betasteten ihre Brüste, und seine Lippen suchten ihre und preßten sich gegen den Schleier. Unter ihnen feierte die Menge, und fügte ihre Leidenschaften den seinen hinzu, und er nahm ihr gesammeltes Verlangen in sich auf. Er würde der eine sein, der für immer das vom Mond erleuchtete Leben der Nacht besitzen würde. Er würde über den Abgrund springen und für alle Zeiten auf dem unglaublich alten Meer dahintreiben, das schon lange seine Ufer verloren hatte.

Er berührte sie, er schien vor Härte zerspringen zu wollen und traf auf ihre samtige Bereitschaft. Aber genau in diesem Augenblick kam ein Ruf, so dringend, so endgültig, daß jede Zelle seines Körpers ihn hörte und erbebte. Er konnte sich dieser Forderung nicht widersetzen.

»Stopp!« riefen seine Gefühle.

»Stopp!« riefen sie beharrlich noch einmal.

»Stopp!« befahlen sie schließlich.

Jehan erstarrte einen Augenblick, bevor er sich endgültig versenken wollte. Dann floh sein Verlangen in den Wald und den

Himmel, und er lag auf den Knien neben der Königin, und seine Leidenschaft war kalt wie die Morgendämmerung im Winter. Ihr Schleier, den eine Windböe erfaßte, wurde zur Seite geblasen, und er sah ihre Augen: das Böse, schwarz und rot, das er in seinen dunkelsten Träumen gefürchtet hatte. Sie sahen ihn an, und während ihm sein Schrei auf den Lippen gefror, kam ein Stöhnen von den blauen Lippen, die seinen ganz nahe waren. Jehan balancierte auf den Knien, die Welt war aus dem Gleichgewicht geraten, sie drehte sich und verdunkelte alles. Alles löste sich auf und verlor sich in den hungrigen Schatten des Waldes.

Als seine Augen wieder Licht sahen, war er sich nur der Ruhe bewußt. Seine Augen fixierten immer noch die unter ihm. Leere Augen, die vielleicht von einem alten Weib, das im Wald lebte, rot und schwarz angemalt worden waren, als sie auf der Suche von unbekannten Kräutern verweilt hatte, die sie für ihre einsamen Rituale benötigte. Unter den Augenhöhlen lag ein silberner Stoff, halbvergammelte Fetzen, unter den verblichenen Knochen. Jehan kauerte sich erschöpft zusammen. Er sah über die Waldlichtung. Sie war mit dichtem Unterholz bewachsen. Unter Schmerzen kletterte er von dem Altar herunter und taumelte zurück. Er rief nach seinem Knappen und seinem Pferd.

»Das ging schnell, edler Herr. War da jemand?«

Jehan starrte seinen Knappen an, matt vor Müdigkeit. »Nein«, log er, »nur ein alter Altar, den ich mir wünschte, nie gesehen zu haben.« Als sie den Hügel hinabritten, wich seine Hand keinen Augenblick von dem Griff seines Schwertes, und seine Augen hörten nicht auf, die dunklen Bäume nach allem abzusuchen, was sich bewegte. Er konnte an nichts anderes denken, als daß er sich wieder den Truppen anschließen wollte.

Glitzernde Zähne rissen an dem niedergestreckten Leichnam der Nacht. Wilde Flammen brachen durch die mit Rauch vermischten Wolken. Über dem zerstörten Torhaus schwebten die Raben der Nacht. Die Stadt konnte ihren Fall nicht länger hinauszögern.

Weit unterhalb der angesengten Postengänge der Stadtmauer drängten schlammbedeckte Männer vor wie Haifische, die vom Blutgeruch der Feuer angezogen wurden. Lichtblitze ließen dunkle Gestalten aufleuchten mit zerrissenem Wams und verbeulten Brustpanzern. Geschliffene Klingen zerteilten die Nacht, Armbrüste bebten, Krummschwerter zerteilten mit einem Hieb einen Mann von der Schulter bis zur Hüfte. Die Äxte mit ihren nach hinten geschwungenen Klingen spalteten mit Leichtigkeit einen Helm bis zum Helmvisier.

Die Flammen loderten unkontrollierbar und bedrohten die erschöpften Soldaten, die Schulter an Schulter über die Verbrannten hinweg vorwärtstaumelten, die verkohlt auf der Erde lagen. Sie stürmten vom Feuer geblendet vorwärts, und die Schreie, das Weinen, das Flehen, das Schluchzen und das Stöhnen machten sie taub, und das verrückte Lachen von denen, die die Zerstörung um ihren Verstand gebracht hatte. Von oben war der Takt des gewaltigen Chores der Walküren zu hören, die diejenigen vom Schlachtfeld auflasen, die sich mit ihnen in Walhalla vereinigen würden. Und die, die die dunkle nasse Erde der brennenden Luft vorzogen, gruben sich tiefer in den Morast.

Und doch glitzerte die Nacht immer noch von den tausend Gesichtern, die dem Tosen aus Feuer und Schreien zueilten. Ihre Augen blitzten, als sie unter den von Fleisch genährten Rauchwolken ihre Rache suchten. Hoch über ihnen wurde eine Axt geschwungen, und ein Kopf rollte die alten Mauern herunter in den wassergetränkten Schlamm. Seine glanzlos werdenden Augen sahen ein letztes Mal den Himmel, der von Rauch und

Blut erfüllt war. Augen, die von der Hölle getauft worden waren und jetzt blicklos den Himmel reflektierten.
Die blinden Augen konnten nicht mehr sehen, wie Männer durch das Tor hereinbrachen. Die nicht mehr durchbluteten Trommelfelle registrierten keine Schreie der Frauen, die man mit vor Entsetzen geweiteten Augen in den letzten Winkeln ihrer Häuser entdeckt hatte. Diese Schreie verkündeten, daß die Schlacht gewonnen war, daß die Rituale jetzt begonnen werden konnten und daß der Abend den Göttern gehörte. Es war eine Nacht der Vergewaltigungen, der Gelage, Plünderungen und Entweihung von Altären. Lust wurde nur durch den verebbenden Nachschub von Körpern begrenzt, lebenden oder toten, männlichen oder weiblichen, jungen oder alten. Alle würden verfolgt werden, bis das Licht des Morgens für Ruhe sorgen würde. Dann würden vielleicht sogar einige bereuen. Bekennen konnten sie nur an den weißen Altären der Jungfrau.
Die Augen, die jetzt schon lange kalt waren, starrten in den Himmel. Sie glänzten nicht, weil Leben in ihnen war, sondern weil sich der morgendliche Tau auf dieses dunkel verwüstete Land gelegt hatte. Er brachte Ruhe mit sich, und die, die gekämpft hatten, waren endlich erschöpft und schliefen. Die Augen konnten den heller werdenden Himmel nicht mehr sehen. Blut, Rauch und Nacht flohen vor der aufgehenden Sonne.

Die Frische des Morgens flutete über die trockenen südlichen Hügel, die in purpurner Ferne das warme Mittelmeer begrenzten. Das rote Licht der Sonne schien auf die Mauern vor ihnen. Die Türme einer Kathedrale glitzerten in dem warmen Schein. Die einzige Bewegung, der Jehan gewahr wurde, war die von Vogelschwärmen, die sich vom Wind über die Dächer mit einer anmutigen Trägheit treiben ließen. Sie glitten durch die Luft, bis sie sich nach einem plötzlichen Wechsel der Geschwindigkeit fallen ließen und die schlummernden Mauern und Türmchen

entlang hinabstießen und unter dem offenen Tor hindurchflogen, auf das Jehan und sein Knappe zuritten.
»Die Stadt vor uns scheint sehr ruhig zu sein«, murmelte der Knappe mit leiser Stimme, die seine Erschöpfung verriet, »kann es sein, daß sie alle noch schlafen?«
»Das ist unmöglich. Niemand würde das Stadttor offenlassen, während er schläft.«
Aber sie konnten beide die Tore offenstehen sehen, unbewacht, und beide bemerkten die leeren Straßen dahinter.
»Etwas ist hier nicht in Ordnung«, stimmte Jehan von einer dunklen Ahnung erfüllt zu. »Sogar die Wachtürme scheinen nicht besetzt zu sein.«
In der Stadt regte sich nichts, nur die Vögel tauchten in die Straßen herab. Sie ließen sich von hoch über der Kirche herabfallen, und ihre Flügel schienen sich dabei an der Luft festzuklammern, und flogen dann die Straßen entlang, die von Blut und Eingeweiden bedeckt waren, um irgendwo niederzugehen. Die Geier rissen an dem blutigen Fleisch, das noch dalag, wo es in der Nacht zuvor auf der Strecke geblieben war. Dann schwankten sie gesättigt zu den sonnenbeschienenen Schwellen der Häuser, nicht mehr in der Lage zu fliegen, und bedeckten sie mit ihren stinkenden Ausscheidungen. Die Stadttore, die offenstanden und im Wind hin und her schwangen, waren der Eingang zu einem Leichenhaus.
Vorsichtig gingen Jehan und sein Knappe durch das Tor und die engen Straßen entlang. Sie waren sehr wachsam und schauten sich jeden Hauseingang genau an, jede Straßenkreuzung, denn sie fühlten, daß Gefahr in der Luft lag. Es wurde allmählich heißer, und mit der Hitze wurde der Gestank durchdringender. Jehan zog sich seinen Mantel über das Gesicht und dachte, daß abends der Geruch auf den Straßen sicherlich unerträglich sein würde. Er und sein Knappe bogen in eine kleine Gasse, und er bemerkte Bewegung in den Schatten. Auf einer Treppenstufe

saßen drei betrunkene Soldaten und amüsierten sich damit, eine erschöpfte Frau zu verspotten. Ihr Haar war blutverklebt, ihre Kleider waren zerrissen und schmutzig. Sie hatte das Grauen der vergangenen Nacht gesehen und war jetzt Teil von ihm. Jehan gab seinem Pferd plötzlich die Sporen, um schneller bei der kleinen Gruppe zu sein, er hatte wütend sein Schwert gezogen.
»Weg mit euch, dreckiger Abschaum!« rief er und stieß wie rasend nach ihnen.
»Nimm die Hure!« schrie einer von den Soldaten und verschwand schnell mit seinen Kameraden in einem dunklen Treppenhaus. Jehan fuchtelte frustriert mit seinem Schwert durch die Luft, stieg dann ab und drehte sich zu der Frau um. Sie sah ihn jedoch einfach nur als einen weiteren rohen Krieger, ergriff ihre Chance, faßte in das Lumpenbündel, das sie bei sich trug, und zog ein Messer hervor. Ohne innezuhalten rammte sie es tief in ihre Brust.
Jehan blieb stehen. Die Sicherheit ihres Todes vor seinen Augen hatte ihn bewegungsunfähig gemacht. Er stand auf der Straße, von Schuldgefühlen übermannt, und starrte sie, ohne die Schreie der Vögel zu hören, an. Auch die Rastlosigkeit der Pferde, die diese Stadt wieder verlassen wollten, oder seinen Knappen, der ihn fortführen wollte, nahm er nicht wahr. Er stand da und sah zu, wie sie langsam starb. Sie hatte ihre Augen auf ihn geheftet, bis ihr Glanz abnahm und schließlich ganz verschwand. Er fühlte sich müde. Er steckte sein Schwert zurück in die Scheide und setzte sich auf die Stufen. Die Bitten seines Gefährten, doch weiterzuziehen, ignorierte er. Sein Verlangen, weiterzumachen, war verschwunden. Der Krieg, der ihn so lange in Bewegung gehalten hatte und ihn so viele Meilen hatte zurücklegen lassen, hatte jede Anziehungskraft für ihn verloren.
»Sir!« rief sein Knappe mit einer gewissen Dringlichkeit in der Stimme, »Sir!«

Jehan antwortete nicht. Er befand sich in einem Traum, in dem die Straßen mit Freude erfüllt und die Häuser von den sanften Farben des Sieges beschienen waren. Eine Stadt, in der die Liebe den Haß besiegt hatte und in der die Demütigen die Reichtümer der Erde geerbt hatten statt nur den Staub auf ihren Gräbern, in der die andere Backe hinhalten nicht zwei Narben bedeutete und die Götter sanft und nicht schrecklich in ihren egoistischen Leidenschaften waren.
»Sir!« sagte der Knappe noch einmal und gestikulierte ernst in Richtung des Endes der Gasse, »die Ritter ...«
Jehan sah auf und sah am Ende der schattigen Gasse eine Gruppe von Arbeitern, die von zwei Rittern zu Pferde angeführt wurden. Auf ihren Umhängen prangte das rote Kreuz.
»Templer«, sagte Jehan mehr zu sich selbst und war über die große Erleichterung überrascht, die er verspürte. Er sah zu, wie schwitzende Arbeiter die Toten aufhoben und in einen großen Karren warfen, der von zwei Ochsen gezogen wurde.
»Bleiben Sie genau da stehen«, rief der erste Tempelritter laut in dem Moment, in dem er Jehan bemerkte. »Was führt Sie hierher, Ihr Gewissen oder Ihre Habgier?«
»Ich bin gerade erst in dieser unglücklichen Stadt eingetroffen, Sir. Ich suche die Führer der Armee, die aus dem Norden gekommen ist.«
»Sie werden sich schon in der Hölle umsehen müssen, um viele von ihnen zu finden«, entgegnete ihm der Templer mit lauter Stimme, ohne jedoch einen Witz machen zu wollen. »Was die angeht, die noch übrig sind, um für sich zu beanspruchen, das verkommene Pack anzuführen, das die ganze Nacht in dieser Stadt Amok gelaufen ist, die werden Sie wohl in den besten Betten der Stadt mit den schönsten Frauen oder Knaben finden.« Er spuckte aus und wandte sich wieder an die Arbeiter.
Jehan ritt durch die Straßen zur Burg der Stadt, die einen Teil der Stadtmauer bildete. Er und sein Knappe kamen ungehindert

in den zentralen Innenhof der Burg. Man hatte keine Wachen aufgestellt, was ihm wie gefährliche Selbstüberschätzung vorkam, denn so war nur eine kleine Gruppe entschlossener Katharer nötig, um den Sieg der Nacht in eine Niederlage zu verwandeln, wenn es sich wirklich um einen Sieg handelte.
Jehan stieg ab und ging schnell zur großen Halle. Hier war es dunkel und roch nach Rauch und verschüttetem Wein. An den geschwärzten Balken über der Feuerstelle hingen einige Reihen bemalter Wappenschilder. Sie gehörten den edlen Familien, die Vasallen des Lehnsherren der Stadt waren. Viele von ihnen waren zerbrochen, und andere waren durch Dreck oder Müll verunstaltet. Der Fußboden war mit betrunkenen und schlafenden Rittern bedeckt, auf ihren Kettenhemden die geronnenen ehrenvollen Spuren des Krieges. Um sie herum verstreut lagen fettige Holz- und Zinnteller sowie zerbrochene Kelche und Krüge. Jehan wurde klar, daß er auch betrunken dort gelegen hätte, wenn alles etwas anders gekommen wäre, und doch reagierte er voll Verachtung. Er fühlte sich, als wäre er nüchtern in ein Trinkgelage geraten und als könne er deswegen seine ehemaligen Kameraden aus einer anderen Perspektive wahrnehmen. Er trat nach einem der schlafenden Männer. Dieser bewegte sich nicht. Er rief so laut er konnte. Niemand erwachte. Es war offensichtlich, daß er hier nicht viel erreichen würde. Jenseits der Mauern der Stadt hatte er eine Ansammlung von Steinhäusern bemerkt, die ihre eigene Befestigung hatten. Über ihnen flatterte das schwarze und weiße Banner des Templerordens. Jehan begab sich dorthin.
Dem befestigten Stützpunkt der Templer dienten seine Mauern nicht nur zur Verteidigung, sondern auch zur Wahrung der Unabhängigkeit von der Stadt und von dem Fürsten, der über sie herrschte. In seinen Mauern lagen einige Verwaltungsgebäude, Wohnhäuser und Ställe sowie eine Kirche und ein turmartiges Ordenshaus. Bei dem Tempel handelte es sich um ein

befestigtes Kloster für die Ritter, die der dunklen Mutter dienten. Jehan verließ die Stadt durch eines der Tore und näherte sich dem des Tempels. Eine Stimme war von einem kleinen Fenster hoch oben im Torhaus zu vernehmen.

»Welches Geschäft hast du mit den Rittern des Tempels des Salomo?«

»Ich suche Obdach für mich und meinen Knappen an einem Ort, der nicht vom Tod heimgesucht worden ist«, rief Jehan zurück.

»Die Ritter des Tempels des Salomo ergreifen in dieser Auseinandersetzung nicht Partei und gestatten den streitenden Parteien nicht, einzutreten.«

»Ich befinde mich nicht mehr auf einer der beiden Fronten«, entgegnete Jehan, »und vielleicht könnte ich Euch nützlich sein. Wenn Ihr mir etwas zu essen gebt, könnte ich Euch bei Euren Pflichten auf den Straßen helfen.«

»Warte, wo du stehst, edler Ritter«, befahl die Stimme. Fast sofort kündigte ein Rumpeln an, daß die großen Holztore geöffnet wurden. Sie gaben den Blick auf zwei Ritter des Templerordens frei, die bewaffnet in der Durchfahrt standen.

»Euch einen guten Morgen, edler Ritter«, sagte der ältere der beiden, »Ihr seht nicht so aus, als hättet Ihr hier letzte Nacht gekämpft. Was ist Euer Geschäft in dieser Stadt?«

»Ich gehöre zu der Armee, die die Stadt besetzt hat, aber Gott hat meine Ankunft verzögert. Sein wunderbarer Ratschluß ist dafür verantwortlich, daß ich nicht hier sein konnte, um an dem Kampf teilzunehmen. Ich bin für diese Wendung des Schicksals sehr dankbar.«

»Ist es Eure Gewohnheit, Euch auf Kreuzzüge gegen Eure eigenen Landsleute zu begeben?« wollte der zweite Tempelritter mit müder Stimme wissen. Die Weichheit der Sprache des Südens paßte schlecht zu seinem kriegerischen Auftreten.

Jehan überging die Anklage und fuhr fort: »Darf ich Euren Besitz lange genug betreten, um etwas zu essen? Dann werde

ich, wie versprochen, einige Männer um mich sammeln, um Euch bei Eurer Arbeit zu helfen.«
Der Templer hielt inne und betrachtete aufmerksam Jehans Antlitz. Er konnte den Konflikt sehen, den Aufruhr, der unter Jehans bewußter Anstrengung lag, entschieden aufzutreten. Er wußte, daß ein Umschwung eingetreten war, und daß Jehan bald mehr suchen würde als nur die einfache Absolution der Kirche für seine Taten. Er hob seine Hand vom Griff seines Schwertes:
»Ihr dürft unsere Gastfreundschaft genießen, wann immer Ihr wollt, edler Ritter, aber Ihr müßt Euer Schwert bei mir lassen.«
Jehan wurde auf einmal nervös, er war angespannt und sich nicht sicher, in welcher Position er sich diesen Rittern gegenüber befand, die in dieser Situation ganz klar die Oberhand hatten. Sein kurzes Zögern war deutlich, und eine Hand des anderen Tempelritters umfaßte den Griff seines Schwertes fester. Jehan nahm aus den Augenwinkeln heraus ebenfalls wahr, daß dieser Ritter auch seine Balance änderte. Er stand jetzt breitbeinig da. Er war darauf vorbereitet, einen Schwerthieb auszuteilen, sollte das nötig werden.
»Habt keine Angst, Euch wird schon nichts zustoßen«, meinte der erste Ritter. Höchstens von eurem Gefährten, dachte sich Jehan.

Nachdem er etwas zu sich genommen hatte, wuchs Jehans Neugierde, was diese autarke Insel der Ruhe anging, die ganz offensichtlich von den Stürmen und den herumstreifenden wilden Räubern ausgelassen worden war. Er stand vom Tisch auf und ging von dem kleinen Refektorium über den gepflasterten Hof zu einem Pfad, der zu einem kleinen Garten führte. Dort fand sich eine Gruppe braun gekleideter Arbeiter, die schweigend die Erde mit kleinen Hauen lockerte. Jehan stand da und bewunderte eine Weile lang die langsame und präzise Mühsal.

Es war unglaublich, daß sie nur eine Mauer von den blutbesudelten Straßen trennte. Er war von wachsender Bewunderung für den Orden erfüllt, der sich eine solche Erhabenheit über die Streitigkeiten, die außerhalb seiner Grenzen ausbrachen, leisten konnte.

Im Schatten der Mauer stand dicht gedrängt eine Reihe von niedrigen Holzhütten. Sie bildeten ein kleines Dorf. Jehan sah, daß sich eine große Zahl Männer und Frauen in ihrer Nähe versammelte. Alle waren sie in das braune Gewand der dienenden Brüder der Templer gehüllt. Etwas verwirrte Jehan: Er sah, daß die Mehrzahl von ihnen älter war. Unterhielt der Orden auch Hospize für die Alten, wie er Hospize für die Reisenden und die Kranken unterhielt? Neugierig ging er auf die Hütten zu. Eine Bewegung neben ihm erschreckte ihn. Er blieb stehen und drehte sich einen Augenblick ängstlich um. Ein alter Mann, der einfach in braunes Tuch gekleidet war, ging auf ihn zu. Er hatte die stolze, fast herablassende Art eines Besitzenden und Befehlenden, nichts Dienendes.

»Hast du gefunden, was du gesucht hast«, fragte er fast abrupt.

»Was für eine Frage«, entgegnete Jehan, verärgert, daß er so von einem Diener angesprochen wurde. Der alte Mann ignorierte Jehans Entgegnung und meinte weiter:

»Haben die Opfer der Nacht deinen Gott befriedigt?«

»Nun, die Ketzer sind vernichtet worden«, murmelte Jehan und ihm war dabei unbehaglich zumute, die Invasionsarmee zu verteidigen. Die Attacke des alten Mannes hatte Jehans tiefstes Schuldgefühl berührt und ihn einen Moment lang aus dem Gleichgewicht gebracht.

»Nein«, sagte der alte Mann traurig, »eine Stadt ist vernichtet worden. Eine Stadt und ihre Menschen.« Er unterbrach sich und schaute Jehan direkt in die Augen. Jehan bemerkte das Feuer und die Stärke in ihnen.

»Und du«, fuhr der alte Mann fort, »hat das Blut dein Verlangen gestillt? Hast du bereits genug geplündert, daß du es dir leisten kannst, es den anderen zu überlassen, die ausgebrannten Häuser von allem noch Verwertbaren zu säubern? Ja, kannst du mit Überzeugung sagen, daß du auf deinen Glauben und auf seine Methoden stolz bist?«

Jehan senkte die Augen. Er war nicht in der Lage, die Vorwürfe, die hinter den ungehaltenen Fragen des Mannes lagen, zu entkräften. Und langsam, während er noch untröstlich auf den Boden starrte, wuchs in ihm ein Verdacht, mit wem er es zu tun haben könnte.

»Du bist Katharer!« flüsterte Jehan: »Was hast du hier bei diesen Rittern Christi zu suchen?«

»Pah!« sagte der alte Mann beleidigt, »Ritter Christi, sagst du. Pah!«

Jehan wollte gerade antworten, als er hinter sich eine Stimme hörte im Befehlston:

»Sie, edler Ritter! Kommen Sie mit!«

Jehan drehte sich schnell um und sah sich dem Tempelritter mit dem südlichen Akzent gegenüber, der am Morgen so bedrohlich am Tor gewartet hatte.

»Es steht Ihnen als unser Gast nicht an, mit unseren dienenden Brüdern zu streiten. Wie Sie wissen sollten, sind sie in der Kunst des Diskurses nicht geübt.«

Etwas gedemütigt folgte Jehan dem Templer. In jedem Fall war es an der Zeit, mit der Arbeit zu beginnen, die er versprochen hatte.

Einige Tage später hatte Jehan auf der Suche nach Frieden inmitten der nicht enden wollenden Schrecken auf den Landstraßen die Kapelle des Ordens betreten. Das achteckige Dach des kreisförmigen Gebäudes, das auf acht Pfeilern ruhte, war eine Art heiliger Hain aus Stein. Zwischen den beiden östlichen Pfeilern stand ein Altar aus massiven Steinquadern. Jehan kniete nieder und dachte über seine Lage nach. Er hatte keinen Grund mehr, nach Süden zu reisen. Er sah sich um und bemerkte einen kleinen Nebenaltar, auf dem ein größerer Gegenstand aufgestellt war. Das Ganze war mit einem weißen Tuch aus Leinen verhängt. Ziemlich nervös, und nachdem er sich noch einmal hastig davon überzeugt hatte, daß er tatsächlich allein war, ging Jehan dorthin und zog das Tuch herunter. Ein großes Kruzifix aus Messing, das Richtung Wand lag, kam zum Vorschein. Es sah so aus, als sei es hingefallen oder umgeworfen worden. Er wollte dem abhelfen, hob es auf und stellte es wieder auf den Altar, von dem es vermutlich herabgefallen war. Als er es herumdrehte, bemerkte er, daß die Vorderseite mit getrockneter Spucke bedeckt war. Bevor er noch Zeit hatte, sich zu überlegen, was das wohl bedeuten könne, wurde er von dem plötzlichen Lärm von Füßen auf dem Fußboden aufgeschreckt. Er drehte sich um und sah sich wieder dem Templer aus dem Süden gegenüber.

»Wenn Ihnen das Leben lieb ist«, meinte dieser mit rauher Stimme, »und wenn Sie noch etwas länger leben wollen, dann werden Sie darüber kein Wort verlieren.« Dann nahm er Jehan beim Arm und führte ihn mit Bestimmtheit und schnell zur Tür hinaus.

»Aber was bedeutet das alles?« rief Jehan verwirrt.

»Das geht Sie nichts an. Denken Sie nur immer daran, daß alles in Ordnung ist und besser bleibt, wie es ist. Wenn Sie nur etwas Achtung vor dem Orden haben, werden Sie daran keinen weiteren Gedanken verschwenden.«

»Aber woran glauben Sie dann?«

»Wir ehren die Lehren unseres Herrn und suchen die Gnade unserer lieben Frau, der Königin des Himmels.« Der Templer sah Jehan neugierig und mißtrauisch an und dachte vielleicht, einen Spion der Dominikaner oder des Königshauses vor sich zu haben. Hinter dem Templer bemerkte Jehan eine Darstellung der Himmelskönigin: Sie war schwarz, mit Sternen gekrönt

und – jedenfalls rief die seltsame Schnitzarbeit diesen deutlichen Eindruck hervor – im neunten Monat schwanger.
»Wir haben viele Rituale, die Außenstehenden seltsam vorkommen. Kümmern Sie sich nicht darum. Es ist auch überhaupt an der Zeit, daß Sie wieder aufbrechen und die Aufgabe fortsetzen, die Sie bereits so gut ausgeführt haben, als Sie zum erstenmal unseren Schutz suchten. Denn darum ging es doch wohl, edler Ritter. Ich denke«, und die Verachtung in seiner Stimme war nicht zu überhören, »daß es ganz passend für Sie ist, sich zu den Toten zu gesellen, denn Sie werden möglicherweise schon bald zu ihnen gehören.«

Kapitel 9

Jehan schlief. Die riesigen Tiefen des Raums durchdrangen ihn mit ihren gewaltigen Strömen, warfen ihn hin und her und schwemmten Fragmente seiner Erinnerung an die Oberfläche, die sich vor ihm erhellten wie abgegriffenes römisches Gold. Weiter vor der Küste und undeutlich in dem diffusen Licht wiegten tote Körper sanft in der Dünung. Das Meer hielt sie an der Oberfläche und der Verstand, der nur darauf wartete, sich in stürmischen Träumen zu enthüllen, die die Toten an die Strände spülen würden. Hier würde die Sonne schließlich die Knochen ausbleichen. Falls die Stürme die Toten nicht an Land spülten, dann würden sie den finsteren umherschweifenden Räubern zum Opfer fallen, die gierig die Toten verschlangen und das Blut zum Schäumen brachten. Oben erinnerte nur noch eine geheimnisvolle und plötzliche Bewegung des sonst reglosen Wassers daran, daß vergangene Ereignisse, wie tot und abgeschlossen sie auch immer erscheinen mochten, alles anziehen konnten, was die Nacht durchstreifte.

Jehan schlug sich durch den Wald, bis er auf eine Lichtung stieß, auf der sich Dutzende von Tänzern versammelt hatten, Männer und Frauen, die sich in einem großen Kreis bewegten. Alle drehten sich und schienen ihre Umgebung nicht wahrzunehmen. Hinter ihnen standen Musiker, die in seltsame vielfarbige Kleider gehüllt waren. Sie spielten Flöte und kleinere Saiteninstrumente.
Der hypnotische Tanz und die klagende Musik zogen Jehan zu dem Kreis. Er taumelte einen Abhang hinunter, um sich der Gruppe anzuschließen. Keinen schien das zu bekümmern. Große Kessel mit Eintopf hingen dampfend über offenen Feuern, und eine Frau deutete ihm an, daß er sich bedienen sollte. Er nahm sich und aß die erste Mahlzeit dieses Tages. Die Wärme des Essens gab seinem Körper die Kraft zurück. Die Musik durchdrang seine Adern und erweckte Rhythmen zum Leben, die lange geschlummert hatten. Er schloß sich den Tänzern an. Gelegentlich blickte er in unbekannte und doch vertraute Augen: Tanzende Augen, die immer dann, wenn sie auf ihm ruhten, seine Angst erkannten. Sie verweilten jedoch immer nur einen Augenblick, bevor sie vom Tanz wieder davongetragen wurden.
Und Jehan tanzte. Er drehte sich, und die Musik drehte sich in ihm. Eine entfernte Erinnerung, die tief in ihm ruhte, begann sich zu regen. War es eine Schlacht, ein Schiff, ein Lied eines langen heißen Sommers vor vielen Jahren, woran er sich erinnerte? Er konnte sich nicht ganz darauf besinnen, was es war.
Jehan bewegte sich, und die Rhythmen bewegten sich. Ein Funken fuhr durch seine Wirbelsäule, und er warf die Arme weit geöffnet nach oben. Er umarmte die Nacht und alles, was diese in sich barg. Er tanzte, drehte sich um sich selbst und kehrte wie ein verlorener Sohn zum Ruhepunkt jeder Bewegung zu-

rück. Er ließ sich von der Musik, die etwas von einer Wasserscheide hatte, überspülen. Sein Inneres kehrte sich nach außen, seine dunklen Seiten suchten nach der Sonne, die innerhalb solcher Tiefen noch scheinen konnte. Jehan ließ sich in die Nacht katapultieren und versuchte, sich darauf zu besinnen, was er vergessen hatte.

Ich träumte von Schlachten, Pferden und Blut. Dann von einem Schiff, schnell und lautlos, das ein uraltes Meer durchpflügt. Dann sah ich einen Thron, der rot aufglühte, und einen Grashalm, der Legenden in den Wind flüsterte ...

»Alle Macht wird mir gehören«, schwor der Drachenkönig, »der Herzog wird tötlich getroffen niedersinken, niemand wird sich um ihn kümmern, wie sich niemand um ein leeres Gefäß kümmert, das von der Flut auf einen steinigen unfruchtbaren Strand geworfen wird.« Er sah erwartungsvoll nach oben, aber in dem verworrenen Nachthimmel erschien kein Zeichen. Kein Lichtblitz signalisierte Zustimmung. Kein weißglühender Stern wies den Weg. Außer dem gemessenen Fortschreiten der Nacht gab es keine Bewegung. Trotzig, als sähe er sich einem unsicheren Verbündeten gegenüber, hob der Drachenkönig die Augen zum Nachthimmel und versuchte, gleichmäßig zu atmen. Er begann, die Kraft der Sterne in sich aufzunehmen.

»Mars«, sprach er lautlos, »gewähre mir deine rücksichtslose Wut. Mögen Unwetter und auf See geborene Stürme mir gehören, damit ich sie einem Feind entgegenschleudern kann, der bereits von deinen Fiebern geschwächt ist. Und Venus, verlasse deine sonnenerfüllten Wiesen, um meine dunkle Gefährtin zu werden, deren Rage alle bezwingt, die sich mir in den Weg stellen. Saturn, Sonne der Nacht, ich fordere von dir jene kalte Stärke, die Stahl verbiegen und behauenen Stein zersplittern kann. Aufgehender Mond, gib deine jungfräuliche Verkleidung auf, und stelle dich neben mich, wie du zuerst erschaffen wurdest: als Herrscher über die Zeit und das Schicksal. Jupiter, ich rufe deinen Erfolg und Ruhm an. Mit dir werde ich jede Schlacht befehlen. Hermes, ich benötige deine Verkleidung, deine schnellen Bewegungen und deine Magie, damit ich alles meinen Vorstellungen entsprechend erschaffe und auch den Willen der Götter für die kommenden Jahre enthülle. Und schließlich: Sonne, große Herrscherin in deiner Höhle unter der Erde, bringe mich zu meiner wahren Bestimmung, König zu sein über die Erde, wie du Königin bist über den Himmel. Laß mich dein Zwillingsbruder und dein Sohn sein.«

Am Rande des Lagerplatzes ruhte der Arzt und der Astrologe des Königs, Eleazar ben Jacob. Er suchte nicht etwa Macht, sondern Trost in der Nacht. Er lag da und machte sich Sorgen. Während der König versuchte, sein Schicksal im Griff zu halten, konnte Eleazar, der die Fähigkeit hatte, die Sterne zu lesen, sehen, wie müßig ein solches Unterfangen war. Das Schicksal wurde lange im voraus bestimmt und mußte seinen Verlauf nehmen. Er wußte jedoch, daß sich die Sterne am Himmel, anderen entfernteren Göttern unterordneten, die wiederum dem einen, noch größeren, gehorchten. Wer konnte so jemals etwas über die Motive erfahren, die dem, was kommen sollte, zugrunde lagen? Eleazar hatte gelernt, keine Spekulationen über die Vorstellungen des einen Großen anzustellen, sondern statt dessen einfach die Sterne zu lesen. Die Zukunft, die er dort sah – welche Gründe oder welche göttliche Laune es für sie auch immer geben mochte –, machte ihm große Angst. Die große Konjunktion näherte sich, und die Jungfrau würde sowohl ihr Schoß als auch ihre Hebamme werden. Eleazar erschauderte. Nicht nur, daß sich die beiden Großen, Saturn und Jupiter, einander näherten, zwischen sie schob sich der Krieger Mars und gesellte zu einer hochexplosiven Vereinigung seinen feurigen Leichtsinn. Das konnte nur Zerstörung bedeuten, nur

Schlimmes konnte man dem Königreich vorhersagen, davon war er, Eleazar, überzeugt.
Die Omen waren klar: Vor ihnen lagen Jahre des Blutvergießens. Es brauchte nur noch die Ankunft eines anderen von jenseits des Meeres, damit dieser Teil der Zukunft beginnen konnte. Eleazar sah, daß sich die Fische aus dem Wasser erheben würden, und das alles im Zeichen des Schützen. Jupiter, der Herrscher von beiden, würde sich dem aufgehenden Mond gegenübersehen. Und Jupiter war der Schlüssel, denn er war sowohl der Herr über dieses Jahr als auch über die Ära, die kommen würde. Eleazar wußte, daß der Herrscher von weither kommen würde, um die Macht zu ergreifen. Sein Erfolg würde durch die ausbleibende Zustimmung der Menge geschmälert werden, wie sie von der Position des Mondes vorhergesagt wurde. Es war tatsächlich in den Sternen zu lesen, daß er nur mit Waffengewalt Erfolg haben würde und nach Einnehmen der Festungen des Königreichs, von denen aus sich die Handelswege kontrollieren und schützen ließen.
Er sah, daß die wirkliche Gefahr für den Drachenkönig von Mars ausging. Dieser näherte sich von Tag zu Tag mehr und mehr der Sonne, dem Königsstern. Der König würde die kommende Schlacht nicht überleben. Und doch gab es Schlimmeres: Wenn er nach oben schaute, dann konnte Eleazar den bärtigen Stern sehen, den Kometen, der gekommen war, um die sanfte Harmonie der Nacht zu stören. Eleazar war wie betäubt. Ihm fehlten die Worte. Er wußte nur zu gut, daß Kometen nichts als Böses mit sich brachten, daß sie einen Fluch auf die Welt legten. Mit seiner Angst war er nicht allein. Die Männer bei ihm hatten schon den Blick in den Augen, der weit über die Grenze der Zeit hinaussieht.
Eleazar dachte über seine Lage nach. Während sein eigenes Schicksal nicht von dem des Königs abhing, hing doch von diesem seine Zukunft ab. Oder vielleicht lag seine Zukunft jetzt,

da die königliche Protektion ganz offensichtlich ein Ende nahm, in einer anderen Richtung. Eleazar begann zu träumen, von der Sonne, lange vergessen, von grünen Inseln in einem tiefblauen Meer, von braunen Mauern und alten verknoteten Bäumen, die dadurch gebeugt und verkrüppelt waren, daß sie über lange Jahre von einem rauhen, aber wunderschönen Land Wasser erfleht hatten. Er träumte von dem arabischen Kalifen in Spanien, der Astrologen willkommen hieß und Juden respektierte. Er träumte, daß er sich am Rande eines anderen Traumes befände: Er träumte von einem Fluß, der wärmenden Sonne und einer Insel in einem ruhigen Meer. Auf dieser Insel sah er eine kleine Kapelle. In die Ostwand dieser Kapelle war ein Stern aus zwei sich überschneidenden Dreiecken eingemeißelt, die gemeinsam den unverrückbaren Punkt schützten, um den sich alles andere drehte.

Das Pferd des Herzogs bewegte sich ruhelos unter ihm. Schweiß lief ihm in Strömen die Stirn herunter. Er unterbrach einen Augenblick lang seine Inspektion der gegnerischen Armee und nahm seinen Helm ab, damit die kühlende Brise die Hitze vertreiben konnte. Dann sah er wiederum auf den Kampf, der am Fuß des Hügels stattfand. Ein schwieriger Tag, an dem es ihm bisher nicht gelungen war, die Oberhand über die Armee des Königs zu gewinnen. Der Herzog beschloß, daß die Bogenschützen ihre letzten Pfeile auch noch verschießen sollten. Er winkte zu ihren Reihen hinüber und zeigte auf die angelsächsische Armee. Wenig später wurde die Luft von schwarzen Pfeilen zerrissen: Es war der Regen des Teufels.
In diesem Augenblick schaute der Drachenkönig in den Himmel und erinnerte sich mit kaltem Grauen daran, wie er fiel. Ein Pfeil hatte sein eines Auge durchschlagen, und ein Speer hatte ihn aufgespießt. Er warf sich zu Boden und bedeckte seinen Körper mit seinem langen Schild. Pfeile trafen die Erde und die Männer

um ihn herum. Ein angreifender Ritter wurde in dem Durcheinander anfänglich unbemerkt vom Pferd gerissen und abgeschlachtet. Der entscheidende Augenblick war unversehens vorüber. Der König stand wieder inmitten seiner Armee. Der Himmel war leer. Vor ihm war der letzte Angriff der herzoglichen Männer abgewehrt und der Boden mit verendenden Pferden und sterbenden Soldaten übersät. Der König lachte laut. Er war erleichtert. Er wußte, daß er dieses Mal das Schicksal überlistet hatte. Er war immer noch am Leben. Jetzt konnte er den Lauf der Geschichte ändern. An diesem Tag würde er den Herzog besiegen, der, so dachte er zumindest, seine Reserven beinahe erschöpft haben mußte. Während der König noch darüber nachdachte, drehte er sich um, um weiter den Abhang hinaufzusteigen und sich einen besseren Überblick zu verschaffen. Dann vermochte er vielleicht auch zu entscheiden, wie diese Schlacht gewonnen und der Herzog endgültig geschlagen werden könnte.

Er stieg, und die Schlachtgeräusche verstummten allmählich. Eine Ruhe hatte beide Seiten überkommen, als würde die Erschöpfung den endgültigen Sieg davontragen. Keine Bewegung war in der Armee des Herzogs auszumachen, und deswegen ließ der Drachenkönig seinen Blick auf seine eigenen Leute schweifen. Er sah, daß viele die Gelegenheit nutzten, um auszuruhen, etwas Wasser zu trinken und eine Kleinigkeit zu essen. Es hatte den Anschein, als würde sich der Herzog ebenfalls seine nächsten Schritte überlegen, als würde er in letzter Minute eine Strategie entwickeln, mit der er die Schlacht doch noch gewinnen könnte. Über ihm sammelten sich dunklere Wolken, deren unterer Rand von der Abendsonne rot verfärbt war. Auf den zertrampelten Feldern unterhalb des Hügels, wurde es ebenfalls ruhig, und mit dem Ende des Tages wurde der König müde. Er nahm jetzt Geräusche wahr, die vorher im Lärm der Schlacht untergegangen waren: Er hörte das Rascheln der Bäume im

Wind, das Rauschen im Gefieder der Vögel, die im Sonnenuntergang ihren Tanz aufführten, und das Schnauben der Pferde, die jenseits der Hügelkuppe angebunden waren. Der König wollte nichts mehr, als fortreiten und den Kampf hinter sich lassen. Er mußte sich anstrengen, seinen Ehrgeiz gegen diesen Willensverlust zu behaupten. Aber seine Muskeln entspannten sich bereits, denn tief in seinem Innern wußte er, daß die Schlacht bereits gewonnen war und er nicht mehr kämpfen mußte. Ein plötzliches Geräusch der Pferde schreckte ihn auf. Griffen die Männer des Herzogs jetzt von hinten an? Er rief eine Warnung und lief den Hügel hinauf.

Ein Pferd, unbändiger als die anderen, hatte sich losgerissen und galoppierte den Hügel hinauf. Es wurde von den Jungen verfolgt, die die Pferde gehütet hatten. Es erreichte den Rand des Hügels im selben Augenblick wie der König. Die Tragödie war schnell vorüber. Das Pferd galoppierte wild auf die Linien des Herzogs zu, und der Drachenkönig lag mit zerschmettertem Schädel tot auf dem Hügel. Der Herzog auf der anderen Seite des Tales wußte, als sich in der Ferne Wehklagen erhob, daß der König tot und die Schlacht gewonnen war und daß das Land nun ihm gehörte.

Der Drachenkönig hatte endlich seine letzte Ruhe gefunden. Er hörte die Stille, die sich kurz auf dem Schlachtfeld ausbreitete, schon nicht mehr, hörte weder das Stöhnen noch die Trauer noch die Triumphrufe. Er wurde auch nicht Zeuge davon, wie sich seine eigene Armee auflöste und von den feindlichen Rittern verfolgt wurde. Der König sah nur einen Sommertag, grüne Felder und Wolken, die sich im endlosen Licht verloren. Der König sank zu Boden und war dankbar, daß all seine Mühen ein Ende hatten. Er war wieder an dem Ort, den er schon vor langer Zeit gekannt hatte. Ein Platz des Trostes, ein Platz, an den er sich zurückziehen konnte. Er saß einfach nur da, und seine Finger spielten mit den Grashalmen. Er beobachtete ein kleines

Insekt, das unter den grünen Blättern hervoreilte, um Schatten und Schutz zu suchen.
Hinter den Bäumen erklang Musik, eine Melodie, an die er sich erinnerte. Er richtete sich auf und ging langsam auf die Bäume zu, denn hinter ihnen, das wußte er, lag ein Fluß mit einem Kahn.
Es war ständig Mittag, als der Drachenkönig, verjüngt, vom grasbewachsenen Ufer aus über das niedrige Bord des Bootes stieg, das sanft in den Wellen schaukelte. Er stand mit gesenktem Kopf hinten im Kahn, und der eine Ruderer steuerte auf die Mitte des Flusses zu.
Inmitten eines spiegelblanken Meeres, das Ruhe vor dem Sturm signalisierte, lag eine Insel. Der Drachenkönig stand immer noch in einem weißen Gewand hinten in dem Kahn, der sich der Insel näherte. Er kannte die Insel, denn sie lag auf dem Weg in die Heimat: Ein Ort, an dem er sich vor seiner letzten Reise noch einmal ausruhen konnte, ein Ort, an dem er die Sonne begrüßen konnte, an dem er sich mit diesem glitzernden Wesen anfreunden konnte, das er aus den Augenwinkeln heraus wahrgenommen hatte und das vom Tau auf einem Blatt und von einem dahinhuschenden Fisch unter der stillen Wasseroberfläche reflektiert worden war.
Auf der Insel mit den in der Abenddämmerung rotschimmernden Marmorgräbern wurde jetzt wie zu seinem Empfang eine kleine Bucht sichtbar, und der Ruderer steuerte langsam eine Landungsbrücke aus weißem Marmor an. Dahinter konnte der Drachenkönig auf einer Wiese einen Tisch und einen Stuhl sehen. Der Tisch war zum Essen gedeckt. Auf ihm stand ein Krug mit dunklem Wein.
Das Boot stieß leicht gegen die Brücke aus Marmor, und der Schiffer erhob zum ersten und einzigen Mal seine Stimme. Der Drachenkönig trat eilig auf die Brücke, und der Ruderer hielt einen Augenblick inne und sagte: »Du mußt allein gehen. Mehr darf ich nicht sagen.« Dann wendete er mit einer

schnellen Bewegung der Ruder das Boot und stach wieder in See.
Der Drachenkönig sah dem Boot hinterher, bis es nur noch als ein Punkt am Horizont zu erkennen war. Dann wendete er der Bucht seinen Rücken zu, setzte sich an den Tisch und begann zu essen. Er aß und trank und legte sich anschließend in das weiche Gras und schlief. Er schlief und träumte. Er träumte, er säße am Tisch einer Dorfschenke in Südfrankreich und spräche mit einem alten Mann. Er träumte, er sage: »Ich reise nach Hause.«
»Nach Hause reisen«, meinte Bernard mit einer trockenen, fast spöttischen Stimme. Aber als er noch sprach, ahnte er schon den Grund für Jehans dunkle Antwort. Er wußte, daß Jehan zu einem Wanderer geworden war, daß er sich jenen rastlosen Seelen angeschlossen hatte, die immer weiterreisen und immer noch ein Dorf und noch eine Stadt suchen. Wanderschaft, dachte Bernard, bedeutete Hoffnung, über die man sich nicht klargeworden war und deswegen nicht anerkannte. Anfänglich Irrwege, dann Suche. Ein Leben, dem Irrglauben geweiht, jeder neue Horizont läge näher am Ziel. Die Wahrheit war, daß sich die Horizonte wie die Regenbogen immer nur weiter entfernten. Auf einer solchen Reise ist ein einziger Schritt bereits zuviel. Es war die Reise selbst, daran erinnerte sich Bernard jetzt, die es unmöglich machte, daß das Ziel jemals erreicht wurde.

Als er aus seinen Träumen erwachte, bemerkte Jehan, wie sich seine Umgebung verändert hatte. Es war nicht nur die seltsame Stille, obwohl diese ganz sicher zu seinem Unbehagen beitrug, sondern die Tatsache, daß er allein war. Sie kam ihm schon zu Bewußtsein, bevor er wieder klar sehen konnte. Zögernd schaute er über die Lichtung, auf der er noch in der Nacht zuvor getanzt hatte. Sie war vollkommen verlassen, nichts war von den Festlichkeiten übrig, die ihn in ihren Bann gezogen hatten. Aber die Lichtung war nicht nur leer, sie war auch vollkommen unberührt, seit Jahren, so kam es ihm jedenfalls vor, war niemand mehr hier gewesen. Jehan stand auf und suchte den Platz unruhig nach Spuren der tanzenden Zigeuner ab, nach glühender Asche von den riesigen Feuern oder nach von den Füßen der Tänzer plattgetretener Erde. Aber er fand nichts. Er sah schließlich nach oben in die Baumwipfel, ob er dort Blätter entdecke, die von der Hitze verkohlt und verschrumpelt waren. Aber auch dort fand er nichts.

Jehan stand still und war nicht in der Lage, seine Unruhe abzuschütteln. Er war gerade dabei, die Nacht aus seinen Gedanken zu bannen und seine Reise fortzusetzen, da bemerkte er eine Bewegung in den Bäumen. Ein Farbfleck bewegte sich zwischen den dunklen Ästen eines Baumes. Etwas Kleines wurde von der schwachen Brise hin- und hergeschwungen. Jehan trat näher heran, bis er sehen konnte, worum es sich handelte. Es war eine alte Trommel. Ihre bemalten Seiten aus Holz waren vom Regen verwaschen und von der Sonne verblichen. Das zerrissene Fell, auf das nur noch der Wind schlug, warf unruhige Schatten.

Die dünnen Finger des Waldes krallten sich in die weiche Erde. Über sich hörte er ruhelose Flügel, die Nacht näherte sich, und die Bäume wurden hungrig. Jehan kämpfte gegen sein müdes Blut an und arbeitete sich zwischen den ineinander verwachsenen Bäumen vor. Aus der Ferne hörte er, als das Licht schwächer und es kälter wurde, zwischen dem angestrengten Luftholen und dem müden Schlagen seines Herzens, das er verzweifelt antrieb, ein langgezogenes Klagen, das vom Wind verweht wurde. Einen Augenblick später ging es in einen Seufzer über. Die Bestie war dabei, sich zur abendlichen Jagd zu erheben. In Panik fing Jehan an zu rennen. Die Äste machten Anstalten, ihn aufzuspießen.

Er stand erschöpft und keuchend am Rande eines abgelegenen

Dorfes. Es war klein, nur eine Ansammlung von Hütten, deren von der Zeit verbogene und verblichene Bretter sich nur wenig über den Boden erhoben. Es wurde gegen den Wald von einer halb eingestürzten Mauer abgeschottet, deren Steine im Lauf der Zeit auf die schmale Straße gefallen waren, einen grauen Streifen zwischen den Häusern. Vor ihm, fast im Mittelpunkt des Ortes, lag eine Schenke. Der Schein eines Feuers war durch die Tür zu sehen und lud die Reisenden zum Eintreten. Jehan bewegte sich müde darauf zu.

Er ging vorsichtig an den ersten Häusern vorbei, in denen sich, wie auch im übrigen Dorf, nichts regte. Wegen der hereinbrechenden Nacht waren die Läden verschlossen und die Türen verriegelt. Und doch war es in dem Dorf nicht vollkommen still. Aus den Schatten kam das Geräusch von Eisen, das auf Eisen schlägt, die Geräusche einer Schmiede, in der noch gearbeitet wurde, lange nachdem sich die meisten anderen zur Ruhe begeben hatten. Diese Schmiede lag auf dem Weg zur Schenke, und Jehan sah in das offene Tor, als er vorbeiging. In dem düsteren Raum waren die dunklen Umrisse eines Mannes zu sehen, der Jehan mit Augen, die in den Flammen blitzten, ansah. Jehan hatte den Eindruck, ein bedrohtes Tier vor sich zu haben, das sich nicht darüber im klaren war, ob es flüchten oder angreifen sollte. Der Schmied hielt seinem Blick stand und ließ dann wieder seinen Hammer auf den Streifen rotglühenden Eisens fallen, der vor ihm lag. Funken sprühten auf, nur um von den schweren Balken über ihm wieder zurückgeworfen zu werden. Jehan war einen Augenblick lang wie gebannt bei dem Anblick so viel gebändigter Kraft, die es den Fragmenten von Sternen ermöglichten zu entkommen, nur um in der Nacht zu vergehen. Einen Augenblick lang klebten ihre Augen aneinander, eine Umarmung wechselseitigen Mißtrauens, dann riß sich Jehan los und ging schnell zur Schenke. Er war jedoch beunruhigt, da er gerade einen Gegner getroffen hatte.

Er trat durch die Tür der Schenke aus rohem Holz und war überrascht, das Lokal fast leer zu finden. Die einzigen Gäste saßen an einem kleinen Tisch, ein älterer Mann in Begleitung einer Frau, die in dem Halbdunkel bedeutend jünger aussah, vielleicht seine Tochter. Ihre Kleidung, stellte Jehan neugierig fest, war ganz klar nicht die der Lokalbevölkerung, obwohl, wie ihm verwirrt klarwurde, das Dorf nicht an einer Handelsstraße oder an einem Pilgerweg lag, die für Reisende hätten interessant sein können. Ehe er noch weiter hätte darüber nachdenken können, sah der alte Mann zu ihm auf und lud ihn mit einer schnellen Geste dazu ein, sich zu ihm und seiner Gefährtin zu gesellen. Das tat Jehan auch und war gerade dabei, sich nach dem Grund ihres Besuches in dem abgelegenen Dorf zu erkundigen, aber ehe er noch sprechen konnte, erschien ein säuerlicher wettergegerbter Bauer, der nicht den Versuch machte, seine Feindseligkeit zu verbergen, und knallte einen Krug mit Rotwein auf den Tisch.

»Der Besitzer der Schenke«, sagte der alte Mann halblaut zu Jehan. »Seien Sie vorsichtig!« meinte er noch, und seine milde Stimme stand im Kontrast zu der Warnung.

Der alte Mann beugte sich anschließend vor und goß den beiden anderen ein Glas Wein ein. Anschließend sagte er, wiederum zu Jehan gerichtet: »Und wohin reisen Sie durch diese wilden und kulturlosen Landstriche, junger Mann?«

»Nach Hause«, entgegnete Jehan wahrheitsgemäß, obwohl ihn seine eigene Abruptheit und Ehrlichkeit selbst überraschten. Er hatte das Gefühl, als seien ihm die Worte, ohne daß er das gewollt hätte, über die Lippen gekommen.

»Nach Hause«, wiederholte der alte Mann langsam und fast spöttisch. »Und wo ist das?«

Jehan war müde. Ihm war nicht danach zumute, sich ausfragen zu lassen, sein Gesprächspartner mochte so angenehm sein, wie er wollte. Nach einer Pause hatte er genügend Kraft, um mit

Schärfe zu entgegnen: »Wenn Raum und Zeit eins werden.« Damit hoffte er, die Unterhaltung beendet zu haben, und versteckte sich hinter seinem Becher.

»Sie sind ein Philosoph«, sagte der alte Mann lachend, und schlug vor Heiterkeit auf den Tisch. »In diesen Gegenden ist das selten, das kann ich Ihnen versichern.«

Jedes weitere Gespräch wurde von der Rückkehr des Wirts unterbrochen, der Teller mit dicker Linsensuppe hereintrug, die er lautstark auf den Tisch knallte. Jehan bemerkte, wie er hastig ein Kreuz machte, als er den Raum verließ.

»Ein sehr ruhiges Dorf, finden Sie nicht auch?« erkundigte sich der alte Mann und sah Jehan an. »Und fromm sind sie hier auch, glaube ich.«

»Ruhig, sicherlich«, stimmte Jehan zu, »aber allem Anschein nach auch nervös.«

»Nervös, das ist wahr«, entgegnete der alte Mann, »auch ängstlich, mißtrauisch und fremdenfeindlich, ja, das alles«, meinte er noch mit einem schwachen Lächeln. »Wenn ich Sie wäre, dann würde ich etwas schneller essen. Sie werden die Kraft früher, als Sie vielleicht denken, brauchen, oder vielleicht auch früher, als Sie darauf vorbereitet sind.«

Jehan wollte nur ausruhen, er wollte nicht schon wieder weglaufen und sah irritiert durch die aufgesetzte Fröhlichkeit des alten Mannes von seinem Essen auf. Es war ihm ebenfalls ein Bedürfnis, die Frau in die Unterhaltung einzubeziehen. Diese schwieg jedoch beharrlich. Er erkannte in jedem Fall die Wahrheit in den Worten des alten Mannes. Er hatte das Unbehagen des Wirtes bemerkt. Dann warf der alte Mann Jehan einen warnenden Blick zu. Er hatte den Wirt beobachtet, der im Schatten wartete. Er rief den Wirt mit lauter Stimme zu sich und verlangte mehr Wein.

Der alte Mann sagte daraufhin leise zu Jehan: »Sie haben hier alle Angst vor dem Unbekannten. Wie können sie da jemals

etwas lernen?« Er zuckte mit den Schultern, lehnte sich zurück und schwieg.
Die Frau nahm Jehans Arm und drückte ihn. »Ich habe ebenfalls von dem allgemeinen Gemetzel genug abbekommen«, fing sie an. »Du sollst wissen, daß du unter Freunden bist.« Jehan schenkte ihr ein schwaches Lächeln. Das ungleiche Paar erfüllte ihn immer noch mit Mißtrauen. Die Frau ließ seinen Arm wieder los: »Ich heiße Marie, und mein Gefährte ist Bernard. Er ist Buchhändler in Narbonne. Wie du dir vielleicht schon gedacht hast, kennen wir bereits deinen Namen.«
Im Halbschatten der Schenke wartete eine reglose Gestalt und mied das schwache Licht des Mondes. Ihre Augen, deren Glanz der Haß schon lange ausgelöscht hatte, waren voller Ungeduld auf die zerlumpte Gruppe fixiert, die sich langsam näherte. Alle trugen Waffen. An ihrer Spitze ging der Schmied des Dorfes, dessen unsteter Schritt sein kaum gezügeltes Verlangen nach Gewalt zu verraten schien. Als sie sich näherten, löste sich die einzelne Gestalt aus den Schatten. Ihr plötzliches Auftauchen veranlaßte die Dorfbewohner innezuhalten. Sie starrten den Mann unruhig an, und dieser zog seine Mönchskutte enger um die Schultern, bis nur noch die langen, von Kälte weißen Hände zu sehen waren, die unterdrückte Anspannung verrieten.
Ein Augenblick verging, dann flüsterte die Gestalt etwas ungehalten und mit rauher Stimme: »Sie müssen brennen!« Seine Augen unter der Kapuze versuchten zu funkeln, aber ihre Funken waren totgeboren, und die Häscher nahmen die bitteren Leidenschaften nicht wahr, die ihn antrieben. »Ergreift sie!« zischte er. Die Dorfbewohner bewegten sich auf die Tür der Schenke zu.

»Hast du ein Schwert?« fragte Bernard unaufrichtig, da es ganz offensichtlich war, daß Jehan keines hatte.

»Ich habe mein Schwert auf einem Feld gelassen, damit es Wasser trinke und nicht Blut.«
»Edel, aber unter den momentanen Umständen eher ungünstig.«
»Was meinst du damit?« fragte Jehan und war wiederum verärgert über die herablassende Art des Alten.
»Ich meine folgendes. Vor dieser Schenke befinden sich gewisse Leute, die nichts lieber sähen, als uns dem Feuer und Rauch vermählt. Hast du nicht bemerkt, wie sich Furcht und Haß im Gesicht des Wirtes, die noch so stark waren, als wir hereinkamen, verändert haben? Schau, wie er jetzt in der Dunkelheit am anderen Ende der Schankstube dasteht. Wie er sich freut. Wie er die Hände bewegt, als würde er schon eine Waffe in der Hand halten. Er hat keine Angst mehr vor uns. Das kann nur bedeuten, daß unsere Feinde sich versammelt haben und sich vielleicht gerade in diesem Augenblick darauf vorbereiten, durch die Tür zu stürzen.« Er sah Jehan vorwurfsvoll an. »Und du, ein Krieger ohne Schwert.«
Jehan sah durch die Stube und auf den Wirt. Alles, was Bernard gesagt hatte, war wahr. Der Mann freute sich, ja, er war kaum in der Lage, seine Freude zu unterdrücken. Jehan, dessen Stimmung in Windeseile umgeschlagen war, fragte Bernard: »Kennst du diesen Landstrich?«
»Ausreichend, um mich bei der Durchreise zurechtzufinden«, entgegnete Bernard mit leiser Stimme. »Ich kenne auch eine Burg, in der wir uns eine Weile lang ausruhen können. Sie gehört meiner Familie.«
»Dann sollten wir sofort aufbrechen«, entschied Jehan. Bernard nickte zustimmend. Marie erhob sich von ihrem Stuhl.
»Wirt«, rief Jehan, »komm her.« Er ergriff das Messer, das sie zum Brotschneiden benutzt hatten, und verbarg seine Hand unter dem Tisch. Der Wirt, der nicht bemerkt hatte, daß ihre Stimmung umgeschlagen war, kam mürrisch durch die Stube

und trat auf Jehan zu. Als er ihren Tisch erreicht hatte, sprang Jehan auf, ergriff ihn und preßte ihm das Messer an die Kehle. »Zeig uns den anderen Ausgang, oder du bist tot.« Der Wirt zögerte einen Augenblick, als wolle er Zeit gewinnen. Jehan drückte auf das Messer, und ein Tropfen Blut sickerte unter der Klinge hervor. In Panik deutete der Wirt auf eine Seitentür. »Hier entlang«, sagte er laut, »dieser Weg führt zu den Ställen, und dahinter verlaufen Pfade in den Wald.«

»Nimm Marie«, flüsterte Jehan Bernard zu, »mach deine Pferde fertig. Ich werde diesen Heiden festhalten, bis du rufst.«

Jehan hörte Bernards Ruf in dem Augenblick, in dem ein lautes Krachen das Kommen des Schmiedes und seiner finsteren Kumpanen ankündigte. Jehan warf den Wirt zu Boden und rannte durch die Tür zu den Pferden. Die Angreifer waren einen Augenblick lang verwirrt. Hinter den Dorfbewohnern, die jetzt die Verfolgung aufnahmen, rannte der dunkle Mönch, sein Gesicht von Wut und Enttäuschung verzerrt. In seiner Rage ballte er seine Fäuste so fest zusammen, daß Blut unter seinen Fingernägeln hervorsickerte. »Sie sollen brennen«, rief er, um damit die Dorfbewohner anzustacheln. »Besonders der jüngere. Er soll brennen, bis sein Blut kocht und seine Sehnen bersten. Ich werde den Scheiterhaufen selbst entzünden!«

Aber vor ihm waren die drei schon die Straße entlanggeflohen, die den Wald wie eine Wunde, geschlagen von einem großen Messer, teilte und die über Hügel und durch Täler führte.

Während Marie in Bernards Haus gewohnt hatte, war sie in die endlosen Aktivitäten verwickelt worden, die sein Leben ausmachten. Sie half ihm dabei, das Leder zu besorgen, in das die Seiten gebunden wurden, mischte die schwarze Tinte für die Schreiber und zeigte Käufern das Lager. Einige, das fiel ihr auf, feilschten. In ihre Gesichter hatte sich der Geiz in tiefen Falten eingegraben. Andere nahmen die aufwendig gestalteten Bücher dankbar in Empfang. Sie bereiteten ihnen offensichtlich großes Vergnügen, als würden sie durch sie in eine exklusive Brüderschaft eingeführt. Sie gingen mit ihnen um, als handele es sich um Kronjuwelen.

Die reisenden Händler von Büchern und Manuskripten wurden in die hinteren Räume gebeten und packten dort ihre Schätze aus Wachstuch oder aus den Geheimfächern von verschlossenen hölzernen Truhen. Gelegentlich hatte sie gesehen, daß Bernard mit einigen von ihnen ein fast kaum zu bemerkendes Erkennungszeichen ausgetauscht hatte. Dann drehte er einen seltsamen goldenen Ring an seinem kleinen Finger und machte so auf ihn aufmerksam. Oft zogen sie sich daraufhin zusammen an einen ruhigen Ort zurück, um eine private, fast verstohlene Unterhaltung zu führen. Sie bemerkte ebenfalls, daß ältere Juden nach Einbruch der Dunkelheit aus ihren Akademien kamen und schweigend ihre Bücher auspackten, deren Seiten mit Linien und Kreisen bedeckt waren. Gelegentlich öffnete einer der Schreiber dann einen kleinen Schrank und begann, in Unkenntnis, daß sie ihn beobachtete, eilig eine Nacht lang ein seltsames gemaltes Manuskript zu kopieren, bevor er die Papiere bei Einbruch der Morgendämmerung wieder versteckte.

In einigen Nächten hatte sie, als sie aus dem Fenster gestarrt hatte, Bruchstücke von leisen Unterhaltungen gehört zwischen einem der seltsamen Besucher, Bernard und seinen Freunden.

»Sanchoniathon!« hörte sie eines Nachts, und der Himmel glühte purpurfarben über ihr. Die Düfte des Abends lagen über den Dachziegeln.

»Eine Brise dunkler Luft ...« Fetzen einer Unterhaltung, die in einem Zimmer geführt wurde, das bis auf die Gelehrten leer war, die sich über vom häufigen Umblättern beschädigte Seiten beugten.

»Der Wind und die Nacht gebar die Nachkommenschaft der Götter, die Ahnen von Byblos, dessen Kinder die Hände nach der Sonne ausstreckten.«
»Usous«, hauchte ein junger Mann mit weit aufgerissenen Augen und einem dünnen Bart, »machte als erster Kleidung aus Tierhäuten und wagte es als erster, von Tyrus fortzusegeln. Er weihte zwei Säulen, eine dem Feuer und eine dem Wind, betete sie an und vergoß das Blut wilder Tiere vor ihnen.«
Er zeichnete zwei lange Linien, Säulen, eine auf jeder Seite des Blattes. In der Mitte zeichnete er eine dritte, die die zwei anderen in der Schwebe hielt. Über dieses Muster legte er dann die Gestalt eines Mannes, der die drei Linien miteinander verband.
»Adam Kadmon«, flüsterte er, »der Sohn Sophias.«
Aber dann wurden ihre Stimmen so leise, daß sie nichts mehr verstand. Statt dessen spürte sie die laue Brise vom Mittelmeer, die den Geruch von Salz und Fisch mit sich brachte, den Geschmack des Sommers und die Geräusche der Nacht. In der Ferne sah sie Blitze und hörte das dumpfe Rumpeln, das ein Gewitter ankündigte. Aber der Nachthimmel war immer noch klar, der Mond leuchtete, und sie war zufrieden. Wie lang hatte das gedauert? Dankbar nahm sie noch einen Schluck Wein aus ihrem Becher und sah über die Dächer der Häuser in Richtung Hafen.

Marie erinnerte sich an eine Zeit, in der in der Abendkühle, die auf einen heißen Tag folgte – es war selbst auf den Märkten ruhig geworden – Bernard zu ihr zu ihrem Lieblingsplatz heraufgekommen war, von dem aus sich die gesamte Stadt überblicken ließ. An seiner Art merkte sie, daß er ihr etwas Wichtiges zu sagen hatte. Sie sah ihn an und bat ihn, sich zu setzen. »Mit Vergnügen«, entgegnete er höflich, und setzte sich neben sie. Er kam nicht sofort auf das zu sprechen, was ihn beschäftigte, sondern schwieg und starrte wie Marie aus dem Fenster auf die

Stadt, die sich jetzt in der klarer werdenden Luft zur Ruhe begab. Marie sagte nichts, sie wartete darauf, daß er sprechen würde.

»Es gibt viele Geheimnisse auf dieser Welt«, fing er fast zögernd an, »vieles, was wir nicht wissen und was wir wahrscheinlich auch nie erfahren werden.« Er hielt inne und zeigte mit der Hand aus dem Fenster. »Warum wird es nicht dunkel? Warum wandert die Sonne über den Himmel? Warum führen die Sterne ihren jährlich wiederkehrenden Tanz auf?«

»Man erlangt Wissen in drei Schritten: Erst muß man Schüler werden, Lehrling, und die Grundlagen eines Handwerks oder eine bestimmte Disziplin lernen. Nach dieser ersten Ausbildung wird man ein erfahrenes und produktives Mitglied seiner Zunft. Den meisten genügt das. Mit diesen Kenntnissen, diesen technischen Fähigkeiten können sie Großes erreichen, großartige Häuser errichten, auf großen Schiffen segeln oder elegant in vielen Sprachen schreiben.

Aber darüber und jenseits von diesem Niveau liegt größeres Wissen, und wenn man das findet, dann kann es die bereits erworbenen Kenntnisse erheblich erweitern. Der dritte Schritt ist der, durch den jeder Mann oder jede Frau zur wahren Meisterschaft in ihrem Beruf gelangt und tatsächlich auch in ihrem Leben. Wenn sie dieses größere Wissen erlangen, dann können sie jede Arbeit mit seiner gewaltigen Größe erfüllen. Sie erfüllen so alles, was sie tun, mit lebenden und vibrierenden Elementen des Göttlichen, das alle, die mit ihm in Kontakt kommen, verändert.

Ein Gebäude, das von einem solchen Architekten errichtet wird, ist in der Lage, das Leben aller, die sich in ihm bewegen, zu verändern. Ein solches Gemälde kann die, die es anschauen, beeinflussen. Auf diese Weise können nicht nur einfache Werke geschaffen werden, sondern Glücksbringer, Gegenstände, die größer sind, als sie erscheinen, und die alle, die sich ihnen nähern, verändern.

Diese Kunst existierte nicht immer so im Verborgenen wie heute, war aber immer etwas Besonderes. Obwohl jene Männer und Frauen, die etwas darüber lernen wollten, immer wußten, an wen sie sich wenden mußten. Vor langer Zeit wurden diese Traditionen und ihre Rituale in besonderen Tempeln aufrechterhalten, die nur zu diesem Zweck unterhalten wurden.
Aber nachdem sich die Kirche unter Kaiser Konstantin wie eine liederliche Hure an den Staat verkauft hatte, wurde die Existenz dieser Tradition mit ihren Zentren in Athen und Alexandria bedroht. Man erkannte, daß sie verloren gehen würde, würden nicht bestimmte Schritte unternommen, um sie zu bewahren. Das geschah, und die Tradition dauerte fort, aber ihre Techniken entwickelten sich sehr unterschiedlich, je nachdem in welcher Gesellschaft sie gepflegt wurde. Und doch laufen im Grunde alle diese Techniken auf ein und dasselbe hinaus.«

»Wir sind zurückgekehrt, denn wir wußten nicht, wie wir sterben sollten!« Staub bedeckte die rissigen Lippen des Zeloten. Seine Augen glühten. Er strauchelte und klammerte sich zwischen den schattenspendenden Marktständen an seinen Wanderstab.
»Wir sind zurückgekehrt!« rief er begeistert in den Himmel und den Wolken und der Sonne zu, als würde er erstmals eine Entdeckung bekanntgeben. »Denn wir sind unwissend!« Speicheltropfen mischten sich in seinen Mundwinkeln mit Tränen. Die in seiner Nähe schauten weg und verbargen ihr Lächeln oder ihre Angst.
»Denn wir wußten nicht, wie wir sterben sollten!« Leidenschaftlich breitete er die Arme aus, als wollte er den gesamten Markt in seine Arme schließen. Seine Augen funkelten. Er lächelte, ein verrücktes und schiefes Lächeln. Seine einst weißen Gewänder waren vom Schmutz der Straße bedeckt, seine Füße in Lumpen, und jeder Schritt bereitete ihm Qualen.

»Ich habe das Grab des Herrn besucht und fand dort nur Staub«, sagte er lachend und schlug sich mit den Händen auf die Schenkel.
»Staub«, rief er wieder über die Köpfe der Menge hinweg. »Staub, nichts als Staub!« Er griff seinen Stab mit beiden Händen und sah sich in der Menge um. Er leckte sich über die Lippen und holte tief Atem. Es hatte den Anschein, als sei das jetzt seine letzte Erklärung.
»Da ist nichts zu finden, außer Erinnerungen!« Er schleuderte den Markthändlern seine Worte entgegen. Seine Stimme übertönte plötzlich alle der anderen, oder waren die anderen nur einen Augenblick lang leise geworden? Er stand mit ausgebreiteten Armen da und mit triumphierendem Gesicht, und seine verkrüppelten Glieder waren von Kraft erfüllt. Plötzlich verlor er das Gleichgewicht und fiel auf den Rücken. Sein Gelächter wurde von Tausenden von Schritten erstickt, das Leben kehrte wieder zu seinem normalen Tempo zurück, und der dunkle Mönch führte ihn weg.

Marie saß am Tisch der Schenke. Ihr war nicht wohl in ihrer Haut. Sie war nervös und fühlte sich bedroht. Bernard saß schweigend neben ihr. Der Wirt ging hin und her und schien beschäftigt zu sein.
»Wir warten auf einen Freund der Zigeuner«, war alles, was Bernard auf ihre Frage, warum sie in dieses abgelegene Dorf gekommen waren, antworten wollte.
Sie zog ihren Mantel enger um sich. Am Rande der Berge war es viel kälter. Nach einer Ewigkeit öffnete sich plötzlich die Tür der Schenke, und ein junger Mann trat ein. Er war einfach gekleidet, aber bewegte sich nicht wie ein Bauer. Sie fühlte, wie Bernard neben ihr reagierte, aber bevor sie noch etwas sagen konnte, hatte er den jungen Mann schon an ihren Tisch gewunken. Sie betrachtete ihn von unten. Er war schlank und doch

stark. Er verfügte über eine gewisse Würde, aber diese verbarg kaum eine fürchterliche Leidenschaft, die durch schreckliche Erfahrungen in Verzweiflung umgeschlagen war. Seine schmerzerfüllten Augen blitzten wie die eines Fanatikers oder Märtyrers. Als er sich setzte, berührte er sie, und ihr Herz schlug in ihrem Hals, sie atmete schneller. Er unterhielt sich mit Bernard, sie hörte genau auf alle seine Worte und versuchte den Mann hinter diesen Worten zu verstehen.

Er war leicht irritiert wie jemand, der etwas zu vergessen oder zu verdrängen sucht, was ihn nicht zur Ruhe kommen läßt. Eine gewisse Bitterkeit erfüllte ihn. Tränen traten ihr in die Augen, als sie seinen Schmerz fühlte, der sie an ihre eigenen Erfahrungen erinnerte. Sie hatte den Eindruck, daß sie ihm dabei helfen konnte, den Frieden zu finden, den er suchte. Dadurch würde auch sie wieder zur Ruhe kommen. Sie wußte, daß das Mitleid einer Frau, die Liebe einer Frau wie ein kosendes Rinnsal in die Seele eines Mannes fließen und jeden Schmerz heilen konnten. Der junge Mann sprach mit Bernard, und sie fühlte sich von ihm angezogen, trotz ihrer eigenen Traurigkeit und obwohl ihr eigener Schmerz noch nicht lange zurücklag. Sie sehnte sich nach einem zärtlichen Wort von seinen Lippen. Sie träumte davon, daß er sie lieben und sie in einer ruhigen Nacht zärtlich nebeneinander liegen würden.

Kapitel 10

Jehan ging tief in Gedanken versunken auf und ab. Er sah von den Mauern des kleinen Chateaus hinab, das sich seit der Vertreibung der Araber aus dem südlichen Frankreich im Besitz von Bernards Familie befand. Weit unterhalb der verwitterten Steine konnte er die Spuren sehen, die die Karren bei der Ernte auf der vom Herbstregen aufgeweichten Erde hinterlassen hatten. Diese Linien bildeten eine eigene Geometrie, die sich von der ausgestorbenen Landstraße mit ihren tiefen Karrenspuren wie Flügel über die Felder ausbreitete.
Marie erschien in einer Tür und bewegte sich auf leisen Sohlen auf Jehan zu. Er drehte sich um, nahm ihre Hand und zog sie an sich. Ihr Haar fiel weich auf seinen Hals. Zärtlichkeit erfüllte ihn, in jeder Sehne und jedem Muskel. Ein Begehren regte sich, das er lange als verloren geglaubt hatte. Marie bewegte sich nicht. Sie spürte die *Dunkle Königin* in ihm. Sie erwartete nicht, daß es leicht sein würde. Bernard hatte ihr einmal erzählt, daß übermäßiges Töten einen Mann entweder impotent macht oder gewalttätig. Dann eigne sich seine Gesellschaft nur noch für Frauen, die mit dem Leben abgeschlossen hätten und denen alles gleichgültig sei.
Nachts kam die *Dunkle Königin*. Als Jehan mit Marie schlief, tauchte eine dunkle Gestalt vor ihm auf, verhöhnte ihn und forderte ihn dazu heraus, sich ihr zu nähern. Jehan war jedoch außerstande, sich ihr zu nähern oder zu fliehen. Er blieb reglos und im Schlagen seines Herzens gefangen liegen. Er war gefangen, allein, verlassen inmitten der sonnenverbrannten Straße, die zu der Heiligen Stadt von dem heißen Kreuzfahrerhafen Akka aus führte, einem Hafen, der schon lange angesichts der

sinnlichen Forderungen der *Dunklen Dame* alles aufgegeben hatte. Jehan sah sich um: Der Wind wirbelte den Staub auf den verstreut liegenden Steinen auf, und das Blau des Himmels wurde nicht einmal von der kleinsten Wolke unterbrochen.
Jehan lag den größten Teil des Tages reglos da und wartete darauf, daß die brennende Hitze nachlassen würde. Erst als die Sonne am Himmel etwas gesunken war, fühlte er sich dazu in der Lage, sich zu bewegen. Er begann, langsam die Straße, die von der Küste nach Jerusalem hinaufführte, entlangzugehen.
Er kam nur langsam vorwärts, aber er erreichte doch, als die Sonne verschwand, den Anfang des letzten langen Tales, die letzte Anhöhe, die er an diesem langen Tag bis zu den Mauern der Heiligen Stadt bezwingen mußte. Vor ihm wurde der erste Stern des Abends sichtbar. Er blinkte zögernd durch den Vorhang der Nacht und eröffnete unsicher die abendliche Unterhaltung.
Die Hügel auf beiden Seiten der Straße wurden höher und kamen näher. Auf einem Absatz sah er eine Herberge für Reisende. Neben diesem Gebäude stand ein kleineres, eine Hütte, wie sie die Schäfer in den Bergen haben. Davor saßen einige Männer und tranken den schweren Wein der Gegend. Ein schwarzer Vorhang in der Tür bewegte sich gelegentlich leicht in der Brise des Abends. »Ein Bordell«, dachte Jehan, und sein Begehren wurde plötzlich übermächtig. Er verließ den Pilgerpfad und ging auf die Hütte zu. Mit jedem Schritt wurde er schneller und zum Schluß rannte er beinahe.
Er riß den Vorhang beiseite und stürzte in das winzige Zimmer. Eine Frau lag kaum sichtbar auf einem Diwan, ihre dunklen Augen glänzten im Licht der Sterne. Sie hatte ihre Arme ausgebreitet, und Jehan warf seine Kleider ohne jegliche Scheu ab und eilte zu ihr. Nackt stürzte er sich auf sie, und sein Körper vereinigte sich mit ihrem. Etwas ungeschickt hatte er Eingang gesucht, aber ihre erfahrenen Hände hatten ihn bereits ergrif-

fen, ihn in die weiche Wärme gezogen. Er bewegte sich, und sein Begehren wuchs, bis er nach einer Zeit, deren Länge er nicht bestimmen konnte, kam. Er kam, mit allem, was sich in ihm angestaut hatte, was in ihm schrie, stieß und nach draußen drängte. Sein gesamtes Selbst konzentrierte sich auf diesen Augenblick, und der Augenblick brannte wie eine lodernde Flamme. Er stieß einen Schrei der Lust aus und bäumte sich über ihrem Körper auf. Sein Rücken krümmte sich, und er schrie zu den Sternen, die stehenblieben und sich zu ihm hinabbeugten.

Dann sah er das Gesicht der Frau unter sich. Die weichen roten Lippen der *Dunklen Königin* waren einladend leicht geöffnet. Er ließ sich wieder auf sie sinken und zog sie an sich. Er küßte und liebkoste sie, während die Nacht kühler wurde. Er vergaß, daß er in ein Bordell und zu einer Hure gekommen war, um seine Erlösung zu finden.

Befriedigt ließ er sich zurücksinken und schaute durch das Fenster auf den mit Sternen übersäten Himmel. In seiner Mitte leuchtete einer heller als die anderen. Bald wendete er sich wieder der Frau zu, die neben ihm eingeschlafen war. Fahles Sternenlicht fiel auf sie. Es warf seinen diffusen Schein auf Maries nackten Körper.

Jehan strich mit seinen Fingern über ihre Brüste, beugte sich dann über sie und berührte ihre weiche Haut mit seinen Lippen. Die kühle Nachtluft trocknete seinen Schweiß. Marie öffnete ihre Augen und lächelte ihn an. Ihre Lippen glänzten im Halbdunkel. Jehan lehnte sich auf dem Bett zurück, erschöpft, befriedigt und entspannt. Marie schmiegte sich an ihn, und ihre Körper paßten zueinander. Sie zog seine Hand auf ihre Schulter und von dort auf ihre Brüste. Dann schloß sie ihre Augen und ließ sich in die Nacht sinken.

Jehan erwachte davon, daß eine Schlacht unterhalb der Burg tobte. Eine Schlacht, die tief in einem der stillen Täler des Waldes ausgetragen wurde. Der Lärm der Waffen umtoste die Burg und das Dorf, und sein Widerhall wurde von den niedrigen Wolken nur noch verstärkt. Tausende von Soldaten schlugen und stachen aufeinander ein, während ihre Schreie und Rufe das Getümmel begleiteten. Jehan sprang aus dem Bett, hüllte sich in einen dicken Mantel und eilte auf den Turm, um den Verlauf der Schlacht zu beobachten. Er stand da und versuchte, durch die Bäume und den Nebel hindurchzuschauen, aber alles war unsichtbar, obwohl er den Eindruck hatte, daß der Kampf nicht weit entfernt vom Waldrand stattfände.

In diesem Augenblick erklang aus dem Tal ein deutliches Hornsignal. Es übertönte das Klirren der Waffen. Jehan bemühte sich wiederum, über die Ränder des Tales hinwegzuspähen. Erneut war in der Ferne ein Signal desselben Hornes zu hören, und gleichzeitig verstärkte sich der Lärm der Waffen. Ein drittes Mal erklang das Horn, ein langer verängstigter Ton, der anhielt, bis er sich in den unruhigen Winden verlor. Dann verstummte der Lärm der Waffen, und es herrschte Stille. Auch von den Vögeln war kein Laut zu vernehmen.

Am Ende des Tages, der glänzende Wald verschwand im sich ausbreitenden Nebel, der von den Wolken und aus den Bäumen kam, erschien ein einzelnes Pferd. Es kam langsam die Straße auf die Burg zu. Ein schwer verwundeter Ritter saß zusammengesunken im Sattel. Sein Kopf schlug gegen den Hals des Pferdes, sein Umhang war zerfetzt, sein rechter Arm in einem Kettenpanzer hing grotesk verdreht von seinem Sattel, und sein Helm hatte Kerben und Beulen. Das schwarze Eisen zierte ein goldener Ring. Jehan eilte zum Burgtor, um den Ritter einzulassen.

Das Pferd näherte sich dem Tor, und der Reiter war jetzt besser zu erkennen. Jehan schnappte nach Luft. Er sah nur ein übel

zugerichtetes Skelett, das von einem rostigen Kettenpanzer und einem verbeulten Brustpanzer zusammengehalten wurde. Das von der Sonne getrocknete Fleisch hing in Streifen von den Gelenken. Es hatte den Anschein, als würde er von einem Speer im Sattel gehalten, von dem nur noch die Spitze übrig war, die das Leder mit dem Panzer und den Knochen zusammenhielt.
Das Pferd blieb vor dem Tor stehen. Es hob seinen Kopf und wieherte leise, als würde es um Einlaß bitten. Jehan eilte in den Hof, öffnete das Tor und ging auf das Pferd zu. Er nahm die Zügel und führte es in die Burg. Plötzlich bäumte sich das Pferd auf, machte einen Satz rückwärts und riß sich los. Dann galoppierte es in den nebligen Wald.
Die abrupte Bewegung hatte etwas aus einer Tasche des Reiters herabfallen lassen, das auf die Steine und in den Morast zu Füßen des Pferdes fiel. Jehan beugte sich vor, um den Gegenstand aufzuheben: Es war ein Stein, in dem ein strahlender Stern zu sehen war, der fiel, als sollte ein alter Traum aufs neue beginnen und ein König geboren werden.

Bernard fand ihn als erster. Er lag am nächsten Morgen lang hingestreckt tot auf dem Fußboden. Sein vor Kälte vollkommen starres Gesicht hatte einen gequälten Ausdruck. Seine Augen waren rot und eingefallen. Seine schwarze aufgeschwollene Zunge lag zwischen blutleeren Lippen. Bernard riß seine Kleider auf. Er riß den Wollstoff beiseite und wurde still, als er die geschwollenen schwarzen Beulen in der Leiste sah. Seine kalte Hand krallte sich um einen silbernen Ring mit einem dunklen Stein, in den ein Stern eingeritzt war.
»Die Pest«, rief er und war fast zu entsetzt, um das Wort laut auszusprechen. Mit unschicklicher Eile verbrannten er und Jehan den Körper vor den Mauern der Burg. Als sie zurückkehrten, verschlossen sie das Tor. Sie warteten zwei Tage lang, aber

alles blieb still. Und doch wußten sie, daß sie aufbrechen mußten.

Bernard, Jehan und Marie ritten langsam auf den Wald zu. Es schneite etwas, und vor ihnen warteten Schatten, schwer unter einem Himmel, der sich immer weiter herabzusenken schien. Sie erreichten die Bäume und verschwanden dann abrupt von der Bildfläche, als die Dunkelheit sie verschluckte. Zurück blieben die miteinander verflochtenen Spuren im Schnee, die einen Moment lang den Wald mit der Burg verbanden. Sie waren bald verweht, als hätte es die Reiter und den Weg, den sie gekommen waren, nie gegeben. Kein Laut war zu vernehmen, nur ein weiches Echo, als Himmel und Erde am Beginn einer langen und sanften Nacht langsam eins wurden.

Jehan strich sich mit von der kalten Luft gefühllos gewordenen Händen den Schnee aus den Augen. Seinem Pferd stand der Atem wie Rauch vor den Nüstern. Gemeinsam versuchten sie eine steile Böschung zu bezwingen. Jehan versuchte Höhe zu gewinnen: Vom Kamm aus sollten sie in der Lage sein, mehr von ihrer Umgebung zu überblicken. Keiner der drei wußte genau, wo sie hinwollten, sie wußten nur, daß sie alle Städte und Dörfer meiden mußten. Sie konnten jedoch nicht ständig so weiterreiten, sie waren gezwungen einen Unterschlupf für den Winter zu finden.

Vom Kamm aus sahen sie gar nichts. Himmel und Wald hatten sich endlich zu einer undurchdringlichen Vorhölle vereinigt. Jehan, der den Wind wie eisige Schwerter empfand und von ihm hin und her geworfen wurde, zog seinen dicken Pelz enger um sich. Er konnte jedoch auch keinen Fluchtweg aus diesem Inferno entdecken. So verbrachten die drei eine rauhe Nacht unter den Bäumen, die schnaubenden Körper ihrer Pferde waren ihre einzige Wärmequelle.

Am Morgen war das Wetter etwas besser, und sie ritten weiter den Kamm entlang. Die Berge lagen zu ihrer Rechten. Am späten Nachmittag kreuzten sie einen schmalen Pfad, der zwischen den Bäumen verlief. Sie bogen ab und folgten ihm, mußten jedoch noch eine weitere Nacht im Schnee verbringen, bevor sie zum Rand einer kleinen Siedlung kamen, die sich an die Seiten eines steilen Tales klammerte. Sie gaben ihren Pferden die Sporen und ritten darauf zu.

Die Ruhe des Nachmittags wurde vom plötzlichen mißtönenden Läuten einer Kirchenglocke unterbrochen. Die niedrigen Wolken und die engen Seiten des Tales verstärkten das Geräusch. Die hölzernen Läden eines Hauses vor ihnen wurden aufgestoßen, und eine Stimme rief ihnen zu: »Es ist besser, Ihr nehmt den Kältetod in Kauf als den sicheren Tod, den Ihr hier findet.«

»Die Pest«, murmelte Bernard, und sie machten eilig kehrt.

In der dritten Nacht im Wald wurde Jehan von Geräuschen unweit ihres kleinen Lagers geweckt. Er sprang mit dem Rücken zu einem Baum auf. Er hielt den Atem an, um auch noch das kleinste weitere Geräusch wahrzunehmen. Einen Augenblick lang war alles still. Dann waren wiederum Geräusche zu vernehmen: ein Krachen und Knarren, Geräusche, die er nie zuvor in seinem Leben gehört hatte. Zuerst dachte er, es wäre der gedämpfte Hufschlag von Pferden unter Bäumen, die im Wind knarrten, obwohl er von den Bäumen unmittelbar in seiner Nähe keinen Laut hören konnte.

Neugierig begann sich Jehan langsam der Quelle der Geräusche zu nähern. Er konnte nicht weit sehen, da die Nacht dunkel war und er im Schatten der Bäume gerade noch die Stämme der am nächsten stehenden ausmachen konnte. Hinter seinem Rücken schliefen Bernard und Marie unbekümmert.

Der Boden unter seinen Füßen hatte sich verändert. Er schien jetzt glatter zu sein und härter. Die Nacht schien wärmer zu werden. Jehan bemerkte, daß der Schnee verschwunden war und daß er wieder den Himmel sehen konnte: Er wirkte tief und

blau, nur von dem Silber des Mondes unterbrochen und von dem Licht eines Sternes, der hell an seiner Seite leuchtete. Die Bäume waren jetzt höher und schlanker. Sie wiegten sich sanft in der frischen salzigen Brise. Jehan griff nach dem nächsten Baum. Er war glatt, als hätte man seine Rinde sorgsam abgezogen und seine Äste entfernt. Das Geräusch war jetzt wesentlich lauter, und er ging schneller weiter.
Mit drei Schritten war er am Rande des Decks. Er blieb stehen und griff nach der hölzernen Reling, die das Deck des Schiffes umgab. Unter ihm schlug das leicht glitzernde Wasser gegen die Planken. Über ihm knirschte die Takelage, und die Segel schlugen. Morgen, dachte er, morgen würden sie die Gefahr überwunden und Zypern fast erreicht haben, den letzten Hafen auf dem Weg in das Heilige Land. Er sah in den Himmel. Die hellen Sterne funkelten in ihrem eigenen schwarzen Meer, und das Schiff des aufgehenden Mondes folgte einem einsamen Weg das Himmelsgewölbe entlang. Ein Schiff, das den geheimen Namen *Sophia* trug. Sie galt als Göttin der heiligen Weisheit, deren Schleier den Tempel des Geheimnisses vor dem Blick der Nicht-Eingeweihten verhüllt.

Wie eine Gruppe Phantome trabten die Ritter auf ihren Pferden durch das Tal. Marie sah sie als erste weit unterhalb. Auf ihren weißen Umhängen leuchtete das rote Kreuz. Eine Schar von geisterhaften und reumütigen Pilgern. Sie gab den anderen ein Zeichen. Sie wendeten ihre Pferde und ritten den Hügel hinab auf die Ritter zu. Als sie auf den Weg kamen, waren die Ritter schon lange vorbeigezogen, aber ihre Spuren im Schnee noch nicht verweht. Jehan, Marie und Bernard folgten ihnen. Sie ritten ein langes Tal hinauf. Allmählich gewannen sie an Höhe, bis sie das Ende des Tales erreicht hatten. Hier ragten die Berge steil an allen Seiten auf und bildeten eine felsige Mulde, in die baumbestandene Rinnen mündeten. Weit oberhalb eines steilen

Abhangs zu ihrer Linken konnten sie die schwarzen langgestreckten Umrisse einer Burg sehen, die wie ein Schiff den Kamm entlangzusegeln schien.
Vor ihnen am Ende des Pfades fand sich ein kleines von Mauern umgebenes Dorf. Über den Dächern flatterte die große Standarte des Templerordens in dem nie nachlassenden Wind. Vor dem Tor saß ein einzelner Ritter ruhig auf seinem Pferd. Es war offensichtlich, daß ihr Kommen schon vor einiger Zeit bemerkt worden war. Als die drei Reiter sich näherten, hob der Ritter warnend seinen Arm und redete sie an: »Die Zeiten sind wenig gastfreundlich, und unsere Tore werden bald für die Stunden der Dunkelheit geschlossen. Also verliert keine Zeit und sagt, was Ihr wollt.«
»Wir suchen Schutz vor dem Schnee und vor der Pest. Dürfen wir hereinkommen?« Jehan lehnte sich im Sattel zurück. »Oder habt auch Ihr hier die Pest?«
»Hier gibt es keine Pest«, sagte der Templer und sah sie an. »Wir haben sie nicht in unseren Mauern. Aber Ihr«, fragte er und sah sie immer noch durchdringend an, »seid Ihr nicht mit der Pest aus dem Osten in Berührung gekommen?«
»Wir sind geflohen, bevor sie uns treffen konnte«, entgegnete Jehan, »und wir haben die letzten Tage allein im Wald und im Schnee zugebracht und die Speise der Bauern zu uns genommen. Hätte uns der Zorn Gottes treffen wollen, dann hätte er das sicherlich in den gefrorenen Feuern dieser Hölle getan.«
»Das wäre wohl so gewesen«, meinte der Templer und wirkte gelangweilt. Er wartete einen Augenblick, dann änderte sich seine Stimmung, und er fragte plötzlich, als wollte er schnell zu einer Entscheidung kommen: »Und was ist mit dem Lamm?«
Bevor Jehan noch etwas entgegnen konnte, richtete Bernard sich schnell im Sattel auf und spuckte dem Templer vor die Füße. Jehan stieg vor Wut das Blut in den Kopf. Welche Idiotie, dachte er und vergrub sein Gesicht in den Händen. Er überlegte,

wie er die Situation retten könnte. Wie hatte Bernard in einer solchen Situation nur so unfähig sein können. Wohin sollten sie jetzt reiten? Inmitten seiner Verzweiflung hörte er zu seiner Überraschung den Templer sagen: »Ihr dürft eintreten, aber ich muß Euch sagen, daß Ihr, wenn Ihr in dieses Haus kommen wollt, einen Eid ablegen müßt, daß Ihr keinem anderen, selbst keinen anderen Mitgliedern unseres Ordens, etwas von dem preisgebt, was Ihr innerhalb von diesen Mauern seht oder hört. Denn dieses Ordenshaus Màs Deu ist in vielerlei Hinsicht untypisch.« Oberhalb, zu seinem Schutz, zum Schutz seines Ordens, lag die große Burg der Templer Le Bèzu.
Das Ordenshaus war eine ganz andere Welt. Davor herrschte der Wald, und die Menschen bewegten sich auf unsicheren Pfaden unter seinen räuberischen Bäumen. Die Mauern des Ordenshauses, die mit denen der großen Burg nicht zu vergleichen waren, hielten das Chaos des Waldes in Schach. Sie beschützten eine kleine Ordensversammlung, und hinter ihnen schoben sich die Bäume nach vorn, als wollten sie dem allen den unheilvollen Pakt mit dem unterirdischen Geist der Heiligen Haine und dunklen Opfer anbieten.
Innerhalb der Mauern lagen gepflegte Gärten, die jetzt mit Schnee bedeckt waren, Wohn- und Lagerhäuser sowie Ställe. Eine Insel der Zivilisation in der verflochtenen Unordnung des Waldes. Jehan wurde ruhig. Er fühlte sich nicht länger von einem Feind bedroht, der sich nicht greifen ließ und der von einer Welt geboren war, in der Ordnung nur eine dünne und zerbrechliche Oberfläche darstellte. Er hatte das Gefühl, daß hier das Unbekannte in Schach gehalten wurde, daß es hier kontrollierbar und meßbar war. Die Harmonie regierte, und das Chaos blieb außen vor.
Aber Jehan hatte sich geirrt. Die nach außen zur Schau getragene Ruhe war eine Illusion. Denn obwohl sich die tiefen Wasser im Chaos einen Moment lang beruhigen und zum Schweigen

kommen können, währt das nicht lange. Jehan irrte sich in der Annahme, daß der Wald mit einer bloßen Mauer zu besiegen war, daß eine Insel von dem Ozean, in dem sie sich befand, unabhängig sein konnte.

Bernard hatte sich nicht verändert. Zumindest hatte Jehan diesen Eindruck. Oft war er nicht zu finden, oder man konnte sich ihm nicht nähern. Er war dann in eine Unterhaltung mit dem Präzeptor oder mit einem anderen Ritter vertieft. Jehan verletzten diese häufigen Abwesenheiten, denn er hatte angefangen, sich auf Bernard als Freund und Vertrauten zu verlassen. Marie empfand das anders, denn sie hatte sich schon lange an Bernards Abwesenheiten und geheimnisvollen Gewohnheiten gewöhnt. In seinem Haus in der Stadt hatte sie ihn oft gesehen, wie er sich zu einem geheimnisvollen Treffen davongestohlen oder mit leiser Stimme einen Reisenden einem anderen vorgestellt hatte. Beide hatte sie nicht gekannt. Sie wußte, daß er eine geheime Arbeit hatte, über die er nicht sprach, obwohl sie für ihn und für seine Kontakte von größter Bedeutung war.
»Es ist Zeit, über die Welt zu sprechen«, flüsterte er ihr gelegentlich mit theatralischer Geste zu, wenn sie einen Fremden in sein Arbeitszimmer führte. Da sie sein Verlangen nach Diskretion respektierte, kehrte Marie zu ihrer Putzarbeit zurück oder, wenn es noch hell genug war, zu den Abschriften, deren Anfertigung sie gerade erlernte.
»Anfänglich«, erklärte sie Jehan, und schaute bei der Erinnerung verlegen nach unten, »habe ich gedacht, er empfinge Liebhaber.«
Sie hob ihre Augen wieder zu denen von Jehan und meinte: »Aber es wurde mir bald klar, daß das nicht der Fall war. Was sie auch immer besprachen, war von größter Wichtigkeit und betraf den König oder die Kirche, denn er war stets sehr vorsichtig. Er bestand immer darauf, daß ich bei keinem diese Besucher

erwähnen sollte, nicht einmal den Schreibern gegenüber, die tagsüber kamen und mit denen er immer äußerst vertraut zu sein schien.«
»Und worüber, denkst du, haben sie gesprochen?« wollte Jehan neugierig wissen.
»Oh, das kann ich nicht sagen«, entgegnete Marie eilig und schaute wiederum zu Boden.
Die Tage vergingen, und Jehan versuchte, etwas aus Bernard herauszubekommen. Er mühte sich, den Grund für eine solch offensichtliche Geheimniskrämerei zu verstehen. Aber er hatte keinen Erfolg. Immer wenn es ihm gelang, das Gespräch in Richtung eines der Geheimnisse zu lenken, ging Bernard darüber hinweg und wandte sich einem anderen Thema zu.
Gelegentlich, wenn Bernard und der Präzeptor sich miteinander unterhielten, schnappte Jehan einige Gesprächsfetzen auf. »Ein Fürstentum des Templerordens«, hörte er einmal, »ein eigener Staat ...« Einmal hatte Begeisterung die Oberhand über die Vorsicht des Präzeptors errungen, und seine Stimme war deutlich durch das ganze Zimmer zu hören gewesen: »Die Katharer können dann frei predigen, und die Bruderkriege lägen hinter uns, die uns zugrunde richten.«
Trotz seiner Vorsicht konnte Jehans Wissensdurst nicht lange unentdeckt bleiben. Das führte bald zu einem seltsamen Wortwechsel mit Bernard: Jehan und er waren allein und sprachen über eine militärische Angelegenheit. Fast unabsichtlich, hatte es den Anschein, kam die Unterhaltung auf ein Thema, das Bernard vorher sorgsam umgangen hatte. Später wurde sich Jehan klar darüber, daß diese offensichtliche Nachlässigkeit Bernards Vorsatz gewesen war. Eine gewisse Berechnung stand dahinter. Nach einer Frage Jehans hielt Bernard inne und erkundigte sich leise: »Hat deine Neugierde damit zu tun, daß du etwas verstehen willst, oder geht es dir um Zerstreuung?« Aber bevor Jehan noch entgegnen konnte, wandte sich Bernard wie-

der den militärischen Themen zu, mit denen sie begonnen hatten. Jehan fühlte sich übergangen und war von dem Bewußtsein erfüllt, sich wirklich in der Gesellschaft eines Fremden zu befinden. Trauer überkam ihn.

Einige Tage nach diesem Vorfall kam Bernard auf Jehan zu und fragte ihn mit leiser Stimme, nachdem sie einige Zeit über nichts im besonderen gesprochen hatten: »Vieles an diesem Ort und vieles, was mit den Rittern zu tun hat, ist geheimnisvoll. Das findest du doch auch?« Jehan war verblüfft, jedoch mißtrauisch, was Bernards Beweggründe anging, und sagte einfach: »Ja, das stimmt, aber ich bin hier nur einfach zu Gast, solange noch Schnee liegt. Ihre Geheimnisse mögen so interessant sein, wie sie wollen, sie gehen mich deswegen trotzdem nichts an. Du scheinst aber,« meinte er noch und war nicht ganz in der Lage seine Bitterkeit zu verbergen, »viele von ihnen zu teilen.«

Bernard nickte: »Ja, das ist wahr. Aber du solltest wissen, daß es sich bei dem, was von außen wie ein Geheimnis aussieht, und oftmals wie ein unnötiges und unvernünftiges Geheimnis, im Grunde nur um eine einfache Weltanschauung handelt. Außerdem ist es so, daß denen, die wirklich lernen wollen, nichts unbekannt bleiben wird.«

Jehan konnte seinen Ärger über Bernards begriffsstutzige Art nicht länger unterdrücken. Er sah ihm direkt in die Augen und wollte schroff und wütend wissen: »Wirst du dieses Geheimnis mit mir teilen, und wenn ja, gibt es einen Grund, warum du das nicht heute tun solltest?«

Bernard seufzte und nickte langsam. »Ich sehe«, fing er an und atmete schwer, als hätte ihn auf einmal eine große Müdigkeit übermannt, »ich sehe, daß du bereit bist.« Er hielt inne und starrte in die Ferne. »Vor vielen Jahren habe ich mich um die Aufnahme in diesen Orden bemüht, mit Erfolg, natürlich nicht als Ritter oder als Geistlicher, sondern als einer der vielen geheimen Verbündeten, die, obwohl sie in den kleineren und größeren Städten als Geschäftsleute und Gelehrte leben, den Vorstellungen und der Lebensweise des Ordens verbunden sind und sich immer aktiv um die großen Pläne des Ordens für die Zukunft kümmern. Wir, die zu dieser Gruppe gehören, tragen nicht den weißen Umhang, wir bekennen uns auch nicht zu unserem Bündnis vor den Augen einer leicht zu manipulierenden Öffentlichkeit. Es mag so sein, daß du entschlossen bist, unserem Orden beizutreten. Aber das erfordert einen Eid. Fühlst du dich dafür bereit?

Du fragst, wem wir dienen? Wir dienen der Himmelskönigin, der ewigen Göttin, die es lange gab, bevor Himmel und Erde voneinander geschieden wurden. Einige nennen sie Maria, aber ein solcher Name ist nur ein Zeichen der Anerkennung. Ihr wahrer Name wird vor allen geheimgehalten außer vor denen, die sich um das Wissen bemüht haben.«

Kapitel 11

Auch die Luft war still: Die dicke Schneedecke schluckte jedes Geräusch, die über den Birken und Espen lag und dicht die Hänge des Tales bedeckten.

Jehan ging zwischen Bernard und dem Präzeptor der Templer langsam in die Kapelle. Vor ihnen stand ein Kruzifix und dahinter ein mit einem Tuch verhüllter Gegenstand, vielleicht eine Ikone oder eine Statue.

»Jehan«, fragte der Präzeptor, »willst du freiwillig dem Templerorden beitreten und an seinem geistlichen und zeitlichen Leben teilhaben?«

»Ich will«, entgegnete Jehan.

»Du nimmst eine große Verpflichtung auf dich. Du kannst die strengen Regeln, nach denen wir leben, nicht kennen, denn du siehst uns nur, wie wir nach außen erscheinen: Wir sind stolze Ritter, die einfache Kleider, aber die besten Rüstungen tragen und die besten Pferde reiten. Du hast keine Ahnung, wie strikt der Orden tatsächlich ist.

Wir müssen wissen, ob du uns wirklich aus freien Stücken beitrittst. Hast du jemals ein anderes Gelübde abgelegt? Hast du einem Mitglied des Ordens Geld oder Geschenke gegeben, um für deinen Eintritt zu sorgen? Hast du selbst keinerlei Schulden? Und schließlich müssen wir wissen, ob du an Gott glaubst.«

»Ich glaube an den göttlichen Schöpfer«, erwiderte Jehan, »und ich kann Euch versichern, daß Ihr Euch um das andere keine Sorgen zu machen braucht. Es gibt nichts, was mich hindern könnte, dem Orden beizutreten.«

Der Präzeptor gab Jehan ein Zeichen, niederzuknien. Dann zog er aus den Falten seines Umhangs eine kleine Ampulle mit Öl. Er ließ einen Tropfen davon auf Jehans Braue fallen und sagte: »Ich taufe dich im Namen des Gottes Merkur. Möge er dir Scharfsinn und eine schnelle Reaktionsgabe schenken.« Dann ließ er dem ersten einen weiteren Tropfen folgen und meinte:

»Ich taufe dich im Namen der Göttin Venus. Möge sie dir Hingabe und Liebe gewähren.« Er senkte die Flasche wiederum.

»Ich taufe dich im Namen der Mondgöttin. Mögest du die Rätsel lieben und die Geheimnisse der Nacht kennen.

Und ich taufe dich im Namen des Gottes Mars. Mögest du aus jeder Schlacht siegreich hervorgehen sowie Tapferkeit und Mut an den Tag legen.

Ich taufe dich im Namen des Gottes Jupiter. Mögest du dich für deine Freunde und Feinde immer um Gerechtigkeit bemühen. Mögest du immer die Gesetze der Ritterlichkeit achten.«

Ein sechster Tropfen fiel.

»Ich taufe dich im Namen des Gottes Saturn. Mögest du seine Stärke haben und seine Vorsicht, um dich nicht zu voreiligen Handlungen verleiten zu lassen.« Dann erlaubte er es einem siebten Tropfen, auf Jehans Braue zu fallen:
»Und schließlich taufe ich dich im Namen der Sonne, der großen Lebensspenderin, der sichtbaren Botschafterin der größeren Sonne, die hinter dem erschaffenen Universum liegt.«
Dann ging der Präzeptor zum Altar und deutete auf das Kreuz mit dem kleinen Abbild des Erlösers.
»Miß diesem Kreuz nicht allzuviel Bedeutung bei, mein Freund, es ist zu jung, und der Mann, der daran hängt, war nie ein Gott. Überrascht es dich, daß ich das sage? Es ist wahr. Er war ein gesalbter Hohepriester und ein König, aber er war nicht mehr und nicht weniger Gottessohn wie jeder Mann, der der Wahrheit folgt. Er ist nicht der wahrhaftige Gott, ist weder Vater noch Mutter. Um deine Verachtung für diese Legende zu zeigen, die auf einem Folterinstrument beruht, sollst du dreimal auf das Kreuz spucken.«
Der Präzeptor drehte das Kreuz herum. Das senkrechte Holz war nach oben verlängert, so daß das Kruzifix jetzt gleichlange Arme zu haben schien. Es stand auf einem dreistufigen Podest. Im Schnittpunkt war eine Rose zu erkennen.
»Diese Blume ist ein Symbol des wahrhaftigen Schöpfers des Himmels und der Erde, unserer Herrin, der Königin.« Er beugte sich zu dem verhüllten Gegenstand hinüber und entfernte den Leinenüberwurf. Eine kleine Skulptur einer Frau kam zum Vorschein.
»Dies ist das Symbol der Himmelskönigin. Du kennst sie als Maria. Wir kennen sie jedoch unter anderen Namen, hinter denen wir sie verbergen. Ich kann dir sagen, aber du darfst das nie aufschreiben oder anderen erzählen, daß ihr geheimer Name Sophia ist. Das bedeutet in der Sprache der Alten Weisheit. Für sie lebt und atmet unser Orden. Ihr allein dienen wir,

und durch ihr Licht allein werden wir unseren Schöpfer erkennen.«
Der ältere Templer öffnete dann eine verschlossene Truhe aus Holz und zog ein altes und abgegriffenes Manuskript daraus hervor.
»Hier ist ihre Geschichte, von Mitgliedern unseres Ordens aus alten Schriften übersetzt, die unsere Ordensgründer in Höhlen unter dem Tempel in Jerusalem gefunden haben. In diesen Höhlen waren die Bücher aus der heiligen Bibliothek der Anhänger der Gesalbten verborgen, der wahren Nachkommen von Aaron und David.
Von der Existenz dieses Verwahrungsortes war hinter vorgehaltener Hand in jüdischen Zirkeln in Narbonne und Montpellier gesprochen worden, aber niemand war imstande, vor Einnahme der Heiligen Stadt nach ihm zu suchen. Kurz darauf wurde dem Orden von König Balduin selbst der Teil des Tempels übertragen, der sich über dem heiligen Lagerraum befindet und nach viel Arbeit freigelegt werden konnte. In den Manuskripten, die dort entdeckt wurden, fanden sich sowohl der Beweis für vieles, was vorher nur Legende gewesen war, als auch die reinste Form der Religion, für die viele von uns gestorben sind.
Aber erst einmal mußt du die Geschichte der Himmelskönigin kennenlernen und verstehen, der Göttin, für die Salomo sang.«
Und er begann, vorzulesen: »Am Anfang und Ende und über aller Schöpfung existiert die Eine. Sie existiert als reines Licht, in das kein Auge schauen kann.
Und von dieser Einen kam das erste Bild, eine Spiegelung im Wasser des Lebens. Sie entstand als erstes Bild und Schoß aller Dinge. Und der Eine schaute in sie hinein und befruchtete sie mit einem Funken, und sie empfing.
Das war die einzige Zeugung der Einen. Der Sohn war der göttliche Selbstgeborene, aus dem zwölf unsterbliche Vorstellungen hervorgingen: Gnade, Wahrheit, Form, Empfängnis,

Wahrnehmung, Erinnerung, Verständnis, Liebe, Idee, Perfektion, Friede und Weisheit, die die Alten als Sophia kannten.
Die unsterbliche Vorstellung der Wahrheit hat keinen Schatten in sich, weil sie mit nicht meßbarem Licht gefüllt ist. Ihre Außenseite jedoch ist ein Schatten, der erst Finsternis genannt wurde oder später das unendliche Chaos. Aus diesen Tiefen kam eine Macht, der Herrscher der Finsternis.
Die Weisheit, Sophia, wollte ohne Zustimmung des Geistes ein Bild aus ihrem Innern hervorbringen. Und obwohl sie keine Zustimmung gefunden hatte, empfing und gebar sie ein unvollkommenes Wesen. Sie schaute es an, und es sah aus wie eine Schlange mit einem Löwenkopf, deren Augen Blitze waren. Und sie bekam Angst und warf es weg.
Diese Schlange war der erste unsterbliche Herrscher. Er herrschte über die Materie. Aber da er ohne Erinnerung an seinen Ursprung geboren worden war, sah er nur sich selbst und dachte, daß nur er allein existiere in einem Universum aus Schatten, Finsternis und tiefen Wassern. Sein Gedanke, das Wort, erschien als Geist über den Wassern. Und er schuf sich eine Wohnung. Diese nannte er Himmel. Dann schuf er sich eine Fußbank, und diese nannte er Erde.
Er vereinigte sich mit seinem eigenen Wahnsinn und zeugte die sieben göttlichen Mächte, die sieben Herren der sieben Himmel der Finsternis. So wurden die sieben Himmel unter dem Schleier geschaffen.
Er freute sich seines Wahnsinns und prahlte ständig. Er sagte: ›Mir mangelt nichts, denn ich bin Gott, und es gibt niemanden außer mir.‹ Aber indem er das sagte, gab er seine eigene Unwissenheit preis, was seinen eigenen Ursprung und seine wahrhaftige Stärke anging, die im Angesicht der Einen nichts war.
Dieser Herrscher der Finsternis erkannte, daß es etwas gab, was stärker war als er, und er wurde eifersüchtig und neidisch. Aber die Geburt des Neids war wie eine Fehlgeburt, denn es mangelte

ihm an allem lebendigen Geist. Er wurde zu einem Schatten unter der Oberfläche des großen Meeres. Und mit dieser Geburt erschien die erste Materie. Gerade so, wie die nutzlose Nachgeburt einer Frau weggeworfen wird, so folgte die Materie auf die Geburt des Neids und wurde ebenfalls beiseitegeworfen. Als Sophia sah, wie wenig fromm er mit der Materie, mit den sieben Himmeln unter dem Schleier und mit der Erde verfuhr, wurde sie wütend.

Aber als der Herrscher seine Schöpfung anschaute, wuchs sein Stolz wiederum ins Unermeßliche, und er sagte zu allen: ›Ich bin ein eifersüchtiger Gott, und es gibt keine anderen Götter neben mir.‹

Aber natürlich«, warf der Präzeptor ein, »mache er allen anderen dadurch deutlich, daß es einen anderen Gott gibt. Denn gäbe es keinen anderen, auf wen sollte er dann eifersüchtig sein?

Als Zebaoth, einer der Söhne des Herrschers, die Stimme Sophias hörte, die seinen Vater verdammte, bereute er und sang ein Loblied auf Sophia und ihre Tochter Zoe, das bedeutet Leben. Sophia streckte ihre Finger aus und erfüllte ihn mit Licht von ihrem Licht. Zebaoth empfing dieses Licht und hatte damit den Mächten der Finsternis gegenüber große Autorität.

Wegen seines Lichtes waren die Mächte der Finsternis eifersüchtig auf ihn und entfesselten in den sieben Himmeln einen großen Krieg. Aber als Sophia diesen Krieg sah, sandte sie sieben Erzengel, um Zebaoth in den siebten Himmel zu holen. Sie setzte ihn über den siebten Himmel, der unmittelbar unter dem Schleier liegt, der das Obere von dem Unteren trennt.

Als der Herrscher seinen Sohn in solcher Pracht wohnen sah, wurde er eifersüchtig.

Aber als der Herrscher das Bild Sophias sah, das sich in den Wassern spiegelte, und besonders auch, als er ihre Stimme hörte, wußte er, daß sie ihn geschaffen hatte. Er stöhnte und schämte sich dafür, daß er gesagt hatte: ›Ich bin Gott. Es gibt keine anderen Götter neben mir.‹ Aber er benahm sich weiterhin rücksichtslos und sprach folgende Herausforderung aus: ›Falls jemand vor mir existiert hat, laß ihn erscheinen, damit wir sein Licht sehen können.‹ Sofort erschien ein großes Licht in dem höchsten der Himmel über dem Schleier, der die sieben Himmel der Finsternis von denen darüber trennt. Dieses Licht fiel durch alle darunterliegenden Himmel.

Der Herrscher sah, daß dieses Licht wunderschön war und daß sich in ihm eine Frau zeigte, Sophia. Als ihr Licht auf die Wasser fiel, erschien darauf ihr Bild. Es spiegelte sich dort.

Und der Herrscher sprach: ›Kommt, laßt uns einen Menschen schaffen als unser Ebenbild, damit dieses Bild ein Licht für uns werde.‹ Und jeder Herrscher steuerte zu diesem Menschen etwas Charakteristisches bei. Jeder von ihnen warf seinen Samen in die Erde, und deshalb sind die sieben Herrscher seit diesem Tage Teil des Menschen, und ihre himmlischen Gesichter, die sieben Planeten, zeigen sein Schicksal.

Sie schufen ein Wesen als Ebenbild des ersten perfekten Menschen und sagten: ›Laßt ihn uns Adam nennen, damit sein Name ein Licht für uns werde.‹ Aber der Mann lebte nicht, denn er hatte, wie eine Mißgeburt, keinen Geist in sich, keine Seele. Also ließen sie den Körper, den sie geformt hatten, liegen und zogen sich zurück.

Nach vierzig Tagen gab Sophia Adam ihren Atem, und er begann sich auf der Erde zu bewegen. Er war jedoch nicht in der Lage, sich zu erheben. Als die sieben Herrscher zurückkamen und sahen, daß er auf der Erde dahinkroch, waren sie sehr beunruhigt. Sie kamen und ergriffen ihn. Aber als sie sahen, daß er nicht in der Lage war, sich zu erheben, waren sie froh und zogen sich wieder in ihre Himmel zurück.

Sophia sandte dann ihre Tochter Zoe, die Eva des Lebens genannt wird, als Lehrerin, um Adam auf eigene Füße zu stellen, damit die, die er zeugen würde, das Licht weitertragen konnten.

Also ging Zoe zu Adam und sagte: ›Adam, lebe! Erhebe dich auf der Erde!‹ Sofort wurde ihr Wort Tat, denn Adam erhob sich und öffnete die Augen.
Als die Herrscher der Finsternis erfuhren, daß der von ihnen geformte Körper lebte und daß er aufgestanden war, waren sie sehr beunruhigt und sandten Dämonen, die schauen sollten, was passiert war. Als sie zu Adam kamen und Eva erblickten, die mit ihm sprach, sagten sie zueinander: ›Wer ist dieses weibliche Wesen? Denn wahrlich, sie ist wie das Bild, das uns im Licht erschienen ist. Laßt sie uns ergreifen und vergewaltigen, um sie so zu beflecken, daß sie nicht mehr in der Lage ist, sich zu ihrem Licht zu erheben. Und die, die sie zeugt, werden uns dienen. Wir dürfen Adam auch nicht erzählen, daß sie nicht von uns abstammt. Wir werden ihn statt dessen in einen Trancezustand verfallen lassen und ihm dann einreden, daß sie aus seiner Rippe komme, damit er über sie herrscht.
Aber Eva lachte über ihre gemeinen Absichten. Sie verdunkelte ihre Augen und ließ ihren Körper neben dem von Adam liegen. Heimlich trat sie zum Baum der Erkenntnis. Sie enthüllte den Bewohnern der Finsternis, daß sie zu dem Baum gegangen war und daß sie dieser Baum geworden war. Und diese befiel eine große Angst, und sie flohen. Aber anschließend kehrten sie zu Adam zurück und sahen neben ihm den Körper Evas.
Sie dachten, das wäre die wahre Eva und nicht nur ihre Hülle, und verhielten sich sehr skrupellos. Sie ergriffen sie und sie vergewaltigten sie. Und sie schändeten sie nicht nur auf natürliche, sondern außerdem noch auf ganz abscheuliche Weise. Und das Ebenbild, die Hülle von Eva, empfing zuerst von dem Herrscher und bekam anschließend von den anderen sechs Herrschern Söhne.
Die Nachkommen von Adam und Eva vermehrten sich und füllten die Erde, aber alle waren sie in Unkenntnis über die Eine. Ihre neugeformten Körper waren die Gräber ihrer Seelen, da sie

im Bund mit der Vergeßlichkeit waren. Und deswegen waren sie sterblich.
Als die Unsterblichen der Finsternis sahen, daß Adam und Eva irrten wie die wilden Tiere, waren sie überglücklich. Aber sie hatten immer noch Angst vor Zoe, die zum Baum der Erkenntnis geworden war. Sie sagten also zu Adam und Eva: ›Jeder Baum im Paradies, dessen Früchte eßbar sind, wurde für euch geschaffen. Aber gebt acht! Eßt nicht vom Baum der Erkenntnis. Wenn ihr das tut, werdet ihr sterben.‹ Das versetzte Adam und Eva in große Furcht.
Dann kam das weibliche spirituelle Prinzip, das weiser war als alle von ihnen, in der Gestalt einer Schlange. Und es sah Eva und sagte: ›Was haben die Götter zu dir gesagt? Iß nicht vom Baum der Erkenntnis?‹
Eva entgegnete: ›Sie haben nicht nur gesagt, ›Iß nicht vom Baum der Erkenntnis‹, sondern auch, ›Berühre ihn nicht, sonst mußt du sterben.‹«
Und Eva nahm ein paar Früchte vom Baum der Erkenntnis und gab Adam ebenfalls davon. So zeigte sie ihm den Weg zur Wahrheit. Ihr Geist wurde weit, und das Licht der Erkenntnis leuchtete ihnen. Als sie ihre Schöpfer, die Götter der sieben Himmel sahen, fühlten sie eine Abscheu vor ihrer tiergleichen Gestalt, denn jetzt verstanden sie vieles. Die Götter der sieben Himmel, die erfuhren, daß Adam und Eva von dem Baum der Erkenntnis gegessen hatten, waren böse. Sie verfluchten Adam und Eva und alle ihre Söhne. Sie verfluchten die Erde und die Früchte der Erde. Alles, was sie erschaffen hatten, verfluchten sie. Und dann warfen sie Adam und seine Frau aus dem Paradies.
Als Zoe sah, daß die Herrscher der Finsternis ihr Ebenbild Eva verflucht hatten, wurde sie wütend. Sie jagte die Herrscher aus ihren Himmeln und warf sie auf die Erde.
Als die sieben Herrscher merkten, daß man sie auf die Erde

geworfen hatte, schufen sie dort für sich eine Schar Dämonen, die ihnen dienen sollten. Diese Dämonen lehrten die Nachkommen von Adam und Eva viele Irrtümer über Magie, Götzenverehrung, das Vergießen von Blut, Altäre, Tempel und Opfer. Die Welt wurde in Unwissenheit gestürzt, und alle Menschen dienten den eifersüchtigen gefallenen Göttern.
Adam war der erste Sterbliche, der vom Licht getrennt wurde. Aber er hatte den Funken in sich, den Atem des Lichts, der ihm von der göttlichen Sophia durch ihre Tochter Zoe gegeben worden war, und dieser göttliche Funken, dieses Empfinden von Licht in seinem Innern, mußte ihn schließlich wecken.«
Der Präzeptor machte eine Pause und ließ das Manuskript sinken. »Hier endet die Geschichte, aber natürlich gibt es mehr, was ich dir erzählen kann. Adam ist wie alle Menschen Form gewordene Materie, in der eine Seele, der göttliche Funken Sophias, gefangen ist.
Sophia existierte, bevor die Berge entstanden oder die Meere sich mit Wasser füllten, bevor die Sonne aufging und bevor die Sterne am Nachthimmel schienen. Von ihr haben wir unser Leben. Von ihr empfangen wir unsere Seelen, und zu ihr werden diese einmal zurückkehren.
Wenn wir uns das erste Mal unserer Seele nähern, treffen wir eine schreckliche dunkle Göttin, und sie verspricht uns alles, was wir jemals zu begehren wagten. Aber es ist unsere Angst, aus der sie entsteht. Solange wir Angst haben, werden wir Gefangene bleiben, obwohl wir frei sein könnten.«

Es sei an der Zeit, weiterzureiten, sagte der ältere Templer eines Morgens. Er nahm schweigend Jehans Arm und führte ihn zu jenen, die das Refektorium an diesem Tag verließen.
»Du hast erst den Anstieg durch die letzten Ausläufer der Seele begonnen. Du mußt dich erst noch der Gefahr stellen, die vor dir liegt.« Jehan drehte sich um und sah dem Präzeptor in die

Augen, die in einem Gesicht funkelten, dessen Runzeln und Falten von Distanziertheit, von Schlachten und von Ebenen unter sengender Sonne zeugten. Zwei Männer standen vor ihm, die nicht von einander zu trennen waren. Sie sahen beide mit denselben Augen. Es hatte den Anschein, als würde der Körper, den er sah, sich schon auf sich selbst zurückziehen, um so die Seele aus diesem Gefängnis aus Sehnen, Muskeln und Knochen zu befreien. Wofür, überlegte sich Jehan, hatte er früher gekämpft, und wofür kämpfte er jetzt mit Kriegeraugen, aber mit der Sanftheit einer Frau?

Das Ordenshaus der Templer war von Schnee eingeschlossen. Keiner hatte es in den vergangenen Wochen erreichen können. Tief in der Abgeschiedenheit eines Gebirgstales, in einer Oase drängten sich Menschen hinter Mauern aneinander, die den Schnee zurückhielten, aber nicht die Kälte. Jehans Welt war einen Augenblick lang der widerlichen Berührung seiner Erinnerungen entronnen. Das Ordenshaus im Schnee war wie eine Insel inmitten eines riesigen arktischen Meeres.

Jehan begann seine Vorbereitungen: Er begann zu fasten, um so seinen Körper von allen Unreinheiten zu befreien, seinen Hunger zu stillen und seine Wahrnehmung zu schärfen. Am zehnten Tag fand er sich unmittelbar vor Sonnenuntergang an der Tür der Kapelle ein. Er klopfte, damit ihm aufgetan würde. Die Tür wurde leise geöffnet, und Jehan ging schnell über den mit weißen und schwarzen Fliesen belegten Boden.

Er wurde von dem Präzeptor und von Bernard empfangen. Beide trugen das Gewand des Ordens. Ein sauberes weißes Tuch wurde über Jehan gelegt, und er wurde vor den Altar geführt, vor dem ein großer geöffneter Holzsarg stand.

»Heute ist die Nacht deines Todes«, sagte der Präzeptor traurig. »Falls du überleben solltest, dann ist das ein Geschenk der Götter, und der Rest deines Lebens ist ihrem Dienste geweiht.«

Er deutete mit ausgestreckter Hand auf einen kleinen Tisch mit einem Becher Wein und einem kleinen Laib Brot.
»Um dich zu sättigen, falls du das Bedürfnis hast.«
In der Zwischenzeit war es dunkel geworden. Das einzige Licht kam von einer einzelnen Kerze, die über dem Altar brannte. Inmitten dieser Ruhe schwang der Präzeptor mit einer unvermittelten und wilden Bewegung einen kleinen Dolch in Jehans Richtung und verletzte ihn an der Kehle. Gleichzeitig schnitt Bernard Jehan mit einem gezogenen Schwert den Rückzug ab.
»Heute Nacht wirst du sterben«, flüsterte der Präzeptor, »lege dich in deinen Sarg, damit es leichter ist, deine Leiche wegzuschaffen.«
Erschüttert stieg Jehan in den Sarg.
»Wir gehen jetzt. Wenn die Kerze nicht mehr leuchtet, bist du allein. Lebwohl.« Der Präzeptor und Bernard drehten sich abrupt um und gingen.
Jehan lag reglos in dem rauhen hölzernen Sarg. Die Kerze flackerte über dem Altar. Er sah, wie ihre unruhige Flamme Schatten warf, die über die Wände der Kapelle zu springen schienen. Unterhalb der Kerze stand eine kleine Skulptur. Zwei Gestalten, eine schwarz und eine weiß, waren so ineinander verschlungen, als seien sie im Liebesakt zu Eis erstarrt. Er betrachtete sie im flackernden Licht, und sie begannen sich zu bewegen und sich in einer Umarmung, die immer enger wurde, aneinander zu schmiegen.

Dunkelheit. Die Kerze war ein letztes Mal aufgeflackert. Schweigen. Stille, außer dem Pfeifen des Windes hinter den Mauern. Die Nacht nahm ihn in ihre Arme, und er träumte.
Er träumte, er wäre auf einer Insel. Er schliefe und träumte von einem Leben, aus dem er bald erwachen würde. Er träumte, er träume, und er erwachte aus diesem Traum. Er öffnete die Augen und sah vor sich auf der Insel einen Tisch mit den Resten

eines Mahles. Er schloß die Augen wieder und träumte von der Nacht, vom Schnee und von einem Leben zwischen Burgen und Mauern, die ramponiert waren. Er träumte von einem Kind, das im Gras spielte, von Lachen und von Kindern auf einer Schaukel weit weg am Rand eines Marktplatzes. Er träumte von einer Schlacht, von einer belagerten Stadt und von einem großen Stein, der einem der Anführer wie ein Donnergrollen das Leben nehmen würde. Er träumte einen Traum, der nicht sein eigener war, sondern der eines anderen, und der ihn so gefangennahm, bis er nicht länger wußte, welches sein eigener Traum war. Hatte er die Ritter mit dem roten Kreuz in seinem eigenen Traum getroffen? Hatte er mit den Zigeunern getanzt? War er in der Schlacht gefallen? Befand er sich in seinem Traum auf einem knarrenden Schiff, oder träumte er unter Sternen, während ein leichter Regen auf seine Glieder fiel? Träumte er davon, eine Insel zu erobern, oder tat das ein anderer? War er nur ein Traum, der sich selbst träumt, um nie zu erwachen?

Ein plötzliches Geräusch störte seine Ruhe. Donner. Ein Grollen, das so laut und so nah war, daß er sich aufsetzte und jetzt wach und mit wachsamen Augen in die Ferne starrte. Wieder kam ein Donnergrollen vom Himmel, das so laut war, daß die gesamte Insel zu beben schien. Während die Sonne noch die Wolken beleuchtete, zog der Abendsturm schon heran. Er sah sich schnell um, wo er Schutz finden könnte, solange noch Zeit war, aber er entdeckte nichts.

Er stand unter den Zypressen und zwischen den Marmorgräbern, als sich die Wolken öffneten und der Regen herunterprasselte. Er konnte nicht weiter als bis zum Rand der kleinen Bucht sehen, wo er die Insel das erste Mal betreten hatte. Der Himmel füllte sich schnell mit Wolken, das Meer hatte eine schiefergraue kalte Farbe angenommen. Er war naß und zitterte. Dann tauchte langsam aus dem Nebel und Regen das Boot auf, das ihn auf die Insel gebracht hatte. Er eilte ans Ufer, und als es die

Mole aus Stein berührte, sprang er hinein und wurde fortgerudert.
Hinter der Insel hörte der Regen auf, und als sie sich dem Land näherten, wurde der Tag wärmer. Sie ruderten immer noch, bis sich der dichte Wald teilte, um es einem Fluß zu erlauben, ins Meer zu fließen. Sie ruderten mühsam den Fluß hinauf gegen die Strömung, bis sie, die Sonne stand gerade im Zenit, ein Wäldchen am Flußufer erreichten. Dahinter stand ein großer Palast aus Stein.
Der stumme Ruderer wendete mit einer schnellen Bewegung seines Ruders das Boot, und es schlingerte in der Strömung, bis es das Ufer erreichte. Der Drachenkönig stieg aus und setzte sich auf das warme Gras, während das Boot sich eilig entfernte. Bevor er sich noch umdrehen konnte, trieb es bereits wieder flußabwärts und auf das endlose Meer zu. Aber der Drachenkönig hatte seinen Traum bereits vergessen und ging auf seinen Palast zu. Er erinnerte sich nur noch daran, daß er unter den beruhigend raschelnden Bäumen am Flußufer eingeschlafen war. Das war nicht ungewöhnlich. Der Tag war warm, und er hatte gut gespeist: Braten, der stark mit dem gewürzt war, was seinem launischen Genie von Koch an diesem Tage in den Sinn gekommen war, frisches Obst, das in dem Honig seiner Bienen geschwenkt war, und der schwere Rotwein, den die Händler aus Rouen brachten. All das hatte ihm zu einem Schlummer verholfen.
Der Drachenkönig ging langsam vom Fluß zurück. Er war beunruhigt. Es war nicht alles in Ordnung, weder mit ihm noch mit seinem Königreich. Als würde sich hinter den entfernten Hügeln unmerklich ein Sturm zusammenbrauen, ein Sturm, der, wenn er einmal losgebrochen war, alles vor sich hertreiben würde. Er ahnte, daß ihm, was er auch immer unternehmen mochte, die Macht aus den Händen glitt. Doch wo und wie, das konnte er nicht sagen, so wenig greifbar, so schleichend war

ihre Zerstreuung. Er hatte das Gefühl, der Geist der Zukunft wäre über ihn gekommen, während er schlafend im Gras gelegen hatte, und nur eine schwache Erinnerung daran war zurückgeblieben. Außerdem meinte er, sich an eine Niederlage zu erinnern, die noch kommen würde.

Der Drachenkönig sah zu seinem Palast hinauf. Er sah, wie seine Diener das Feld entlang auf ihn zuliefen. Er hatte den Eindruck, sie wollten sich verabschieden. So beschloß er, so bald wie möglich seinen Astrologen zu rufen.

»Verehrter Herr, der Komet ist erschienen!« Der Drachenkönig sah seinen Astrologen an, der hereingelaufen war und nun nervös vor ihm stand wie ein verwöhnter Dichter, der sich plötzlich darüber klargeworden ist, daß die angenehmen Tage zu Ende sind. Er blickte dem Astrologen in die Augen und sah Angst. Schlimmer noch: Er sah, wie sich der Astrologe zurückzog, wie er sich in dieser Minute darauf vorbereitete, fortzulaufen.

Wie ein Tier vor dem Feuer, dachte der Drachenkönig. Noch bevor er die Flammen sieht, rennt er ohne einen Plan und ohne einen Gedanken davon. Er wandte sich von seinem Astrologen ab und schaute aus dem Fenster des Turms. Vor ihm erstreckten sich die Stoppeln von Feldern in Tälern und abgeholzte Hügel. Mit all dem konnte er tun, was ihm beliebte. Ein zivilisiertes Land, denn es war gerodet, bestellt, abgeweidet, gepflügt, in einem Wort: gezähmt durch die Dörfer und Siedlungen. Die alte Dunkelheit und das Geheimnis waren mit den Bäumen verschwunden. Der König fingerte an seinem langen Schnurrbart und an seinem Bart, während er nachdachte. Er ahnte, daß sich die rasierten Männer, diejenigen, die die dunklen Geheimnisse abgelehnt hatten, irgendwo sammelten, um ihn zu vernichten.

Der Drachenkönig wußte, daß er selbst ein Mann des bärtigen Waldes war. Sein ganzes Leben lang hatte er sich zwischen dem trockenen Laub und zwischen den nassen Höhlen bewegt. Er liebte Schatten und dunkle Einschnitte, in denen mächtige Götter mit düsteren Ritualen besänftigt worden waren, von denen jetzt kaum noch jemand sprach. Egal, was die Priester sagten, fand er es immer noch selbstverständlich, daß der tote Gott, der von einem Kreuz herabhing, nicht etwa gekommen war, um die Seele der Menschheit zu retten, sondern um mit seinem Blut der Erde neue Nahrung zuzuführen, die durch so viel Staub und so viele Schlachten unfruchtbar geworden war. Er wußte, daß die Erde Blut brauchte, daß Gras auf alten Schlachtfeldern grüner war, daß Hügel und Flüsse darin konspirierten, Feinde zusammenzuzwingen, damit sie sich an ihren verrottenden Kadavern laben konnten.

»Die Zeit der großen Konjunktion kommt, Sir«, fuhr der Astrologe Eleazar ben Jacob seine Ausführungen fort. Dann machte er eine Pause. Ihm war nicht aufgefallen, daß ihm der Drachenkönig nicht zugehört hatte. Aber in dieser Pause wurde sich der Drachenkönig klar darüber, daß das Ende gekommen war.

Das Abendessen war für den König eine düstere Angelegenheit, trotz Frohsinn und fließendem Wein. Er verließ die Bankettthalle früh, zog sich in seine privaten Gemächer darüber zurück und setzte sich ans Fenster, um die Dämmerung über dem Land zu betrachten. Dumpfe Rufe und das Geklapper aus der Küche drangen aus den unterhalb gelegenen Fenstern in das Halbdunkel. Aber der Frieden war nicht von Dauer. An der Tür wurde energisch geklopft. Die Wache zog sie auf.

»Ein Besucher«, sagte der Posten schnell, er wollte sich zurückziehen, als er bereits von einem älteren und korpulenten Geistlichen roh beiseite gestoßen wurde. Der Drachenkönig seufzte. Hier war einer aus der Gruppe normannischer Kirchenleute, die über den Kanal gekommen waren, um seinem Vorgänger zu dienen. Er teilte dessen Anteilnahme an diesen Botschaftern Roms nicht.

»Einen leisen Rat, mein Sohn«, sagte der Bischof beruhigend

und verbeugte sich tief vor dem König. »Es gibt etwas, worüber wir sprechen müssen, allerdings nicht in der Öffentlichkeit der großen Halle.«

Der König zischte – die Lippen vor Wut schmal – zurück: »Es gibt nichts, was so geheim ist, daß ich es den Mitgliedern meines Hofes vorenthalte. Sie nehmen an, mein verehrter Bischof, daß ich einen Plan hege, der sich nicht mit Ihren Interessen vereinbaren läßt, sonst wären Sie nicht in solcher Heimlichkeit zu mir gekommen. Sie haben Glück, daß ich Sie nicht sofort hinauswerfen lasse.« Einen Augenblick lang schwiegen beide.

»Ich preßte mein Ohr so nah an die Tür, wie ich nur konnte, denn ich wußte, daß der listige Bischof einen geheimen Vertrag oder eine andere Schändlichkeit vorschlagen würde.«

Der Posten nahm einen weiteren Schluck von seiner Ale und biß in den Braten, der vom Abendessen des Königs übriggeblieben war.

»Und was ist dann passiert?«

»Es war, wie ich vermutet hatte. Ein verräterischer Plan, der, daran zweifele ich nicht, von jenen Prahlern und Simonisten, die vom Palast des Papstes aus ihre Fäden ziehen, ausgeheckt worden war. Nach einer blumigen Vorrede, in der unser König gepriesen und mit jedem großen Mann der Weltgeschichte, von dem je die Rede war, verglichen wurde, kam der Bischof zur Sache. ›Der Heilige Vater‹, sagte er leise und doch mit einer gewissen Bosheit, ›macht sich zunehmend Sorgen darüber, daß die alten Religionen in diesem Land ihre Stärke wiedererlangen. Die Kirchen verfallen, und neue werden nicht gebaut. Stattdessen fertigen die Bauern Götzenbilder an, um sie auf heidnischen Festen zu verbrennen. Sie haben ihre Bilder für die Saat, die Erde und den Himmel. Der Heilige Vater hat mich besonders darum gebeten, Ihnen eine Strategie zu empfehlen, um dieser Ketzerei entgegenzutreten, und das werde ich tun. Im Moment bin ich jedoch überhaupt nicht in der Lage, zu einer Entschei-

dung zu kommen. Lassen Sie mich das erklären. Ich bitte Sie, die Bedeutung meiner Worte zu verstehen.
Auf der anderen Seite des Meeres gibt es einen Günstling des Heiligen Vaters. Der Herzog, dessen Heldentaten für die Heilige Kirche, besungen von den Sängern, hinreichend bekannt sind, genießt die Unterstützung des Heiligen Vaters. Alle wissen auch, daß dieser Herzog ein begehrliches Auge auf Ihr Königreich geworfen hat. Ich kann Ihnen mitteilen, daß dieser Herzog in diesem Augenblick dabei ist, eine Flotte auszurüsten. Wir können uns irren, aber unsere Vermutung geht dahin, daß er planen könnte, hierher zu kommen. Falls das der Fall sein sollte, brauchen Sie Schutz. Sie brauchen dann die Unterstützung des Heiligen Vaters, der den Herzog vielleicht doch noch daran hindern kann, eine solche Fahrt zu unternehmen.
Im Gegenzug würde es der Heilige Vater natürlich gerne sehen, wenn Sie bedeutend mehr Begeisterung für die Kirche an den Tag legten. Insbesondere wünscht der Heilige Vater, daß Sie alle die heidnischen Religionen auslöschen und alle Opfer an das Land und die Früchte des Feldes einstellen. Als Zeichen Ihres guten Willens würde er es gerne sehen, wenn Sie unseren Klöstern einen größeren Landbesitz stiften würden. Ich habe hier eine Liste der Klöster, die von Ihrer Großzügigkeit profitieren könnten.‹
Der Bischof hielt inne, ich hatte Angst um sein Leben, denn ich wußte, was unser König über eine solch plumpe Erpressung denken würde. Ich zitterte vor Aufregung und erwartete jeden Moment, daß der König mich hereinrufen würde, um sich dabei helfen zu lassen, den unverschämten französischen Bischof hinauszuwerfen. Statt dessen hörte ich, wie der Bischof laut und mit größter Angst aufschrie. Ich stand immer noch zitternd vor der Tür und wagte nicht einzutreten. Dann wurde es in der Kammer plötzlich ganz still. Ich hörte, wie der König schnell durch den Raum ging, und sprang zurück. Ich tat so, als hätte

ich im Korridor geschlafen. Der König riß die Tür auf, sah mich und ließ sich nicht täuschen. Er überging das jedoch und sagte einfach: ›Es ist ein schreckliches Unglück passiert. Der edle Bischof ist aus meinem Fenster gefallen. Vielleicht könntest du mit zwei Leute seinen Leichnam bergen.‹
Dann drehte er sich um und ging zurück in sein Zimmer. Aber bevor er die Tür zuwarf, sah er mich an und sagte mit traurigem Gesicht: ›Es ist entschieden. Ich habe die schicksalhafte Entscheidung getroffen. Der Herzog wird kommen.‹
Erschüttert ließ ich Wulfoad an der Tür seiner Kammer zurück und ging die Treppe hinunter in das Zimmer der Wachen, um zwei Männer mit Fackeln zu holen. Wir gingen zum Fuß des Turmes. Unterhalb des Fensters des Königs fanden wir die Leiche des Bischofs. Er war natürlich tot, aber vielleicht nicht durch den Sturz. Er war auf einige Mehlsäcke gefallen, die für das Brot des nächsten Morgens in die Küche gebracht werden sollten, aber im Fallen war das große mit Juwelen besetzte Kruzifix, das er immer um den Hals trug, verrutscht, und er war hineingestürzt. Es hatte seinen Körper aufgeschlitzt. Wir drehten den Bischof um, und er sah aus, als sei Christus bereits gekreuzigt und schon blutend aus dem Herzen des Bischofs wiedergeboren worden.‹«

Eleazar fuhr fort, die kommenden Ereignisse zu deuten. Der Drachenkönig war mit seinen Gedanken jedoch anderswo. Er stellte den Göttern stumme Fragen. Konnte sein Schicksal abgewendet werden? Oder, falls nicht, konnte er vielleicht den schicksalhaften Verlauf abwenden? Er ignorierte die immer verzweifelter werdenden Ausflüchte seines Astrologen und wollte plötzlich wissen: »Wie kann ich entkommen?«
»Das Schicksal kann nicht abgewendet werden«, antwortete Eleazar und senkte den Kopf, um dem Blick des Königs auszuweichen.

»Aber wenn wir sehen können, was das Schicksal für uns bereithält, gestattet uns dieses Wissen dann nicht, etwas zu ändern?«

»Edler Herr, die Seele des Menschen ist frei und wird von der Bahn der Planeten nicht beeinflußt. Das instinktive Verlangen und die instinktiven Energien jedes Menschen werden jedoch von den Himmeln gesteuert. Große Menschenmengen werden einmal in die eine, dann in die andere Richtung ganz nach dem Muster bewegt, das von den Himmelskörpern vorgezeichnet wird. Hier kann es kein Entkommen geben, Sir. Wir sind alle dem Schicksal unterworfen, und es gibt nichts, was wir tun können.«

»Sie haben sich nicht klar ausgedrückt, aber ich verstehe, daß Sie für mich als König eine Gefahr sehen.«

»Das stimmt, Sir.«

»Dann werden wir einen anderen König bekommen?«

»Das scheint das vorhergesagte Schicksal zu sein, Sir.«

»Wenn ich von mir aus abtreten würde, würde das nicht die bösen Einflüsse abwenden und es dem Königreich erlauben, unversehrt zu bleiben?«

»Edler Herr, es gibt eine alte Tradition, die ich einmal in einem alten Manuskript in der Bibliothek von Toledo entdeckte, als ich dort unter den sarazenischen Meistern studierte. Dieser Tradition folgten in den Ländern unserer Vorväter jene heidnischen Herrscher, vor denen Abraham mit seiner Familie floh. Sie waren der Ansicht, daß der König seinen Thron aufgeben soll, wenn der Himmel ein Übel vorhersagt, das den König befallen wird. Ein Vertreter sollte dann in die königlichen Gewänder gehüllt werden, und es sollte eine Krönung stattfinden, um ihn auf den Thron zu bringen. Dieser Ersatzkönig sollte dann hundert Tage lang regieren und so alles Übel auf sich ziehen. Am Ende dieser Zeit brachte man ihn dann um, um so die Bürde von der Erde zu nehmen. Vielleicht sollten Sie ja etwas Ähnliches versuchen.«

Einen Moment lang antwortete der König nicht, und Eleazar überkam eine plötzliche Panik. Er fürchtete, zu viel verraten und zu frei gesprochen zu haben. Dann sprach der König:
»Ich werde das tun, aber anders. Ich werde mich nicht vertreten lassen, sondern meinen Thron ganz aufgeben und einen anderen die Macht übernehmen lassen, dem Anschein nach und tatsächlich.«
Der Drachenkönig hatte angefangen, sich Sorgen zu machen. Er wußte, daß es zu einer Schlacht kommen würde und daß er nicht mehr den Mut hatte. Sein ganzes Leben lang hatte er gekämpft, und jetzt fragte er sich, wozu. Nur damit die Sterne alles, was er aufgebaut hatte, einem anderen gäben, der über das Meer kommen würde? Nein, dachte er, er würde abtreten und sein Königreich seinem jungen Neffen geben. Vielleicht würde dieser die nötige Kraft für diese Aufgabe aufbringen. Es war besser, daß ein anderer an die Macht käme und so die Forderung des Schicksals nach einem Wechsel befriedigt würde. Damit ließe sich die Schlacht mit dem Herzog vielleicht vermeiden. Es war ebenfalls besser, zurückzutreten, dachte er, um so die beginnende Unruhe in seinem Königreich zu erstikken. Es war besser zu überleben, um sich das Leben nach Wunsch zu gestalten, nämlich ruhig und von seinen Träumen umgeben. Die er geliebt hatte, sein Sohn, seine Töchter und seine Frau aus lang vergangenen Tagen, waren nicht mehr auf der Erde. Die Pest hatte sie alle dahingerafft.
Er verließ sein Zimmer und rief nach Haakon, seinem Neffen.

Vor der Krönung brachte ein Botschafter in geheimer Mission einen Brief des Herzogs. »Ich höre«, las er dem Drachenkönig vor, »daß Sie die Absicht haben, Ihr Königreich wegzugeben. Ich höre auch, daß Sie vorhaben, es Ihrem Neffen zu übertragen. Lassen Sie mich sagen, daß ich vor seinen Fähigkeiten keine sonderliche Achtung habe. Deswegen schlage ich vor, daß Sie das Königreich mir geben. Ich werde Ihr Haus beschützen, und wir werden beide einer Schlacht aus dem Weg gehen, die nur zu Blutvergießen und Feindschaft zwischen Familien führen würde, die zusammenarbeiten sollten. Ich dränge Sie, bei diesem Schritt Vernunft walten zu lassen. Sie sollten jedoch auch wissen, daß das Schicksal auf meiner Seite ist. Ich werde König über Ihr Land werden, wie immer Ihre Entscheidung aussehen wird. Sie sollten das als unvermeidbar annehmen, mir den Thron geben und so das Desaster einer Schlacht umgehen.«

Der Drachenkönig schrieb in seiner Entgegnung: »Wenn Sie diesen Brief erhalten, wird ein anderer meinen Platz auf dem Thron eingenommen haben. Mit ihm sollten Sie sich auseinandersetzen.«

Die flackernden Lagerfeuer warfen ihre Funken in die Nacht, die wie Tausende von Sternschnuppen aussahen, die am letzten Ufer ihr Leben aushauchen. Über ihnen zog der Komet seine Bahn. Er witterte bereits das Blut, das vergossen werden würde. Unter ihnen bebte die Erde, hungrig und durstig, als wäre sie gerade aus einem langen Winterschlaf erwacht. Nur die angelsächsischen Krieger schienen sich noch über ihr Schicksal im unklaren zu sein. Der Wind von See strich kühl über ihre gebeugten Schultern. Wenn jemand die Kälte bemerkte, machte er dafür das Wetter verantwortlich und nicht die düsteren Vorahnungen. Keiner bemerkte, daß alle Tiere geflohen waren. Nur die ganz Sensiblen bemerkten die Schärfe in der Luft, die Vorahnung der Katastrophe, und sie machten sich leise davon, nachdem der Mond hinter den Schatten spendenden Bäumen untergegangen war.

Haakon kämpfte, weil ihm das Spaß machte und aus keinem anderen Grund. Für ihn hatten nur die Kaiser der Antike wirkliche Macht besessen, die als Zerstreuung am Nachmittag ihren Gladiatoren befehlen konnten zu sterben. Haakon wollte jedoch

mehr. Er wollte sowohl Kaiser als auch siegreicher Gladiator werden, der im Moment des Sieges die Blicke der trägen und sinnlichen Frauen auf sich zieht, die in Seide gehüllt beim Anblick des vielen Blutes und der vergeudeten Leidenschaften zu zittern beginnen. Haakon bewegte sich in dieser Nacht zwischen denen, die bald geopfert werden würden, und bedauerte nur, daß niemand Zeuge seines Triumphes sein würde. Keine Frau würde seine Stärke in der Kunst des Mordens bewundern – keine zarten Händen würden sich in die Armlehnen eines gepolsterten Stuhles krampfen. Niemand außer der dunklen Mondgöttin mit blutroten Lippen, die in gestohlenem Licht glänzten.
Nebel und Regen waren verschwunden. Die Bäume funkelten in der Sonne. Sie verloren langsam ihre silbernen Tropfen. Zarte Farnwedel raschelten in der leichten Brise, die den salzigen Geruch des Meeres ins Land trug. Auf einem niedrigen Hügel, auf dem es nach der Kühle der Dämmerung wärmer wurde, standen die Männer Haakons. Am Fuß des langen mit Gras und Bäumen bewachsenen Abhangs standen die des falschen Herzogs. Niemand bewegte sich. Beide Seiten versuchten die Stärke der anderen abzuschätzen. Und in beiden Lagern wurde trotz des Eisens, des feuergehärteten Holzes und der gespannten Stärke der gedrehten Sehnen über einen heimtückischen Feind oder willkommenen Verbündeten gesprochen, den regennassen Boden. Denn bereits mit dem ersten Angriff würden die Pferde des Herzogs den sanften Abhang in einen schlammigen Friedhof verwandeln, in dem ein Ritter ebenso unrühmlich ertrinken wie er von einer Speerspitze aufgespießt werden oder unter der Klinge eines Schwertes fallen konnte.
Haakon witterte Blut. Die Luft war dichter geworden, und der Boden unter seinen Füßen bebte. Er ging auf die zu, die neben ihm standen, und signalisierte seiner Armee Gefechtsbereitschaft. Lange Speere wurden in die Erde gerammt und Schilder miteinander verbunden. Ein letztes Mal prüften die Krieger die

Klingen der polierten Äxte. Die Männer des Herzogs hatten am Fuße des Hügels die erste Attacke eingeleitet. Haakon beobachtete diese lange langsame Bewegung, die wie eine schwarze Welle wirkte, die an den Strand schwappt, bricht und sich rot und schwarz über das Bollwerk aus Schildern und Speeren ergießt. Das gewaltige Rumpeln erweckte den Anschein, als würde die Erde selbst heranbranden, um ihn und seine Armee zu ersticken. Schreiend und rasselnd rasten die Pferde und Männer in ihren funkelnden Rüstungen in die scharfen Speere und spießten sich selbst auf. Es folgte ein gedämpfter Schmerz, der noch ein letztes Mal zum Himmel aufschrie, bevor alles zu einem chaotischen Durcheinander aus Knochen und Stahl wurde.

Die Angelsachsen beobachteten, wie die Sonne in den Zenit wanderte und sich dann wieder neigte. Ihre Hitze trocknete das Blut auf ihren Armen. Sie sahen, wie sich Welle um Welle in ihren Reihen brach, bis sie den Sieg witterten. Denn bald würde sich der Herzog zum Rückzug gezwungen sehen.

Haakon stand neben seinen Kommandanten und wurde durch ihre Körper geschützt. Er hatte sich entspannt, während sich unten die Normannen wieder aufstellten, vielleicht berieten diese über eine letzte Strategie, bevor sie sich damit abfanden, daß sie unterlegen waren. Während er noch hinabsah, wurde der Himmel plötzlich schwarz vor Pfeilen, und ein weiterer Angriff der Ritter begann.

Ein schwarzer Blitz. Haakon faßte sich ans Auge. Seine Kommandanten und seine Wache wandten sich ihm zu, um ihm zu helfen und zogen ihn wieder hoch. Niemand sollte sehen, daß er gestürzt war. Sie hielten ihn, und durch die Lücke, die in ihrer Reihe entstanden war, griff ein einzelner Ritter mit einem Speer in der Hand an. Bevor sie diesen Ritter noch vom Pferd zerren und abschlachten konnten, hatte sein Speer schon Haakon durchbohrt, der kraftlos und dem Tod geweiht schließlich zur

Erde sank. Noch bevor sein Herz aufhörte zu schlagen, breitete sich Panik in seiner Armee aus, und mit trübe werdendem Blick sah er, daß seine Männer bereits begannen zu fliehen. Für sie war ebenfalls alles zu Ende. Der Herzog hatte gesiegt.

Am Morgen desselben Tages war dem Drachenkönig mitgeteilt worden, daß die Schlacht bevorstehe. Er hatte jedoch keine Veranlassung gesehen, von seiner Routine abzuweichen, jetzt da die Sorge des Regierens von ihm genommen war. Der Tag war schön, und unter den Erlen am Ende seines Gartens war es fast noch warm. Erst aß er gut, und dann schlief er, wie es seine Gewohnheit war, unter den Bäumen ein. Wenn er dann am Ende des Tages erwachte, stieg er in den Fluß, um zu schwimmen. Er zog sein Gewand aus und sprang ins Wasser. Er lag auf dem Rücken und ließ sich von der schwachen Strömung treiben. Er hatte die Arme und die Beine ausgestreckt, lauschte den Rufen der Vögel in den Bäumen und träumte von der Vergangenheit und der Zukunft. Er träumte von der Frau, mit der er an diesem Abend das Bett teilen würde.

Ein Gedanke kam immer mehr zum Tragen. Jerusalem: Er würde eine Wallfahrt nach Jerusalem machen. Er begann, von einer glänzend weißen und heiligen Stadt zu träumen, die wie ein Fels aus Kristall in einem Land des Überflusses leuchtete. Inmitten seiner Überlegungen schreckte er plötzlich auf. Ein schwarzer Schatten näherte sich mit rasender Geschwindigkeit. Unvermitteltes Krachen von Waffen machte ihn taub, ein Todesschrei und die Vision vergossenen Blutes tauchten vor ihm auf. Er schrie, aber da er sich auf den Bauch gedreht hatte, dämpfte das Wasser seinen Schrei. Es lief in seine Lungen, und er sah einen schwarzen Pfeil sich in das Auge eines Führers bohren und einen Ritter sich mit seinem Speer einen Weg durch eine Armee bahnen. Er schrie wieder, dieses Mal in Panik, aber es war zu spät. Seine Lungen füllten sich nicht länger mit Luft, und sein Körper sank unter die Wasseroberfläche. Nur sein Verstand blieb einen Moment lang noch klar, aber er konnte nicht mehr sagen, ob er sich im Fluß oder in einer Schlacht befand. Einen Augenblick später wußte er gar nichts mehr, denn die Sommersonne hatte begonnen zu scheinen, und von irgendwoher erklang Musik.

Der Drachenkönig rollte und wandt sich im Wasser. Er wurde wie ein abgebrochener Ast von der Strömung herumgeschleudert und ins Meer hinausgetragen, wo das Wasser tief war. Er begann zu sinken. Er sank tief durch die dunklen Wasser der Nacht und wurde von den Sonnenwinden herumgeschleudert, die immer in Richtung des leuchtenden Sterns inmitten des Universums wehten.

Vor seinen müden Augen tauchten Umrisse, die etwas Altertümliches hatten, auf. Anfänglich waren sie undeutlich, wie Schatten hinter einem Vorhang aus Schlaf oder wie Schatten, die auf Nebel fallen. Dann nahmen sie langsam die Formen von Schiffen an, die aus einem in Nebel gehüllten Meer auftauchen. Er sah Personen, die er kannte, und er sah die Orte, die sie zusammen besucht hatten. Er sah die Leben, die er geführt hatte, und die Menschen, die er geliebt und gehaßt hatte, und er sah seine Erfolge und sein Versagen. Die Gestalten näherten sich und waren jetzt besser zu erkennen. Sie riefen ihm zu, sich ihm anzuschließen. Sie forderten ihn auf, seinen Traum zu verlassen und eines seiner Leben wieder zu beginnen, eines, das er bereits kannte. Dieses Mal, das versprachen sie ihm, würde er es leichter haben.

»Nein«, hauchte er äußerst erschöpft, »nein, laßt mich bis zum Ende fallen, und lenkt mich nicht weiter ab.«

Sie zeigten ihm seine Leben dreimal, sie boten ihm alle Möglichkeiten. Dreimal tauchten die schattenhaften Spieler aus jedem Stück auf, winkten ihn heran und baten ihn, sich an ihrem Spiel zu beteiligen. Aber alle drei Male war seine Müdigkeit zu groß,

alle drei Male konnte er auf das Begehren und auf die Erinnerungen, die sie entfacht hatten, verzichten. Dreimal lehnte er ab. Er zog es vor, diese alten Erinnerungen zu übergehen.
»Ich will nichts als das Ende der Hoffnung. Ich will nur das Ende des Begehrens. Ich will nichts mehr, als bis zum Ende zu fallen.«
Nach dem dritten Mal hatte sein Fall ein Ende, und die Sonne ging auf. Sie stand am Himmel und bohrte ihre brennenden Strahlen durch seinen Körper.
»Enoch! Ist das dein Tag?«
Jehan setzte sich mit geradem Rücken auf, und er lachte. Er lachte so laut, daß er das Echo seines Gelächters in der kleinen Kapelle hören konnte. Denn er hatte sich erinnert! Er hatte sich daran erinnert, daß er nichts finden würde, denn nichts war jemals verloren worden, er hatte es nur vergessen. Alles war eins, und so war es immer gewesen, und so würde es immer sein. Es gab kein Anfang und kein Ende.
»Sterben wir oder werden wir geboren?«
»Es ist alles eins«, kam das Echo.
»Und was ist mit der Dreieinigkeit, und was ist mit der Pflicht und dem Glauben?«
»Das sind nur Namen, die Schatten den Phantomen gegeben haben«, rief der leuchtende Himmel zurück.
»Der Tod ist nur ein Mythos«, sagte Jehan viel später im Scherz, als er auf einem Stein bei den alten römischen Ruinen einer südlichen Stadt saß. Marie sah ihn an und lachte. Sie dachte, daß er jetzt begann, sich so großartig anzuhören wie Bernard.

Die Morgendämmerung drang in die kleine Kapelle. Die Sonne war längst nicht so hell wie die um Mitternacht. Jehan trank etwas Wein und aß von dem Brot. Er war nicht weiter beunruhigt, und kein Laut drang durch die dicken Mauern der Kapelle. Den ganzen Tag saß er alleine da, reglos und ruhig. Er konzentrierte sich auf den Stern, die Sonne der Mitternacht. Er blieb auch die zweite Nacht noch dort und den zweiten Tag, denn alle Orte waren eins, und aufzubrechen würde bedeuten, sich vom Wissen zur Unwissenheit zu bewegen, aus der Erinnerung in das Vergessen. Er wachte auch noch die dritte Nacht, aber dann fühlte er trotz der Kontemplation die Anfänge der Trennung und mit dieser die Qualen des Hungers und die der Kälte. Am Morgen des dritten Tages öffnete er die Tür der Kapelle und ging nach draußen. Bernard und der Templer Präzeptor warteten auf ihn. Hinter ihnen tauchte ein dienender Bruder mit einem Tablett mit Speisen auf.

»Iß«, sagte Bernard und lächelte sanft, »iß und kehre zu uns zurück, denn wir freuen uns auf deine Gesellschaft.«

»Jetzt«, sagte der Präzeptor, »mußt du das Gelübde ablegen, daß du unserem Orden dienen willst, denn dir ist das wahre Leben gewährt worden.«

»Ich will dieses Gelübde zu dienen frohen Herzens ablegen«, entgegnete Jehan, »aber ich will dem Schöpfer dienen und nicht dem Orden. Ich kann keiner Gruppe von Männern mehr vertrauen. Der Eine und ich sind aufeinandergetroffen. Mein Gelübde, meine Verpflichtung ist dort, jetzt und für alle Zeit.«

»Aber du mußt Vorsorge gegen das Vergessen treffen, du mußt dir etwas einfallen lassen, um deine Erfahrung frisch zu bewahren. Es mag dir jetzt unnötig vorkommen, aber in den kommenden Jahren, wirst du einen Kodex und ein System von Vorstellungen benötigen, die es dir erlauben, das Leben und seine Schwierigkeiten zu meistern. In Zeiten der Entscheidung, der widerstreitenden Möglichkeiten werden dir Maßstäbe wichtig werden, an denen du deine Handlungen messen kannst. Deswegen mußt du das Gelübde ablegen.«

»Ich verstehe dich, aber meine Werte sind jetzt durch ein inneres Feuer gegangen, und ich kann sie nicht vergessen. Sie sind von meinem Leben nicht mehr zu trennen. Jetzt ist nur noch eins

für mich wichtig. Ich will von hier aufbrechen und in die Heilige Stadt, nach Jerusalem, reisen.«
»Aber die wird im Moment vom deutschen Kaiser beherrscht.«
»Das spielt keine Rolle«, entgegnete Jehan, »ich werde dorthin gehen und ihren heiligsten Ort aufsuchen, welcher das auch immer sein mag. Jetzt haben wir genug geredet. Ich wäre dankbar, wenn Ihr mir ein Pferd geben könntet, denn ich gedenke, heute schon aufzubrechen.«
»Aber du wirst diesen Winter nicht überleben!« rief Bernard.
»Doch, ich habe den Tod bereits überlebt, und meine Reise jetzt ist eine der Wallfahrt. Ich werde nicht sterben. Es kann natürlich sein, daß mein Körper am Rande der Straße liegenbleibt, aber das ist dann eine andere Geschichte.«
An diesem Tag ritt Jehan allein in die Schneewüste hinaus. Er hatte vor, zur Küste zu reisen, wo er sich ein Schiff für die Passage ins Heilige Land suchen wollte.

Kapitel 12

Der Wald dehnte sich wie ein endlos weiches Gewirr weit vor ihnen aus, wie ein großer wogender grüner Fluß, der in dem Augenblick der Ruhe, bevor er sich die Stromschnellen hinab zur nebligen Ferne des Horizonts hin ergießt, wie Eis erstarrt ist. Der Wald lag da unter einer brennenden Sonne, die Luft stand, als würden alle Winde den Atem anhalten, um eine tausendjährige Ruhe nicht zu zerstören. Zahllose Schatten drängten sich auf der nackten Erde zusammen und boten ihr einen dunklen Schutz gegen die wilden und räuberischen Winde des Himmels. Und tief in diesen Schatten ritt, so schnell er konnte, durch das Unterholz, das sich ihm entgegenzustellen schien, Jacquot, der Baumeister, mit seinen Männern. Sie waren schon weit gereist, seit sie die sorgsam behauenen Mauern ihrer Stadt am Meer verlassen hatten. Sie waren viele Tage lang geritten, aber jetzt hatten sie angehalten, nicht um auszuruhen, sondern weil ihre Suche ein Ende hatte.

Jacquot hatte den Baum gefunden, den er gesucht hatte. Sein Herz schlug schneller, und er holte tief Atem, als er zu der mächtigen Eiche aufschaute, die ihm vollständig den Blick verstellte. Es war immer dasselbe, dachte er, er konnte wochenlang auf der Suche sein, aber allmählich zog ihn der Baum, nach dem er Ausschau hielt, an, bis er, wie jetzt, demütig vor seiner gelassenen Erhabenheit stand. Die Erde zwischen dem Baum und der kleinen Quelle in seiner Nähe schien in diesem Augenblick geheiligt, ein Heiligtum, an dem sich die Götter in Frieden versammeln konnten. Er sah geradeaus auf die breiten braunen Schultern des Baumes, die sich nach oben reckten, stark wie Eisen und mit einer unwahrscheinlichen Spannung, da sie jahrhundertelang den Himmel getragen hatten. Zahllose Arme und Finger streckten sich in die Luft, suchten nach Beute und jagten in den niedrigen Wolken wie Jäger der Urzeit, die reglos im trockenen Gras einer endlosen Steppe warten.

Vielleicht haben die Götter bei dem Wachstum der Eiche selbst eine Hand im Spiel gehabt, dachte Jacquot. Sie hatten den Baum aus drei massiven Wurzeln hochgezogen, die offen dalagen: Es waren ineinanderverflochtene versteinerte Schlangen, die im Akt der Vereinigung zur Ruhe gekommen waren. Durch ihre vergrabenen Köpfe und Schwänze gelangten die chaotischen Kräfte des Himmels, die zu guter Letzt von dem schweren Stamm gezähmt worden waren, in die weiche und sanfte Erde und erfüllten sie mit Stärke. Andere Kräfte bewegten sich nach oben, die lebendigen Säfte der Erde gelangten über Millionen mit klaren Adern durchzogene Blätter in den Himmel: Feuch-

tigkeit, mit der die unbezähmbare Gottheit abgekühlt und beruhigt wurde.
Jacquot schaute schweigend auf den hohen Stamm, der an den Rändern seines Gesichtsfeldes, vor der Stärke des hügeligen Landes und des goldenen Gewölbes der Sonne vibrierte. Solch ein Baum, gewachsen, um den Himmel zu tragen, würde jetzt sein Schiff tragen. In seinem Stamm verbarg sich der Kiel dieses Schiffes und wartete nur darauf, befreit zu werden.
Jacquot blieb lange stehen und studierte die Eiche mit geübtem Auge. Er sah sich an, wo Äste ansetzten, denn hier lagen die Schwachpunkte. Aber er zweifelte nicht daran, daß in diesem Baum eine gewaltige Kraft wartete. Sie mußte nur noch von Männern mit scharfen Äxten befreit werden. Er sah den Baum immer noch an. Er war älter, das wußte er, als das Königreich. Schimmernd wie einen Geist sah er seinen Kiel in dem dunklen Wald vor sich.
»Dieser«, sagte er mit fester Stimme zu seinem Vormann, »dieser wird unser Schiff tragen.« Der Vormann gab seinem Pferd die Sporen und besiegelte das Schicksal des Baumes mit einem grausamen Hieb seiner kleinen Axt. Aus der Kerbe einer tödlichen Wunde sickerte der Saft des Baumes.
Von diesem ersten Befehl in Bewegung gesetzt, nahmen die Dinge jetzt von allein ihren Lauf und ermöglichten es Jacquot, zur Seite zu treten und sich seinen nächsten Schritt zu überlegen: Wie die große Eiche gefällt werden mußte, um sie dann zu den Werkstätten transportieren zu können. Seine Männer waren abgesessen und hatten bereits angefangen, das dichte Unterholz direkt am Stamm zu beseitigen. Einer der Reiter hatte sich eilig zum Ordenshaus am Fluß auf den Weg gemacht, wo der größere Teil der Arbeiter und Handwerker wartete. Sie standen alle in den Diensten der Ritter mit dem roten Kreuz oder waren ihnen auf andere Weise verbunden.
Die Galeere, die sie bauen sollten, sollte in der großen Flotte der

Templer Dienst tun, die das Meer auf dem Weg zum Heiligen Land durchpflügte und diese unersättliche Region mit Gütern und Pilgern versorgte. Jacquot war seit vielen Jahren Mitglied des Ordens und hatte nach Fertigstellung seines Meisterstücks bedächtig eine Gruppe von Schiffsbauern um sich versammelt, deren gesammelte Fähigkeiten ihm einen so beachtlichen Ruf eingebracht hatten, daß ihm die Arbeit nicht mehr ausging. Das Team Jacquots wartete im Ordenshaus. Die Untätigkeit, die der Einrichtung des Bauplatzes gefolgt war, hatte sie ungeduldig werden lassen. Die Neuigkeit löste große Freude aus, und sie begannen sich unverzüglich auf die lange Wanderung durch den Wald vorzubereiten. Der Führer des Ochsengespanns würde mit seinen zwölf riesigen Tieren am nächsten Tag aufbrechen.

Ein kühler winterlicher Abendwind wehte, als die Arbeiter die Eiche erreichten. Bevor die Dämmerung einsetzte, machten sie sich an die letzten Vorbereitungen, um so am nächsten Tag ihre Aufgabe mit größerer Leichtigkeit ausführen zu können. Dann ruhten sie aus. Der große Baum würde erst nach Aufgang der Sonne gefällt werden. Alle Männer ruhten oder schliefen, und ihre Feuer glimmten und sprühten Funken unter dem Tau des Waldes. In ihrem Schlaf und in ihren Träumen sammelte sie der Baum um sich und umarmte sie, ein Blätterbaldachin, der auf sie niederhing, ein sanfter Schutz gegen die Kälte der Nacht. Die Blätter boten Wärme und Trost, und die Männer lächelten im Schlaf.

Aber die Blätter gaben ihnen noch mehr. Sie boten ihnen Stärke, sollte einer von ihnen den Mut haben, sich an dem Tanz um den Baum der Bäume zu beteiligen, die Stütze der Welt, Irminsel, um den sich die Sterne ohne Anfang und Ende drehten. Die Stärke wurde an die Männer weitergegeben, das wußten die Waldgötter, bevor sie noch den ersten Axthieb getan hatten – sie hatten Jacquot begleitet, als er seinen Baum gefunden hatte, sie hatten ihn dorthin geführt – sie würden einen Teil von sich opfern. Jacquot wußte, daß wahre Macht bei jenen alten und wilden Göttern lag, von denen nur einige von der Kirche halb gestohlen, halb umgetauft worden waren – in der vergeblichen Hoffnung, daß diese dann dem alten und machthungrigen Rom dienen würden. Jacquot schlief ein und dachte dabei an die Einzelheiten des Rituals, das er seit seinen Lehrjahren kannte. Dieses Ritual würde er in der kalten grauen Dämmerung zelebrieren müssen, bevor sie die Eiche fällen konnten. Er mußte die Götter besänftigen und ihnen den Respekt erweisen, der ihnen zukam, damit sie dem großen Pfeiler der Eiche nicht die heilige Stärke entzögen, die er gefunden hatte.

Bei Morgengrauen inspizierte Jacquot persönlich den Platz und die Eiche. Er bemerkte einen kleinen Hügel an ihrer Wurzel, der die kräftigen Wurzeln jedoch nicht ganz bedeckte. Er sah auch, daß sich der Baumriese leicht mit dem vorherrschenden Wind neigte, und kam bald zu einer Entscheidung, auf welche Seite er fallen sollte. Dann, als die graue Sonne gerade hinter den schweren Wolken hervorkam, hob er seine Axt.

»Oh Silvanus«, hauchte er ehrfürchtig und ohne einen Laut. »Oh Silvanus, gestatte mir, dir deinen Wohnsitz, deinen schönsten Baum zu nehmen, aber lasse deine Stärke für alle Zeiten in ihm ruhen.« Dann fuhr er nach einer kurzen Pause fort: »Oh Baum, du wirst der Kiel meines Schiffes. Diene mir, wie du diesem Wald gedient hast. Du bist der schönste aller Bäume und deswegen, weil ich deine hervorragenden Eigenschaften liebe, werde ich dich jetzt fällen!« Und er schwang seine Axt und versetzte dem Baum einen Hieb an der Seite, auf die der Baum fallen sollte. Ein zweiter hastiger Hieb folgte, und dann weitere, bis am Fuße des Baumes eine Kerbe entstanden war, die seinen Fall lenken würde. Jacquot gab seinen Männern ein Zeichen, näher zu treten. Sie fingen an, von der anderen Seite auf den gewaltigen Stamm einzuhacken. Jacquot trat zufrieden zurück.

Seit dem Tag, an dem sie dem Baum seine Rinde abgezogen und mit der tagelang dauernden Arbeit begonnen hatten, seinen nackten Kadaver von den langsamen Ochsen über die morastigen Waldwege ziehen zu lassen, waren viele Wochen vergangen. Daß die Zimmermänner Jacquots damit begonnen hatten, mit ihren Äxten und Querbeilen den Kiel aus dem rohen Stamm zu schlagen, war ebenfalls lange her. Es wurden bereits die kleineren Bäume geliefert, aus denen die Rippen und Planken für den Rumpf gefertigt wurden. All diese Monate später ging ein Fremder, gerade als die Glocken der Steinkirche zum ersten Stundengebet geschlagen hatten, zum Flußufer hinunter, an dem das große Schiff langsam Form annahm.
Er war zuerst auf den jungen Hugo zugegangen, und dieser hatte den Besucher mit nervösen Händen an den Vormann verwiesen. Der Vormann hatte seinerseits sofort gefühlt, daß es mit diesem Mann, der in bäuerlichen Kleidern gelassen vor ihm stand, eine seltsame Bewandnis haben mußte. Er schien kein Bauer zu sein, seine überlegte Art und seine ruhige Würde ließen mehr auf einen bestimmten Typus von Ritter schließen als auf einen in Armut geborenen Wandersmann. Aber ein Ritter ohne Waffen und Pferd? Der Vormann, Guilhem Pons, der aus Albi stammte, berichtete seinen Freunden an diesem Abend: »Wer ist dieser Mann, der so schlecht gekleidet umherzieht und bei Schiffsbauern wie uns Arbeit sucht? Er versteckt sich sicher vor der Kirche. Ich würde denken, er sei ein Katharer, der untertauchen will, wenn es nicht so wäre, daß sich kein Edelmann der Katharer zu solcher körperlicher Arbeit herablassen würde. Nein, ich habe unseren Meister über diesen Fremden unterrichten lassen, und er kam innerhalb weniger Minuten. Sofort begann der Fremde zu reden. Er sagte, er sei mittellos, aber stark. Er sagte, er wisse, daß das Schiff für die Pilgerflotte gebaut würde und daß er für sein ewiges Seelenheil und um seine Neugierde zu befriedigen nichts mehr begehrte, als die Heiligen Stätten in Outremer zu

besuchen, des Landes hinter dem Meer. Und er meinte weiter, daß er es als eine große Gunst des Herren ansehen würde, sollte er zu dem Bau des Schiffes beitragen können, um auch so für die Überfahrt zu bezahlen, wenn sie schließlich segeln würden. Der Fremde macht daraufhin eine Pause, und sein Gesicht verriet Eifer. Er wollte sich von unserem Meister helfen lassen. Der Meister sah ihn scharf an, und dann bemerkte ich, daß sie ein Zeichen austauschten, ein Erkennungszeichen, das geheimes Einverständnis signalisierte. Der Meister sagte jedoch kein Wort zu dem Fremden, sondern wandte sich statt dessen an mich und sagte: ›Verwende diesen Mann bei den Arbeitern, lehre ihn, wie man den Rumpf mit Werg abdichtet und wie man eine neue Planke einsetzt, so daß er sich auch auf der Reise nützlich machen kann.‹«

Jehan entspannte sich und erlaubte sich, sich von der glitzernden Gischt, die ein spielerischer Wind durch die Nacht warf, gefangennehmen zu lassen. Er hielt sich an der Reling fest, und das Schiff rollte unter ihm. Es folgte dem Rhythmus des Meeres unter ächzenden Seilen und flatternden Segeln. Die Nacht schien zeitlos. Jehan hatte den Eindruck, das Schiff habe kein Ziel, das Meer kam ihm grenzenlos vor und das Schiff wie eine schwankende Insel in seiner Mitte. Dort würde es auch für alle Ewigkeit bleiben.
Jehan schaute nach oben, und die Wolken trieben zur Seite und enthüllten einen strahlenden Mond. Da sah er über das Feld des Ozeans verstreut die dunklen Konturen vieler anderer Schiffe. Er schloß die Augen und begann zu träumen: Er träumte, er befände sich im ersten Schiff einer riesigen Flotte, die zu groß war, als daß er sie von seinem Schiff aus noch ganz hätte überblicken können. Eine Flotte, die eine große Stadt einnehmen sollte, ein Troja oder ein Tyrus, eine Flotte, die eine Helena oder eine Astarte suchte oder die unter dem großen Banner der

Isis segelte, der schwarzen Königin, eine Flotte, die sich auf eine Schlacht für Markus Antonius, Alexander oder Cyrus vorbereitete. Von Ehrfurcht erfüllt, als hätte er endlich einen lebenden Mythos gefunden, öffnete Jehan die Augen und schaute wieder über das Meer. Es funkelte, wie es das seit dem ersten Tag immer getan hatte, seit dem Tag, an dem das Licht zum erstenmal über den dunklen Wassern geschienen hatte, ein Reiter, der auf dem Wind der Schöpfung ritt. Auf diesem Meer, das fühlte er, waren alle Zeiten und alle Orte eins.

Jehan lächelte, als er die Wirklichkeit vor sich sah. Eine kleine Ansammlung von Schiffen, die sich einen Weg in das Gelobte Land bahnten und von einigen Galeeren der Templer beschützt wurden, denn die Meere waren gefährlich. Sowohl moslemische als auch christliche Angreifer überfielen häufig die Handelsrouten, da immer mit einer lohnenden Beute zu rechnen war.

Jehans eigenes Schiff, ein langsamer Segler mit zwei Reihen von Ruderern und einem Segel, war Teil der Templerflotte und fiel nicht nur wegen des großen roten Kreuzes auf dem Segel auf, sondern auch, weil sein Rumpf rot gestrichen war. Während er für den Meisterschiffsbauer gearbeitet hatte, hatte er erfahren, daß alle Schiffe dankbar für den Schutz der Galeeren waren. Die Templerflotte erfreute sich bei den Pilgern großer Beliebtheit. Alle hatten Geschichten über skrupellose Kapitäne gehört, die nicht nach Osten, sondern nach Algier oder Tripolis segelten, um ihre Passagiere in die Sklaverei zu verkaufen.

Die schneebedeckten Berge Libanons lagen zu ihrer Linken, als sich die Schiffe schwerfällig und langsam dem Hafen von Akka näherten.

»Ein so unruhiges Land«, murmelte Jehan seinem Gefährten zu, einem Pisaner mit zahlreichen Narben, der unterwegs war, um über eine Ladung Seide und Teppiche zu verhandeln, »und doch geben ihm die Berge eine stille Größe, etwas Friedliches. Das schweigende und ruhige Zentrum der Welt scheint hier zu liegen. Es ist ein seltsamer Gedanke, daß angesichts solcher Erhabenheit jeden Tag Blut im Namen der Religion vergossen wird.«

Jehans Gefährte sah diesen an und versuchte zu ergründen, ob der andere einfach keine Ahnung hatte oder einfach nur außergewöhnlich naiv war.

»Sie kämpfen nicht um irgendeine Religion«, sagte der Pisaner mit rauher Stimme, in der jahrelange Beschimpfungen und jahrelanger Betrug ihren Niederschlag gefunden hatten, »nicht wegen irgendeiner Religion. Sie kämpfen wie auch sonst immer um Boden. Besitz und Macht regiert das Heilige Land, nicht der Glaube.«

Jehan sah seinen Gefährten an, einen Mann, der einem Ertrinkenden ein Seil zuwerfen, aber auch einem Dieb die Kehle durchschneiden würde. Seine Lippen waren weich, als wären Luxus und ein Leben in Genuß das wichtigste für ihn. Sein Gesicht war wettergegerbt, pockennarbig und hatte auch bei Schlägereien einiges abbekommen. Jehan bemerkte ebenfalls seine Hände. Sie hatten grobe Nägel und eine schwielige Haut, waren aber sonst lang und feingliedrig. Sie waren die Hände eines Künstlers oder Philosophen. Es kam Jehan so vor, als wäre er im Grunde gefühlvoll, aber schon vor langen Jahren zynisch geworden, aber eben nur auf der Oberfläche. Darunter, sah Jehan, hatte er sich immer noch eine Hoffnung bewahrt, obwohl er sich das selbst nicht eingestehen wollte. Das machte ihn zum Opfer jeder Gemütsschwankung, und seine Verfassung wechselte zwischen Stärke und Schwäche.

»Ein endloser Kreislauf: Die Besitzer lösen einander ab, und die, die alles verloren haben, kämpfen darum, das wiederzubekommen, was sie verloren haben. Sie scharten Verbündete um sich und kämpfen um Pässe, Burgen, nutzlose Hügel und staubige Marktflecken, bis schließlich Hunderte von Männern tot sind und eine bedeutungslose Provinz einen anderen Herrscher an-

erkennt. Aber«, sagte der Pisaner und wurde ernster, »die Zeit begünstigt die, die bereits ihre Truppen zusammen haben.«
»Was meinst du damit?« wollte Jehan wissen.
»Ich spreche nicht über das christliche Königreich, mein Freund, das ist dem Untergang geweiht, nicht jetzt, auch nicht morgen, aber unausweichlich, durch die Zeit und den Abstand. Hör mir zu: Wir sind hier auf einem Schiff, das Güter nach Akka bringt, die dort benötigt werden. Waffen, Pferde, Essen und, was am wichtigsten ist, Männer, Krieger und Ehemänner. Alle sind sie mit Schiffen unterwegs, die ständig der Gnade der Stürme und Piraten ausgeliefert sind. Die Sarazenen jedoch müssen nicht reisen. Alle ihre Männer und Pferde und all ihr Nachschub sind bereits hier bei jenen Bergen, die wir dort sehen. Vielleicht auf unserer Seite, vielleicht auf der anderen, das spielt kaum eine Rolle. Was eine Rolle spielt, ist die Tatsache, daß sie uns alle früher oder später aus diesem Land werfen werden, obwohl sie genausoviel oder genausowenig Anspruch darauf haben wie wir, denn viele Christen leben hier bereits wieder seit vielen Generationen und können diese Gegend mit Recht ihre Heimat nennen. Aber unsere Güter müssen alle mit dem Schiff aus dem Westen kommen. Das ist unsere fatale Schwäche.
So war das nie gedacht. Am Anfang sollte dieses Königreich das Juwel der Christenheit werden. Es sollte in der Lage sein, sich durch große Ländereien am Leben zu halten und durch ein Bündnis mit den arabischen Prinzen. Die Niederlage, die ihm voriges Jahrhundert bei Hattin beigebracht wurde, änderte das alles. Die Folge war, daß das Königreich jetzt nicht länger über genügend Ackerland verfügte und nur noch über eine Handvoll verstreuter Küstenstädte, die in Wirklichkeit nichts anderes als Handelsposten sind. Läßt man die Stadtmauern hinter sich, wird es nach einigen Meilen gefährlich. Die Bauern zahlen natürlich auch Steuern. Falls es den Sarazenen eines Tages gelingen sollte, sich unter einem Führer zu vereinigen, einem wie Salah-

ha-Din, dann ist für das abendländische Königreich hier im Osten alles verloren.«

»Ich habe gehört«, fing Jehan an und versuchte diesen plötzlichen Ausbruch zu verstehen, »daß es die Kriegerorden sind, insbesondere die Templer, die dieses Königreich am Leben halten. Ist das wahr?«

»Jetzt?« fragte der Pisaner. Dann fuhr er, seine eigene Frage beantwortend, fort: »Ja, bis zu einem gewissen Grade ist das wahr, aber man darf die Johanniter, den anderen wichtigen Orden, nicht vergessen. Diese beiden Orden haben jedoch oft gegeneinander gekämpft. Was Macht angeht, sind sie sich selbst am nächsten. Wir sollten uns jedoch unbedingt daran erinnern, daß man die Templer gerechterweise anklagen kann, den Verlust von Jerusalem verursacht und damit das Königreich entscheidend geschwächt zu haben. Weil der Templergroßmeister darauf bestanden hatte, führte der christliche König seine Armee in die Falle bei Hattin. Dieser Würdenträger des Templerordens hatte darauf bestanden, die Armee auf einem Hügel ohne Schatten einzusetzen, ohne Wasser, ohne Fluchtweg und ohne Platz für den Einsatz ihrer großen Schlachtrösser. Ursprünglich war der König froh gewesen, einer Schlacht aus dem Wege zu gehen. Ihm genügte die Herausforderung von Salah-ha-Din. Danach wollte er sich zurückziehen. Aber statt dessen führte der König, nachdem ihn der Großmeister als Feigling beschimpft hatte, seine Armee in den Untergang.

Ich habe auch gehört«, fuhr der Pisaner fort und sprach jetzt leiser, weil sich der Kapitän des Schiffes in Hörweite befand, »daß der Templerorden zu dieser Zeit korrumpiert wurde. Daß viele innerhalb des Ordens sich entweder zurückzogen oder einen inneren Zirkel bildeten, während sie den äußeren Zirkel, den rein militärischen, im Licht der Öffentlichkeit ließen. Es wird gesagt, daß diejenigen, die noch den ursprünglichen Zielen folgen, jetzt in Frankreich sind, besonders, so geht das Gerücht, im Süden.« Er machte eine Pause. Jehan spürte eine Vorsicht in der Stimme des anderen, als hätte der plötzlich den Eindruck, zuviel zu sagen.

»Wo hast du das alles gehört?« wollte Jehan wissen.

»Oh, keine Ahnung. Ich denke, daß darüber alle, die hier Handel treiben, unterrichtet sind. Du mußt wissen, daß wir alle möglichen Leute treffen, Christen, Juden, Mohammedaner, und daß wir viele Geschichten hören, manche sind wahr, manche halbwahr und manche erfunden. Aber ich habe genug geredet. Du wirst bald selbst Geschichten über das Königreich hören.« Er sah in eine andere Richtung und wandte sich von Jehan ab, um mit offensichtlicher Trauer über das Meer auf die Berge zu starren, denen sie sich allmählich näherten. Das Heilige Land war jetzt nur noch wenige Stunden entfernt.

»Ja! Ja! Ja!« rief Jehan aus Erbitterung und aus Schmerz über die Qualen, die sie ihm zugefügt hatten. Wie lange, wie ach so lange seine Reise in den Osten doch zurückzuliegen schien. »Ja natürlich kann ich mich daran erinnern, in Akka angekommen zu sein. Wie hätte ich das auch vergessen sollen? Ja! Ich war mit dem Pisaner zusammen. Die Stadt? Wie die Stadt war? Nun, zuerst, über das Wasser, über das dreckige Wasser, bevor wir noch in die Stadt kamen, zuerst kam also der Gestank. Der Gestank! Haben Ihre Schreiber das aufgeschrieben? Wesentlicher Punkt: Der Gestank von Akka. Ist das etwa Ketzerei? Eine dumme Frage, natürlich ist es das. Welcher Gestank? Der Gestank von Schmutz und Exkrementen, etwas süßlich, verrottende Früchte und abgestandener Weihrauch. Der Gestank von Verfall wie eine faulige Wunde, gelb, mit Maden, die über die weißen offenliegenden Knochen kriechen. Ich sah hinter der Stadt weiße Hügel und Männer wie Maden, die wie Schatten auf dem Staub herumkrochen. Akka! Eine eiternde Wunde, die man dem Land, das bereits von Kriegen zerrüttet war, mit dem Speer

seitlich beigebracht hatte. Mit Parasiten, Christen, Sarazenen, Juden, die sich alle von seinem Fleisch nährten und alles, was sie nur konnten, in sich hineinschlangen, bevor ihr Wirt sterben würde.
Ja, der Gestank. Wie das schwüle Ende eines heißen Markttages, nachdem alles Frische und Lebende verkauft oder geschlachtet ist. Wenn nur noch der Dreck und der Unrat übrig sind. Ja, es gab Kirchen, und es fanden in ihnen auch regelmäßig Gottesdienste statt. Nein, ich habe keine besucht. Ich war einfach nicht in Stimmung. Was noch? Was mich noch interessierte? Wie soll ich Ihnen das sagen, wenn ich nicht weiß, was Ihnen wichtig ist? Der Pisaner? Nein, ich habe nie nach seinem Namen gefragt oder wo er herkam. Ich habe keinen von seinen Freunden getroffen, das heißt, abgesehen von dem einen oder anderen Markthändler, den er mir als ehrlichen Lieferanten von Gütern und Lebensmitteln empfahl. Ob ich bei ihm gewohnt habe? Nein, aber ich traf ihn oft, das heißt, wenn er gerade keine Geschäfte machte. Verstehen Sie, ich wohnte im Hospiz des Templerordens, und seine Wohnung lag in der Nähe im Quartier der Pisaner, gerade auf der anderen Seite der schmalen Straße, die zu dem kleinen inneren Hafen führte. Ja, ich weiß, daß die Templer ihren eigenen Hafen hatten, aber die Güter, die nach Pisa und in andere Häfen verschifft wurden, wurden im inneren Hafen verladen. Nein, ich habe nicht gesehen, welche Schiffe im Hafen der Templer lagen, aber ich weiß, daß oft sarazenische Händler dorthinkamen und im Tempel wohnten, alle wußten das. Das war nie ein Geheimnis. Das war nämlich so am sichersten für sie. Warum? Die Templer waren mit etlichen Herrschern der Sarazenen verbündet: Sie sahen das als einzige Möglichkeit, das Überleben des Königreichs zu gewährleisten. Auf diese Weise erhielten sie natürlich auch viele Informationen. Es hat ihnen sicher auch gefallen, die Sarazenenherrscher gegeneinander auszuspielen, sähet Zwietracht, darauf

bestand der Meister immer. Nein, nicht in Gesprächen mit mir, ich bin ihm nie allein begegnet. Er stand nach den Gebeten am Freitag immer vor uns und hielt uns einen kurzen Vortrag, eine kurze Einführung in seine vielen Ansichten über das Königreich. ›Kein Land kann ohne Bündnisse mit den Sarazenen überleben‹, sagte er oft. Natürlich nimmt man von ihrer Religion an, daß sie mit der unseren nicht vereinbar ist, aber die Templer waren der Ansicht, daß man Geschäfte mit dem Teufel machen müsse, um zu überleben. Nein, nein, das ist nur eine Redensart, nicht mehr als das. Ja, das ist wahr, es schien eine engere Verbindung zwischen den Templern und den Sarazenen zu geben, etwas mehr als nur Geschäftskontakte. Ja, der Sekretär des Meisters war Sarazene und tatsächlich auch sein Arzt. Ja, es ist wahr, daß der Meister und viele von seinen hochrangigen Beratern die heidnische Sprache konnten, aber was da sonst noch gewesen sein könnte, kann ich nicht sagen. Ich war nur auf einer unteren Ebene mit dem Orden verbunden und mittlerweile auch schon ein Abtrünniger. Aus diesem Grund gab ich mich ihnen auch nicht zu erkennen, während ich ihre Gastfreundschaft genoß. Was sie betraf, war ich nur ein Reisender, einer der vielen Pilger, die die heiligen Stätten sehen wollten.

Ob ich an den Sitzungen des Kapitels teilgenommen habe? Nein, nein, wie ich Ihnen bereits gesagt habe, war ich ihnen nur auf einer unteren Ebene verbunden und außerdem abtrünnig geworden und deswegen wollte ich keine Aufmerksamkeit auf mich ziehen. Warum ich dann dort gewohnt habe? Einfach deswegen, weil es der sicherste Ort war, denn selbst im Viertel der Pisaner hätte ich nachts nicht ruhig schlafen können.

Das ist wahr! Warum sollte ich Sie belügen? Reicht Ihnen das nicht zu einer Verurteilung? Bin ich nicht ehrlich gewesen? Ja, ich habe auch Sarazenen und Juden getroffen. Ja, ich habe ein wenig über ihren Glauben erfahren, aber auch nicht mehr.

Lassen Sie mich schlafen, lassen Sie mich ausruhen, ich werde mich morgen an mehr erinnern.
Nein? Dann geben Sie mir um Gottes willen zumindest etwas zu essen, etwas in Wein getränktes Brot. Mein Mund ist bald zu trocken, um noch alle die Antworten zu geben, die Sie von mir fordern. Und das Gewicht, nehmen Sie doch etwas von dem Gewicht weg. Ich sollte Ihnen nicht die Wahrheit sagen? Ich fülle den Bericht des Inquisitors nicht mit dem Beweis meiner Schuld?
Ich soll gegen die Templer aussagen? Warum? Wozu? Sie haben der Kirche nichts getan. Und außerdem ermöglichen sie dem Heiligen Land das Überleben. Wenn Ihr sie schwächt, dann werdet Ihr das christliche Königreich schwächen, das dann um so eher dem Ansturm der Sarazenen nachgibt.

Zurück zum Anfang, wenn es das ist, was Sie wünschen, um so noch weitere Einzelheiten zu erfahren. Aber erlauben Sie mir, die Geschichte in meinen eigenen Worten zu erzählen und in meinem eigenen Tempo, denn nur so kann ich sie mit Genauigkeit wiedergeben.
Ich beginne also an einem Tag im dritten Jahr der Regierung von Königin Blanche, d.h. 1229, einem Tag gegen Ende des Frühlings, einem jener Tage, an denen es morgens noch frisch ist. Die Morgenluft ist noch ziemlich scharf, sie hat eine Frische, die das Herz mit Freude füllt. Aber wenn die Sonne höher steigt, beginnt die Hitze. Erst werden nur Arme und Schläfen heiß, dann alles andere. Um die Mittagszeit hat der Himmel alle erschöpft. Bis zu diesem Tag war die Hitze erträglich gewesen. Ich hatte oft auf dem Deck unseres Schiffes gelegen und mich an den Sonnenstrahlen gelabt. Ich dachte dann immer an die Bretter und stabilen Planken, die mit meiner Hilfe zusammengefügt worden waren. Ihr beständiges ruheloses Knarren war Musik in meinen Ohren, nicht etwa eine Quelle der Irritation

oder Angst. An diesem Tage war es anders. An diesem Tag verwandelte sich die Sonne aus einer Verbündeten in eine Feindin. In Zukunft würde ich immer versuchen ihr aus dem Weg zu gehen. Aber da ist noch mehr: Ich werde mich immer an diesen Tag erinnern, denn in der Morgendämmerung lag da vor mir in der Ferne der Hafen von Akka.

Am späten Nachmittag desselben Tages segelten wir um die Landenge von Akka und passierten linker Hand die großartigen Bauwerke der Templer mit der Kirche des Heiligen Andreas. Wir fuhren zwischen dem Eisernen Tor und dem Turm der Fliegen hindurch in den Hafen. Zwischen den beiden Türmen war eine Kette gespannt, mit der der Hafen geschlossen werden konnte. Für uns war sie herabgelassen, und wir segelten mühelos in den äußeren Hafenbereich. An Bord unseres Schiffes verbreitete sich in Windeseile Aufregung, bis wir unter großem Lärm zur großen Erleichterung der Passagiere an einer langen steinernen Anlegestelle festmachten und alle wieder die vertraueneingebende Festigkeit des Bodens unter ihren Füßen spüren konnten. Viele fielen in Tränen auf die Knie und beteten. Sie dankten dafür, daß sie sicher im Heiligen Land angekommen waren.

Mein erster Eindruck? Wie ich Ihnen bereits gesagt habe, der Gestank! Zumindest hatte auf unserem Schiff eine konstante Brise die schlechte Luft weggeweht, aber am Ufer! Und dann kamen die Bettler: Diese Horden von Blinden, Verstümmelten oder anderweitig in den Schlachten zu Schaden Gekommenen. Ich wußte davon zu diesem Zeitpunkt noch nichts, aber der Hof Baillis führte häufig Bestrafungen durch, zu denen auch Verstümmelungen gehörten, d.h. wenn sie des Schuldigen überhaupt habhaft wurden. Diese verstümmelten Verbrecher schlossen sich dann den Reihen der Bettler an, die sich auf der Anlegestelle drängten. Mit ausgestreckten Armen bettelten sie um Münzen, und es schnitt einem ins Herz, wie sie Gott darum

anflehten, daß die frommen Seelen der Neuankömmlinge ein Einsehen haben sollten. Sie baten darum, daß deren Herzen noch nicht so verhärtet sein sollten. Diese Härte kam jedoch schnell, fast abrupt, denn zwischen den Hilflosen fanden sich Diebe und Mörder. Es vergingen tatsächlich kein Tag und keine Nacht, in denen nicht Vergewaltigungen, Diebstähle und Überfälle verübt wurden.
Ich war kaum auf die Massen, die zusammengedrängten Menschen, die Nähe von so unterschiedlichen Rassen, Religionen und Temperamenten vorbereitet, ja, ich war eigentlich vollkommen unvorbereitet. Wir Franzosen stellen uns die Christenheit wie eine geeinigte Kirche vor. Der Papst verdammt in seiner von Gott eingegebenen Weisheit Sekten, die andere Wege zu Gott lehren, als schismatisch und ketzerisch. Aber in Akka existierte das alles nebeneinander, alle hatten Kirchen, alle hatten Anhänger und alle schienen ständig miteinander zu streiten. Hier lehrten römische Christen, griechische Christen, Jakobitische Christen, Maronitische Christen, Nestorische Christen, die gerade aus den Klöstern aus dem Norden gekommen waren, armenische und georgische Christen und syrische Christen, die einige Praktiken mit den Juden gemein hatten, die es ebenfalls gab. Dann waren da natürlich in Akka auch die Sarazenen mit ihren unterschiedlichen Glaubensrichtungen, die sogar eine Moschee unterhielten! Ihr Anblick veranlaßte Neuankömmlinge häufig zu Wut- und Gewaltausbrüchen. Sie verstanden das Leben in diesem Land nicht.
Akka war so bevölkert, daß gelegentlich das Pflaster der Straßen nicht mehr zu sehen war. Ein Meer aus Köpfen, Augen und Mündern, die in hundert verschiedenen Zungen sprachen. Auf jedem Platz unter jedem Dach lag eine Matratze oder stand ein Bett. Auf jeder Schwelle kauerte ein Bettler, in sämtlichen Häusern fanden sich Läden, und jeder Laden war ein Durcheinander aus poliertem Messing, vielfarbigem Tuch, aufgetürmten Früch-

ten, Gläsern, geschnitzten Truhen, Gold, Silber, Seiden, Teppichen, Gewürzen und anderen Wunderdingen im Überfluß, alles, was hier im Westen teuer und selten ist, war hier alltäglich. Es gab so viele Menschen, daß es unmöglich war, nicht Tag und Nacht von Fremden berührt zu werden und die Fremden zu berühren. Von dem Augenblick an, an dem wir das Schiff verlassen hatten, hielten wir alle unsere Geldbeutel sehr fest.
Da ich niemanden in der Stadt kannte und auch nicht mit dem Templerorden zu innig werden wollte – mir war daran gelegen, meine Unabhängigkeit zu bewahren – verließ ich das Schiff in Gesellschaft des Kaufmanns aus Pisa, mit dem ich mich während der Reise angefreundet hatte. Er war schon oft in Akka gewesen und hatte Waren gekauft, die dann nach Westen verschifft wurden, und hatte deswegen gute Kontakte zu den Bürgern der Stadt. Zusammen gingen wir also zum Pisanischen Viertel, wo er über ein großes Zimmer verfügte, in dem er schlief und seine Waren lagerte. Das Viertel lag auf dem Felsen zwischen innerem Hafen und offenem Meer. Hier war auch das Viertel der Templer.
Das volle Ausmaß der Freiheiten, die die Bewohner dieser außergewöhnlichen Stadt genossen, kam mir nicht sonderlich schnell zu Bewußtsein. Es wurde mir erst nach einer Reihe von Begegnungen klar, zu denen es woanders nicht gekommen wäre.

›Hier entlang‹, sagte der Pisaner schnell, ›wenn wir uns beeilen, werden uns die Bettler nicht belästigen können.‹
Ich konnte ihm nur mit Mühe folgen, da sich die Leute in den engen Straßen drängten. Alle versuchten, so hatte es zumindest den Anschein, sich in unterschiedliche Richtungen zu bewegen. Die Straßen waren von zwei- und dreigeschossigen Häusern gesäumt, die entweder aus Stein oder aus verputztem Lehm waren. Sie waren mit dem einen oder anderen Balkon und mit

vielen Bannern, Flaggen und – über den Türen der christlichen Haushalte – mit großen gemalten Kreuzen geschmückt. Um mich herum waren Händler, Diener, Träger und andere, deren Beruf nicht zu erraten war, vielleicht Abenteurer, Leute, die nach Zerstreuung suchten, Soldaten, die sich ausruhten, und rastlose Pilger, die einfach nur umherwanderten, weil sie sich nicht über ihr nächstes Ziel klarwerden konnten oder auf ein Schiff zurück in den Westen warteten.

Ich spürte eine wachsender Unruhe. Ich spürte die Gewalt, die kaum unterdrückt wurde. Als ich an einigen Ständen vorbeikam, sah ich zu meiner Rechten eine Klinge in der Sonne blitzen. Die Menge geriet einen Augenblick lang in Bewegung, und Köpfe schoben sich zusammen. Im nächsten Moment war schon alles vorbei, und die Köpfe schlossen sich wieder der wimmelnden Menge an. Nichts schien passiert zu sein, außer daß jetzt ein Mann tot auf der staubigen Straße lag.

Ich schaute im Vorbeigehen in die Läden auf beiden Seiten der Straße. Die Vielfalt der Waren war erstaunlich groß. Ich begann zu verstehen, warum ein Händler wie der Pisaner so oft die Gefahr auf sich nahm, hierher zu kommen. Aber meine Neugierde bekam zunehmend etwas Krankhaftes: Ich sah mich um, weil ich wissen wollte, worüber ich mich als nächstes entsetzen konnte, was hier von dem, was in Europa hinter verschlossenen Türen stattfand, offen zur Schau gestellt wurde. Ich hatte schon die Prostituierten und die Männer mit Blumengirlanden im Haar gesehen, die darum kämpften, eine Frau als nächster besteigen zu können. Das alles spielte sich ohne jede Scham auf einer Türschwelle ab. Ich sah ganze Kolonnen sarazenischer Männer und Frauen, die in schweren Ketten zum Sklavenmarkt getrieben wurden. Ich sah eine hübsche Frau, die für einige hundert Dinare an betrunkene Ritter verkauft wurde, die lautstark erklärten, welche sexuellen Ausschweifungen sie mit ihr vorhatten. Ich sah, wie ein Mann mit einem rotglühenden Eisen geblendet wurde, und beobachtete die Kastration eines anderen, der nicht das Geld hatte, eine Nonne für das Mädchen, das er geschändet hatte, zu bezahlen. Ich sah einen Trupp Verwundete in die Stadt kommen, die Überbleibsel einer Schlacht, die gerade gefochten und schnell vergessen worden war. Ich sah, wie sie von dem selbstsüchtigen Haufen einfach ignoriert wurden.

Kurze Zeit nachdem ich diese traurige Prozession gesehen hatte, zog ein seltsamer Laden meine Neugierde auf sich. Er war klein, und hier gab es viele Glasgefäße in unterschiedlichen Farben, die auf schwarzen Teppichen ausgestellt waren. Das Innere war mit düsteren Wandbehängen ausgekleidet, dunkelrot, violett und blau. Am Eingang wurde der Inhaber gerade mit einer hübschen Frau mit einem adeligen Auftreten handelseinig. Ich ging näher heran, um zu hören, was sie sagten, aber ich konnte ihre Worte nicht verstehen. Ich sah nur, daß sie sehr leise sprachen und daß er ihr eine kleine Menge eines Pulvers abwog. Dann wechselte Geld den Besitzer, und die Frau verschwand schnell in der Menge.

›Das bedeutet, daß ein weiterer Mann sterben wird‹, ich drehte mich schnell um. Der Pisaner war zurückgekommen und stand hinter mir.

›Was meinst du damit?‹ Ich brachte kaum ein Wort heraus, so sehr erstaunte mich seine beiläufige Art.

›Dieser Laden, der dein Interesse auf sich gezogen hat, handelt mit Gift‹, sagte er ohne Umschweife. ›Wenn man vorhat, seine Frau, seinen Mann oder etwaige Liebhaber zu ermorden, dann geht man zu so einem Laden, wenn man nicht‹, und er sah mich nachdrücklich an, ›mit Messer und Schwert umgehen kann.‹

›Aber jene Frau ...‹ fing ich an und deutete hilflos in die Richtung, in die sie verschwunden war.

›Hat genug gekauft, um jeden, den sie will, zu töten‹, unterbrach mich der Pisaner. ›Morgen wird man einen Ehemann oder einen Liebhaber tot auffinden, darauf wette ich.‹

Ich sagte nichts weiter. Ein solcher Laden lief all dem zuwider, was ich vom Heiligen Land erwartet hatte.
Sie können sich sicherlich die Verwirrung vorstellen, die mich überkam. Ich hatte mich auf eine Wallfahrt ins Heilige Land begeben. Ich hatte die Heiligen Stätten besuchen wollen, ich hatte mir vorgestellt, mit entblößtem Haupt und barfuß in den Schreinen zu stehen, die seit der Zeit König Davids heilig waren. Aber in dem Chaos, in der hektischen Suche nach Gütern, Vergnügungen, Schlachten, Geld und der Erfüllung von jedem Begehren, war jede wahre Frömmigkeit abhanden gekommen. Nur noch die äußere Hülle der Religion war vorhanden und diese dafür in um so größerer Zahl. Mönche trugen die richtigen Gewänder und vermieteten trotzdem ihre Häuser an Prostituierte. Priester zelebrierten Messen, aber ihre Gemeindemitglieder waren betrunken und lärmten.
Ich hatte ebenfalls das Gefühl, daß es sich bei der Askese um ein weiteres Übel handelte, da ihre Härten öffentlich der Menge vorgeführt wurden. Sie drängte sich um den zerlumpten Pilger oder Mönch, als sei auch er nur ein weiterer Händler exotischer Lustbarkeiten. Ich kam zu dem Schluß, daß dieser Mann ein eitler und angeberischer Dummkopf sein mußte, der, obschon er sich selbstbewußt demütigte, der Berührung Gottes nicht im geringsten nahegekommen war.
Nein, Gott sprach nicht zu den Mönchen und Priestern des Heiligen Landes. Die Gottheit hatte sie verlassen und sich weise in eine Flammensäule zurückgezogen. Sie kümmerte sich nur um die Sonne, der sie gestattete, die Köpfe all derer zu verbrennen, denen es gelang, in diesem Land zu überleben.

Ich habe nicht gewagt, es laut zu sagen, aber während ich noch sprach und beichtete, erinnerte ich mich daran, daß es tatsächlich eine wahre Religion in Akka gab, trotz der Aussagen, die ich meinen Inquisitoren gegenüber gemacht hatte. Sie hatte mit der

Römischen Kirche so wenig zu tun, daß sie als ketzerisch gelten konnte. Es gab eine Schule, die von Christen aller Glaubensrichtungen besucht wurde. Sie hatten das gemeinsame Verlangen, die Wahrheit zu erfahren, nicht nur über ihre Religion, sondern auch über das Göttliche. Und sie waren damit nicht allein. Diese Schule wurde auch von Juden, Sarazenen und anderen Syrern verschiedener Sekten besucht. Wir trafen uns – ich ging regelmäßig dorthin – und wurden in der Geschichte der verschiedenen Religionen unterrichtet, insbesondere in der Jesus ben Josefs, dem Menschen, nicht dem Gott. Damit verbunden waren wichtige Gebets- und Atemtechniken sowie bestimmte Rituale. Hier lernte ich die spezielle Atmung, von der die Rezitation des Pater Noster begleitet wird. Ich erinnere mich daran, daß die Lehrer sagten: ›Atem ist Leben.‹
Diese bedeutende Schule befand sich im Tempel und wurde vom Orden unterstützt. Viele Templer besuchten sie, obwohl es andere innerhalb des Ordens gab, für die ihre Existenz ein Geheimnis darstellte. Der Teil des Ordens, der auf der Suche war, sonderte sich diskret von den Soldaten und Abenteurern ab, die ganz klar das öffentliche Leben dominierten. Besucher konnten die Bauten des Tempelbezirks durch mehrere kleine Seiten- und Geheimtüren in Privathäusern betreten, die außerhalb seiner Mauern lagen. Diese waren den Kirchenvätern unbekannt, die damals wie heute bemüht waren, Gründe für die beständigen Gerüchte religiöser Untreue auf seiten der Templer zu finden.
Gelegentlich ruderten Besucher sogar in kleinen Booten in den Templerhafen. Diesen Weg benutzten sicherlich die großen sarazenischen und jüdischen Lehrer, die gelegentlich kamen, um uns in den Mysterien zu unterweisen. Sie erschienen anfänglich verkleidet. Sie lachten oft und erzählten uns Geschichten von Ibn El-Arabi oder von El Ghazali. Ein Mann, der von einem angreifenden Löwen errettet wird, kümmert sich nicht darum,

ob sein Retter unbekannt oder berühmt ist. ›Warum‹, fragte unser Lehrer, ›wenden sich so viele an die Berühmten, um Kenntnisse zu erlangen?‹ Gelegentlich wurde er auch deutlicher: ›Die Frage der Erkenntnis des Göttlichen‹, pflegte er zu sagen, ›ist so schwierig, daß nur diejenigen, die über diese Erkenntnis verfügen, sie wirklich stellen können. Es gibt nichts Halbes. Es gibt keinen schrittweisen und graduellen Erwerb der göttlichen Erkenntnis. Es handelt sich entweder um eine Erkenntnis der Gesamtheit oder von überhaupt nichts. Glaube verhält sich zu solcher Erkenntnis wie Jugend zum Erwachsensein oder Beobachtung zur Teilnahme.‹

Ich habe dort auch den Tanz gelernt. Es wird über einen bestimmten sarazenischen Lehrer eine Geschichte erzählt, einen Sufis, glaube ich. Ein Schüler fragte ihn, ob er an dem Tanz teilnehmen dürfe. Der Lehrer ermahnte ihn, erst drei Tage zu fasten und dann ein üppiges Mahl zu bereiten. Wenn er beim Anblick des Essens immer noch an dem Tanz teilnehmen wollte, dann dürfte er teilnehmen.

Wir führten den Tanz immer am Abend des Samstages auf. Die Teilnahme war immer auf den inneren Zirkel unserer Gruppe beschränkt. Wir bildeten zwei parallele Reihen von je zwölf Tänzern und bewegten uns dann zur Begleitung von einfachen Musikinstrumenten vorwärts. Der Lehrer klatschte und fing langsam an, sich von einer Seite zur anderen zu wiegen. Der Rest von uns paßte sich seinem Rhythmus an. Mehr kann ich nicht sagen, außer daß wir oft magische Pflanzen und Gewürze benutzten. Wir stellten Getränke und Salben her, die getrunken oder eingerieben bald die Tore unserer Seelen öffneten und es uns erlaubten, von der Erde herabzufallen und das Universum, das am Rande unserer Augen begann, anzuschauen.

Ich tanzte, bis der Raum verschwand, die Musik aufhörte und die Bäume, die den Fluß beschatteten, höher und grüner wurden. Der Fluß, der breiter geworden war, hatte jetzt eine stärke-

re Strömung. Ich schlüpfte aus meinen Kleidern. Mit einem Triumphschrei sprang ich in das kalte Wasser. Die Schlacht war jetzt weit entfernt. Ich ließ mich von der starken Strömung flußabwärts treiben, und mein Gesicht wurde ruhig in der Sonne des Nachmittags. Ich trieb, bis ich das Meer erreicht hatte, und dort begann ich in Richtung Horizont zu schwimmen, denn ich wußte, daß, wo Meer und Himmel eins wurden, die Insel lag. Die Insel, von der ich seit Beginn des Tanzes träumte und geträumt hatte. Der Tod hatte vom Leben geträumt, das Leben vom Tod und ich von beidem.
Auf der Insel lag ein Körper. Ich ging auf ihn zu und erkannte ihn. Ich versuchte ihn zu wecken, aber statt dessen weckte er mich.

Ich werde mich nicht mit meiner Reise nach Jerusalem aufhalten. Es ist dabei nichts vorgefallen, was einen Inquisitor wie Sie auch nur entfernt interessieren könnte. Genüge es also, daß ich sage, daß ich von den beiden möglichen Wegen den oberen wählte. Allein. Sie können daraus machen, was Sie wollen. Ja, sicherlich ging es durch ein mehr als ungastliches Gebiet. Nein, ich wurde nicht belästigt. Tatsächlich reiste ich in Gesellschaft eines Freundes, den ich durch den Pisaner kennengelernt hatte und der die Stadt mit einer sarazenischen Karawane verließ, die nach Süden zurückkehrte.
Ich habe das dem Inquisitor nicht erzählt. Aber als ich Jerusalem erreicht hatte, stand ich auf einem Hügel, von dem aus man den Tempel sehen konnte, und schaute diesen an, wie er in das rote Licht der aufgehenden Sonne getaucht dalag. Die Hügel von Judäa um mich herum waren bereits blendend weiß, und die Luft bereits wieder glühendheiß. Das Licht spiegelte sich in der Kupferkuppel des achteckigen Tempels des Herrn, der auf dem Felsen Abrahams stand, und wurde immer stärker. Es brannte mir in den Augen, und die Hitze brannte mir auf der Stirn. Ich

trat einen Schritt vor und fiel einen felsigen Abhang hinunter und kopfüber in ein Tal, das Kidron heißt. Ich überschlug mich immer wieder, wirbelte kleine Steine auf und schlug schließlich in einem großen Grab auf, das man in der Talsohle aus dem Felsen gehauen hatte. Als ich in das Grab fiel, wurde es plötzlich dunkel. Ein Stein war vor den Eingang gefallen und hatte das Grab in eine Falle verwandelt. Ich hatte den Geruch von Salben und von Balsam in der Nase. Auf dem Boden des Grabes lagen weiße Tücher. Ich kroch vorwärts, tastete mich langsam weiter. Der Boden war uneben, und jede Bewegung schmerzte.
Ich begann wieder etwas zu sehen, denn von vorne kam etwas Licht. Ich kroch einen Tunnel entlang. Nach einiger Zeit wurde das Licht stärker und die Decke höher. Schließlich konnte ich mich aufrichten und gehen. Dann rannte ich einen riesigen Korridor entlang auf das Licht zu, das seine Strahlen durch den Tunnel warf. Ich kam in ein großes Amphitheater, mit einem riesigen Holzkreuz in der Mitte. An ihm hing Christus mit ausgestreckten Armen, das Gesicht schmerzverzerrt. Mich überkam Mitleid, und ich eilte auf ihn zu.
Als ich näherkam, überwältigte mich die Liebe für diesen heiligen Mann, der über mir strahlte. Ich bot ihm äußerste Unterwerfung und totalen Gehorsam aus der tiefsten Tiefe meiner Seele, warf mich am Fuße des Kreuzes zu Boden und küßte Christus die Füße. Tränen liefen ungehemmt meine Wangen hinunter. Aber ich küßte nur Luft: Ich öffnete meine Augen, und das Kreuz und Christus waren verschwunden. Sie hatten sich in gelben Staub verwandelt, der mir wie ein trockenes Rinnsal durch die Finger lief. Aber als der Staub fiel, sah ich unter mir einen Funken, einen goldenen Lichtblitz. Ich begann verzweifelt in der Erde zu wühlen und beeilte mich, das auszugraben, was ich entdeckt hatte. Ich starrte in den Staub und sah die Fragmente eines Sterns, die tief in dem dunklen Blau einer endlosen Nacht aufleuchten.«

Kapitel 13

In dem kalten Licht der Morgendämmerung wurde eine kleine Gruppe von Ketzern aus ihren Zellen in Toulouses Chateau Narbonnais geholt. Unter Bewachung gingen sie zur Wiese des Grafen, die nicht weit hinter der Stadtmauer lag. Hier erwartete sie ein großer Haufen trockenen Holzes mit – ganz oben – einem kleinen gezimmerten Podest. Von diesem ragten eine Reihe von Holzpfählen auf, für jeden der Ketzer einer, die sich jetzt langsam auf diese zubewegten. Die Verdammten bemerkten die Pfähle, und es schauerte sie. Als sie den Scheiterhaufen erreicht hatten, näherte sich ihnen ein Priester. Es war jener Priester, der ihr Verhör geleitet hatte.

»Seid ihr zu diesem späten Zeitpunkt bereit, eure Irrtümer zuzugeben und die Buße, die euch die Kirche in ihrer göttlichen Weisheit auferlegt hat, anzunehmen?« Die meisten antworteten nicht, sondern schauten den Priester nur mit stetem und ruhigem Blick an. Einer spuckte ihn sogar an, und die Spucke traf das große Ebenholzkreuz, das dem Geistlichen an einem Lederriemen um den Hals hing. Der Speichel floß langsam an dem schwarzen Holz herunter, bis er herabtropfte und in dem Boden unter seinen Füßen versickerte.

»Sie bereuen nicht!« rief der Priester wütend den Soldaten zu. »Bringt sie nach oben.« Die Soldaten griffen die Ketzer und stießen sie rauh, einen nach dem anderen, oben auf den Scheiterhaufen, wo jeder fest an einem der Pfähle angebunden wurde. Ketten wurden um ihre Hände und Füße geschlungen und festgezurrt. Sie wurden so in eine kniende Stellung gezwungen. Außer einem Lendentuch wurden ihnen alle ihre Kleider abgenommen. Dann strich man als letzte Folter Fett auf ihre nackte

Haut, als sei das Verbrennen allein nicht genug, als sollten sie vorher noch gebraten werden. Die Ketzer knieten und versuchten sich ruhig gegenseitig zu trösten. Dann kletterte der Priester die aufgeschichteten Baumstämme herauf und baute sich wieder vor ihnen auf.
»Ihr habt eine letzte Chance, eure Sünden zu bereuen und das Urteil der Kirche anzunehmen. Auch jetzt können wir euch noch von diesem Ort wegbringen und euch so einen qualvollen Tod ersparen.«
Keiner antwortete.
»Nun gut«, meinte der Priester weiter, rasend über ihre Verstocktheit und sein eigenes Versagen, »es ist alles vorbereitet.« Er drehte sich zu den Soldaten um und sagte mit schneidender Stimme. »Sie sind jetzt außerhalb von jedem Schutz, den ihnen die Kirche hätte bieten können. Sie sind aus der Gemeinschaft der Menschen ausgestoßen und eurer Obhut anvertraut. Fahrt nach eurem Gutdünken fort.« Er drehte sich um und wollte gehen, wurde aber davon zurückgehalten, daß einer der Ketzer laut etwas rief, so laut, daß der Priester, die Soldaten und die sich versammelnde Menge unterhalb des Scheiterhaufens seine Worte deutlich hören konnten.
»Möge das Göttliche euch die Morde, die ihr jetzt begeht, vergeben, wie wir das tun.«
»Verbrennt sie!« zischte der Priester rasend vor Wut. »Verbrennt sie sofort!«
Die Soldaten sprangen von dem Podest herunter und liefen fort, um lodernde Fackeln zu holen und den Scheiterhaufen in Brand zu setzen.
Von oben hörte ich, daß die Ketzer anfingen zu singen. Sie sangen vom Frieden, von der Freiheit, von der Schönheit und vor allem von dem Göttlichen. Und trotz der rasch auflodernden Flammen sangen sie, bis über dem prasselnden Feuer und dem dichten Rauch nur noch eine erstickende Stimme zu vernehmen

war, die die Worte mehr keuchte als sang. Die Menge konnte nicht mehr sehen, wer es war, und auch diese Stimme wurde von der Flammenhölle schnell zum Verstummen gebracht.

»Ich glaube kein einziges Wort von dem, was du gesagt hast«, meinte der dunkle Mönch ziemlich direkt zu Jehan, während er dem Schreiber ein Zeichen gab, mit dem Diktat innezuhalten. »Du hast versucht, mich zu täuschen, und dafür sollst du bezahlen.« Er öffnete mit einiger Mühe die schwere Tür des Zimmers. »Wachen!« schrie er in den Gang. Zwei bewaffnete Männer kamen mit schweren Schritten den Steinfußboden entlang und stellten sich vor ihn hin. »Ich wünsche, daß der Gefangene die nächsten vierzig Tag in murus strictus verwahrt wird.« Dann wandte er sich wieder an Jehan. »Vierzig Tage.« Er lächelte. »Eine symbolische Zeitspanne, ich meine, darin wirst du mir zustimmen. Deine Haftbedingungen werden sein: Dunkelheit, Ketten, Wasser und Brot. Denke an den Herrn und bete, daß er dir eingeben möge, die Wahrheit zu sagen statt dieser Lügen. Bete auch darum, daß er dir die Weisheit geben möge, deine Irrtümer zu bekennen und die Führung der Heiligen Kirche anzuerkennen. Ich spreche wieder mit dir, wenn die Zeit um ist. Dann sehen wir, was du zu sagen hast.« Er wandte sich wiederum an die Wachen. »Schafft ihn raus!« Jehan wurde rauh und schnell den Korridor mit den Steinwänden zu seinem neuen Gefängnis, tief in den Kellern des Klosters entlanggestoßen.

Eine einzige flackernde Kerze warf dunkle Schatten auf die rohbehauenen Wände. An den von Schimmel bedeckten Wänden floß das Wasser herunter, das aus dem offenliegenden Fels hervorsickerte. Die feuchte Luft war kühl trotz der sengenden Sommerhitze über der Erde. Eine schwere eisenbeschlagene Eichentür bildete den einzigen Zugang. Die einzige Einrichtung waren die Ketten, rostige Kettenglieder, die an einem Ende an

einem schweren Ring, der im Fels verankert war, befestigt waren und am anderen Handfesseln aufwiesen.
Jehan erschauerte beim Anblick der Zelle, bevor ihn einen Augenblick später ein Schlag auf den Kopf auf den unebenen Boden streckte. Er lag dort und war zu benommen, um sich zu bewegen, als seine Fesseln schon festgeschmiedet wurden. Er wußte, daß er hier nicht mehr als einen Winter überleben würde.

Jehans Schlaf war anfänglich traumlos, wie Ebbe, die gerade noch die Ufer eines Binnenmeers erreicht. Vor seinem inneren Auge war die Nacht sternlos, der Mond verschwunden, und die Sonne ging nicht mehr auf. Jehan war in eine Unterwelt gefallen, in die sich nicht einmal mehr die Götter wagten. In der alles Licht verboten war, außer den rosenroten Feuern, deren Schein bis in die Nacht hinter den entfernten Bergen reichte. Unter seinen Füßen war der Boden warm geworden, und der Fluß vor ihm dampfte, als dessen Wärme sich in die Luft verflüchtigte. Über ihm war das Flügelschlagen von unsichtbaren Kreaturen in den niedrigen Wolken zu hören. Ihre rauhen Schreie wurden von der feuchten Luft gedämpft. Das langsame Schlagen ihrer Flügel verlieh diesem von einem Schleier eingehüllten Land lange einen archaischen Rhythmus. Jehan beugte sein Haupt voll Trauer und bewegte sich voll Schmerz über die vergiftete Landschaft.
In der Ferne hörte er Schmerzensschreie, und er hatte den Eindruck, daß der Himmel röter würde, als versuche eine verwundete Sonne ein letztes Mal aufzugehen. Er bewegte sich schneller auf die Berge zu, die ihm jetzt niedriger und näher vorkamen. Er hob den Kopf, denn er war viel größer geworden, die Wolken und die schlagenden Flügel befanden sich jetzt weit unter ihm, und aus den Bergen waren die Uferböschungen eines brodelnden roten Flusses geworden, der aus einem Land kam, in dem jeder Tag mit alles verzehrenden Feuern begann. Er sah

über das Flußufer auf die dahinterliegenden Felder. Sie lagen unterhalb eines großen felsigen Hügels, der von einer Burg gekrönt wurde, die eine seltsame Form hatte: Sie erinnerte an eine große Galeere, die durch einen hochroten Himmel segelt. Montségur! Er sah Flammen, Flammen und Zerstörung, die mit aufgerissenen Augen zum Himmel schrie. Mauern brachen nieder, Klingen glänzten vor Blut im Licht: Blut und Flammen mischten sich zu Füßen der singenden Katharer, die innerhalb eines Stakets am Fuße dieses Felsenhügels zusammengekettet waren. Er sah, wie der Rauch und das Feuer die Lebenden verzehrte und sie hoch zu den Wächtern des geröteten Himmels transportierte.

In den Flammen sah er ebenfalls eine Armee der Tempelritter, nackt, mißhandelt und an Holzpfähle gekettet. Dann sah er auf einer Insel in dem großen Fluß, der durch die Stadt floß, im Sonnenuntergang die qualmenden Pfähle, die geschwärzt aus den Resten des Scheiterhaufens ragten. Flammen, ein langsames Feuer zu Füßen von zwei Männern, deren weiße Gewänder schon lange zerrissen und von Blut bedeckt waren. Flammen, die von dunklen Mönchen entzündet worden waren, die einer Kirche dienten, deren Gott sie zu lieben und deren Teufel sie zu hassen vorgaben. Ihre Dunkelheit und ihre Feuer enthüllten den wahren Glauben, den sie in der Heiligkeit ihrer kalten Zellen verfolgten.

Dann verwandelte sich Grauen zu Schrecken, als er jenseits des Flusses eine große Stadt sah, eine Hafenstadt, die von einem Feuer verzehrt wurde und deren Türme um die geschwärzten Häuser herum zusammenbrachen. Akka! Er sah die behauenen Steine niederstürzen und hörte die Schreie von denen, die unter dem Durcheinander von Staub und Steinen eingeschlossen wurden. Er hörte die Schreie der Sieger, die weiterliefen und Eisen und Rauch mit sich brachten. Und dahinter sah er wie einen schneebedeckten Berg den gewaltigen Gott Moloch, der auf

seine geheiligten Flammen schaute und in seinen Händen zärtlich die Kinder der Stadt empfing. Mit einem Lächeln überließ er sie den Feuern, die unter ihm brannten.
Rauch kräuselte sich über einer Ruine, durchtränkt und tropfnaß von den roten Tränen von Körpern, die nicht mehr in der Lage waren zu kämpfen. Zerfallene Knochen waren die einzigen Spuren einer großen Stadt, als die Wunde in der Seite eines gequälten Landes für immer ausgebrannt wurde.
Die Flammen leckten an Jehans Füßen, und er versuchte zu fliehen. Er versuchte zu laufen, sich abzuwenden, aber er war beim Anblick der Feuersbrunst wie angewurzelt und konnte sich nicht bewegen. Die Hitze hüllte ihn ein, bis sein Fleisch floß, schmolz, Blasen warf und sich pellte. Seine Haare wurden zu einem Flammenmeer, und seine Kleider explodierten mit seinen Augen. Er konnte nichts mehr tun, und so empfahl er sich dem alten Gott, der immer hungrig war, und fiel in den Rauch und das Feuer.

Jehan wußte nicht, ob es Nacht war oder Tag. Sein Brot und sein Wasser wurden durch eine kaum geöffnete Tür geschoben, unregelmäßig, wie es ihm vorkam. Selbst wenn er das Tageslicht hätte sehen können, hätte er keine Möglichkeit gehabt, die Tage zu zählen. In seiner ständigen Dunkelheit gab es keine andere Zeit als seine Erinnerung an die Vergangenheit. Selbst auf die war immer weniger Verlaß, als sie näher an seine Augen herankam und trotz seiner Versuche, sie daran zu hindern, die Dunkelheit mit all den bunten Bildern füllte, die lange schon immer wieder vor ihnen aufgeflackert waren. Die Dunkelheit war ein fruchtbarer Boden für lebendige Schatten, die ihrerseits vage Geschichten hervorbrachten, die sich vor einem Hintergrund aus Stein abspielten. Diese Geschichten veränderten sich ebenfalls, denn auch die Erinnerung an sie verblaßte.
In seiner Zelle stand Jehan auf einer weiten nördlichen Ebene.

Das Land fiel hinter jedem Horizont ab und jenseits von einer Nacht, in der sich die Sterne in alle Ewigkeiten ausbreiteten. Er stand da und schaute nach oben in die Zeitlosigkeit der Dunkelheit, bis er vor Erschöpfung umfiel. Seine Augen schlossen sich, er sah dieselben Sterne. Er lag auf dem harten Fußboden, war wach, schlief und war in einen Traum der Dunkelheit gehüllt. Er trieb in einem Meer, umgeben von weichen Membranen und wurde vom regelmäßigen Rhythmus einer großen Bedrohung auf und nieder geschaukelt, deren Puls in seinem leeren Kopf widerhallte. Er kauerte sich auf dem Boden zusammen und wartete darauf, ein weiteres Mal ins Licht geboren zu werden und in den kalten Atem des Morgens, er wartete auf die Gesichter, die ihn anstarrten, und die Finger, die ihn anfaßten.
Gelegentlich, wenn der Kerkermeister mit den dunklen Brauen mit einem weiteren Stück trockenen Brotes und einem weiteren bestoßenen Krug Wasser hereinlärmte, fand er Jehan schlafend auf dem Fußboden, zusammengerollt wie ein Kind, das nie gelernt hat zu wachsen. Normalerweise trat dieser Kerkermeister nach dem wehrlosen Körper, denn er haßte Kinder und er haßte Schwäche. Er nahm jede Gelegenheit wahr, Kinder und Schwache zu schlagen, weil er insgeheim seine eigene Schwäche fürchtete.

Mit einem Krachen der Tür kehrte die Zeit zu Jehan zurück. Zwei bewaffnete Männer platzten in seine Zelle, hoben ihn auf und zerrten ihn einen unterirdischen Gang entlang. Jehan war zu schwach zum Laufen und konnte nicht hoffen, ihnen Widerstand entgegensetzen zu können. Er wurde in ein großes Zimmer gebracht, das ebenfalls in Dunkelheit gehüllt war. Lag es unter der Erde, oder war es Nacht? Es wurde nur von ein paar fast niedergebrannten Kerzen erleuchtet. In dem Zimmer stand der Tisch eines Schreibers und daneben ein großer bequemer Sessel. Jehan wurde in einigen Metern Entfernung noch in

Ketten auf den Boden geworfen. In seiner Nähe baumelte ein Seil, das durch einen Ring in der Decke lief und dann an der Wand entlang, wo es schließlich an einem Haken festgebunden war. Jehans Angst kehrte zurück. »Strapado«, flüsterte er, »oh Christus und Sophia!«

Auf leisen Sohlen trat sein Inquisitor, der dunkle Mönch, ein. Er wurde von einem Notar und einem Schreiber begleitet. Die zwei Wachen bewegten sich auf Jehan zu.

»Sollen wir wieder anfangen?« fragte der dunkle Mönch leise, als wären die Wochen nicht vergangen. »Dieses Mal will ich die Wahrheit hören.« Er gab dem Schreiber ein Zeichen, sich bereitzuhalten, und drehte sich dann um, um Jehan anzuschauen. »Du bist Jehan de Forêt-Woëvre und wurdest in den Templerorden im selben Jahr aufgenommen, in dem unser geliebter König Ludwig, der achte seines Namens, den Tod fand. Du bestehst jedoch darauf, daß du jetzt ein Abtrünniger geworden bist?«

»Das stimmt«, krächzte Jehan, dem es Qualen bereitete, die Worte auszusprechen.

»Sage mir dann«, fuhr der dunkle Mönch fort und beugte sich auf seinem verzierten Sessel vor, »mußtest du bei deiner Aufnahme in den Orden den Herrn Jesus Christus leugnen? Hat man dir vielleicht gesagt, er sei ein falscher Gott?«

»Nein!« schrie Jehan verzweifelt. »Bei meiner Aufnahme ist nichts Ungewöhnliches vorgefallen. Ich weiß nicht, wer Ihnen diese Dinge über die Templer erzählt hat, aber wer auch immer das war, sie sind gelogen.«

Der dunkle Mönch erhob sich abrupt und flüsterte bösartig: »Oh nein, mein junger Ritter, du erzählst hier die Lügen, und jetzt wollen wir doch einmal sehen, welches Ausmaß deine Verstocktheit hat.« Er wendete sich an die Wachen. »Bindet ihn fest und fangt an.«

Die beiden Wachen zogen Jehan auf die Füße und banden ihm die Handgelenke hinter dem Rücken zusammen. Sie nahmen das Seil und befestigten es an der Schnur um die Handgelenke. Dann gingen sie zu dem Haken an der Wand, machten das Seil los und begannen, daran zu ziehen. Es straffte sich, und Jehan fühlte, wie seine Arme hinter seinem Rücken hochgezogen wurden, bis er den Boden unter den Füßen verlor. Die beiden Wachen zogen weiter an dem Seil, bis er in Mannshöhe über dem Fußboden schwebte. Dann hörten sie auf und ließen ihn hängen. Auf ein Zeichen des dunklen Mönchs ließen sie ihn fallen, und griffen das Seil erst wieder, kurz bevor seine Füße auf dem Fußboden aufschlugen. Jehans Fall nahm ein plötzliches und qualvolles Ende. Mit einem Ruck wurden seine Arme nach oben gerissen, und Schmerz zuckte durch seinen Körper. Er blieb unter größten Schmerzen hängen, seine Füße nur um ein Weniges vom Fußboden entfernt, der ihm Linderung hätte verschaffen können.

»Ich frage dich noch einmal«, sagte der dunkle Mönch, und sein Vergnügen war seiner Stimme anzumerken, »willst du uns jetzt die Aufnahmemethode erklären, die angewendet wurde, als du in den Templerorden eintratst?«

»Im Namen Gottes, da war nichts Schlimmes oder Falsches dabei. Wer etwas anderes behauptet, lügt.«

Wütend zischte der dunkle Mönch: »Deine Qualen wurden von einem kleinen Fall von weniger als der Größe eines Mannes verursacht. Wir ziehen dich jetzt bis zur Decke hoch. Der Fall aus dieser Höhe renkt dir die Schultern und Handgelenke aus. Der Schmerz ist dann groß und verläßt dich nicht mehr. Wir lassen dich wieder und wieder fallen, bis du deine Irrtümer bekennst.«

»Es gibt keine Irrtümer«, rief Jehan, »ich habe Gott immer geliebt und habe versucht, das zu tun, was richtig ist.«

»Ah, aber welchen Gott?« wollte der dunkle Mönch wissen. »Zieht ihn zur Decke!«

Die beiden Wachen grinsten und zogen Jehan schnell nach

oben. Der dunkle Mönch stand auf und ging durch das Zimmer, bis er direkt unter Jehan stand.

»Bereue! Bekenne! Wir wissen bereits von der Ketzerei, die sich in dem Orden ausgebreitet hat. Eines Tages greifen wir auch sie an, aber für heute begnügen wir uns mit den Informationen, über die du verfügst. Gib sie uns, und wir lassen dich gehen.« Er breitete in dem schattenwerfenden Kerzenlicht die Arme aus.
Jehan sah nach unten und tief in die Augen des dunklen Mönchs. Und in diesen Augen sah er einen Stern, einen leuchtenden Stern in der Mitte eines endlosen azurblauen Himmels.
»Laßt mich langsam wieder runter«, sagte er müde, »ich werde alles sagen, was Ihr zu wissen wünscht.«
Bruder Jehan, ein ehemaliger Ritter des Templerordens, dreiunddreißig Jahre alt, hat geschworen, im Namen des Glaubens die Wahrheit zu sagen, was ihn und andere betrifft. Er ist über den Anlaß und die Art seiner Aufnahme in den Orden befragt worden und sagte unter Eid aus, daß er im Haus von Mas-Deu von Bruder Bernhard und Bruder Wilhelm Fulk aufgenommen worden ist, letzterer ist der Präzeptor des genannten Ordenshauses.

Er sagte auch unter Eid aus, daß man, nachdem er viele Versprechungen gemacht hätte, die Regeln und Geheimnisse des besagten Ordens zu bewahren, einen Umhang auf seine Schultern gelegt habe. Bruder Wilhelm habe ihm ein Kreuz mit dem Abbild von Jesus Christus gezeigt und ihn gefragt, ob er an den glaube, von dem das Bild sei, und besagter Jehan erklärte, er habe ja geantwortet …

… und dann habe der obengenannte Wilhelm zu ihm gesagt, daß er nicht an Jesus Christus glauben solle, weil dieser ein falscher Prophet sei, sondern nur an Gott den Allmächtigen, und daß er als Zeichen, daß er nicht mehr glaube, dreimal auf das Kreuz spucken solle ...

... und dann habe Bernhard zu ihm gesagt: »Du glaubst schlecht, weil er wirklich ein falscher Prophet ist. Glaube nur an Gott in der Höhe.« Dann habe Wilhelm zu ihm gesagt: »Es ist bei den Templern nicht Sitte, an ihn zu glauben. Wir glauben nur an Gott, das ewige Licht.«

Wie ein Tier, das man fast zur Strecke gebracht hat, schrie Jehan in die Nacht hinaus. Er schrie den dicken Granitmauern seinen Schmerz entgegen. Er schrie wegen des Verrats. Er schrie wegen der Täuschung. Er schrie wegen des Versagens. Er schrie wegen des Traums, in dem die Dunkelheit immer triumphiert. Er schrie schließlich erschöpft und um eine Chance zum Überleben zu erbitten.

Die Stille hüllte die Steine ein, nachdem das letzte Echo seiner Angst zu Boden gesunken war. Nichts passierte, niemand erschien, nichts durchbrach die Dunkelheit und Stille, kein Licht, kein himmlisches Wesen, keine Stimme von jenseits des Schleiers schien ihn weiterzuführen. Jehan blieb auf dem harten Fußboden sitzen.

Er saß, frierend und bewegungslos, und lauschte seinem Herzschlag. War er so weit gekommen, nur um in einem Meer aus Nacht zu ertrinken? Und wie lange hatte er so gesessen? Er wußte nur, daß man ihm sein Brot nicht durch die Tür geworfen hatte. Er blieb bewegungslos sitzen, aber in seiner Ruhe spürte er eine Bewegung, als sei die Bewegungslosigkeit selbst eine Bewegung. Dann ein Funken. Ein eigensinniges Fragment der Sterne ging in ihm nieder, und er erhob sich. Seine Ketten fielen in einem unordentlichen Haufen zu Boden. Er ging zur Tür und lehnte sich gegen die schweren Eichenbohlen. Sie öffnete sich ohne ein Geräusch. Jehan ging hinaus in den dunklen Gang.

Er ging, bis er einen schwach erleuchteten Raum erreichte, in dem der dunkle Mönch im Gebet kniete. Er trat nah an die düstere Gestalt heran, die sich abrupt umdrehte und ihn ansah, obwohl das Gesicht im Schatten einer Kapuze lag und nicht zu sehen war. Jehan streckte eine Hand aus und riß dem Mönch seine Kutte herunter. Zum ersten Mal schaute er in das Gesicht des dunklen Mönches. Als erstes sah er die roten Lippen, die jedes Laster zu genießen schienen. Und dann sah er die Augen. Schwarze Augen, die ihn mit ihrem Blick zu verzaubern schienen. Die Königin! Jehan trat noch näher heran und umarmte sie, preßte sie an sich. Hinter ihrer Dunkelheit lag eine hohe himmelblaue Kuppel, in der eine unendliche Zahl von Sternen glitzerte. Vor ihnen war strahlend ein Komet zu sehen. Das Anzeichen einer kommenden Veränderung, die das vorherbestimmte Muster der Nacht aufbrechen würde. Dann, als ob Wolken anstelle des Mondes am Himmel erschienen wären, wurde alles blasser und verschwand. Es blieb nur eine dichtere Dunkelheit zurück, die an jeder Pore von Jehans Körper klebte. Er sah sich um. Er war allein. Alles, was er sah, war die flackernde Flamme einer einzigen Kerze.
Jehan verließ das Zimmer, verließ das Kloster und trat in die Frische der Nachtluft und begann in Richtung von Bernards Haus zu gehen. Dort hoffte er Marie zu finden. Der Abend war klar, und als er weiterging, blieb sein Schatten mit jedem Schritt bei ihm.

Knaur

Historische Romane

(63003)

(63007)

(63009)

(63010)

(63000)